高等教育公共基础课精品系列规划教材

大学语文

主　编　王雅菲
副主编　李　佳
参　编　李琰霞　张洪顺

北京理工大学出版社
BEIJING INSTITUTE OF TECHNOLOGY PRESS

内容简介

本书分为五个部分,内容包括语言运用、文学、应用文写作、礼仪和书法鉴赏四大部分。本书充分借鉴、吸收了国内现有大学语文教材的特色优点,特别针对当前大学生传统语言文化根基的状况编写而成,不仅基本涵盖了中文世界的文化内涵,而且融入了很多实用性的板块内容,突破了传统教材的选篇范围,更注重突出新颖性、多样性、实用性等特点。

本书可作为高等院校非中文专业学生文化素质教育的通用教材,也可作为文学爱好者增长知识、开阔视野的读物。

版权专有　侵权必究

图书在版编目(CIP)数据

大学语文/王雅菲主编. —北京:北京理工大学出版社,2018.8

高等教育公共基础课精品系列规划教材

ISBN 978-7-5682-6035-0

Ⅰ. ①大… Ⅱ. ①王… Ⅲ. ①大学语文课-高等学校-教材 Ⅳ. ①H193.9

中国版本图书馆 CIP 数据核字(2018)第179189号

出版发行 /	北京理工大学出版社有限责任公司
社　　址 /	北京市海淀区中关村南大街5号
邮　　编 /	100081
电　　话 /	(010)68914775(总编室)
	82562903(教材售后服务热线)
	68948351(其他图书服务热线)
网　　址 /	http://www.bitpress.com.cn
经　　销 /	全国各地新华书店
印　　刷 /	三河市华骏印务包装有限公司
开　　本 /	787毫米×1092毫米　1/16
印　　张 /	15
字　　数 /	353千字
版　　次 /	2018年8月第1版　2018年8月第1次印刷
定　　价 /	40.00元

责任编辑 /	刘永兵
文案编辑 /	刘永兵
责任校对 /	周瑞红
责任印制 /	李志强

图书出现印装质量问题,请拨打售后服务热线,本社负责调换

前言

大学语文是一门最具基础性、综合性的学科，具有丰富的文化底蕴和人文内涵，是对大学生进行语言、阅读、表达能力训练和人文素质培养的重要基础课程之一。目前全国出版的大学语文教材，大多要么只重视文学鉴赏能力的培养，要么只重视应用写作能力等职业通用能力的培养，很少有两者兼顾的。因此我们试编写一部适合学生自身特点并具有实用性的校本教材。

我们语文教研室编写《大学语文》这部教材，就是以学院制定的人才培养方案作为指导思想，结合当前学院大学生在阅读、表达以及人文素质等方面的实际状况，针对学生学习的特点，将大学语文和应用文写作两门课程内容有机结合，以达到既传承人文素质，又能较好地提高学生运用语言文字进行表情达意的能力的目的。我们将多年的教学经验进行提炼，并在参考大量文献的基础上对大学语文内容进行了精选和归类，力图编写一部适合我校学生学习使用的人文素质类的教材。

本教材将文学鉴赏能力和应用写作能力进行了整合，编写内容讲究实用性，理论阐述和实践紧密结合是教材编写的理念。教材在编写过程中淡化了传统的重理论轻实践的教学模式，而是注重学生的语言、阅读、表达能力的训练。教材也选取应用范围广的例文做模板，结合具体例文评析文种知识和写作技法，并在此基础上辅以口头和文字能力训练，从而达到学练同步的效果，提升学生的人文综合素质水平。

全书共分五个部分，由王雅菲主编、统稿；黄河交通学院李佳老师、李琰霞老师、张洪顺老师三位同志参与编写并统筹。在编写过程中，参阅了大量书刊和相关论著，并吸取了其中的最新研究成果和有益经验，恕不一一注释，在此谨向原作者致以衷心感谢！特别应该提到的是，在本书编写过程中得到了北京理工大学出版社领导、编辑老师，黄河交通学院学院领导、同人的鼎力支持，在此一并表示感谢！由于时间紧迫、水平有限，书中难免存在一些不足和缺点，恳请广大读者不吝批评指正，以便再版时修订，使之日臻完善。

编　者

2018 年 2 月 28 日

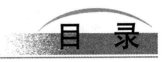

第一部分 口语表达

第一章 求职语言的运用 …………………………………………………（3）
第一节 求职前的准备 …………………………………………………（10）
一、科学定位自己的求职目标 …………………………………………（10）
二、就业信息的收集 ……………………………………………………（11）
三、个人自荐材料的制作 ………………………………………………（13）
第二节 求职语言技巧 …………………………………………………（14）
一、求职面试的语言表达 ………………………………………………（15）
二、求职面试的表达禁忌 ………………………………………………（16）

第二章 日常交谈语言的运用 …………………………………………（17）
第一节 案例分析 ………………………………………………………（17）
一、案例设置 ……………………………………………………………（17）
二、案例分析 ……………………………………………………………（18）
三、相关知识 ……………………………………………………………（18）
第二节 日常交谈的要求 ………………………………………………（18）
一、要看对象 ……………………………………………………………（18）
二、要看时间 ……………………………………………………………（19）
三、要看场合 ……………………………………………………………（19）
四、要分角色 ……………………………………………………………（19）
五、语言要美 ……………………………………………………………（19）
六、要善于倾听 …………………………………………………………（20）
七、交谈用语要简明扼要 ………………………………………………（20）

第三节　日常交谈语言表达的误区 ……………………………………（20）
　　　一、随意插话 ……………………………………………………………（20）
　　　二、言过其实 ……………………………………………………………（20）
　　　三、含混啰唆 ……………………………………………………………（21）
　　　四、争执抬杠 ……………………………………………………………（21）
　　　五、唯我独尊 ……………………………………………………………（21）
　　　六、漫不经心 ……………………………………………………………（21）
　　　七、道人长短 ……………………………………………………………（21）
　　　八、曝人隐私 ……………………………………………………………（21）
　　　九、冷落一方 ……………………………………………………………（21）
　　　十、自吹自擂 ……………………………………………………………（21）
　　　十一、谈扫兴事 …………………………………………………………（22）
　　　十二、低级庸俗 …………………………………………………………（22）
　　　十三、造谣传谣 …………………………………………………………（22）

第三章　普通话发音训练 ……………………………………………………（23）
　　第一节　普通话 …………………………………………………………（23）
　　第二节　普通话发音 ……………………………………………………（24）
　　　一、普通话发音训练方法 ………………………………………………（24）
　　　二、声母的辨正 …………………………………………………………（24）
　　　三、韵母的辨正 …………………………………………………………（25）
　　　四、声调对比练习 ………………………………………………………（26）
　　　五、多音字对比练习 ……………………………………………………（28）
　　附录一　普通话练习之绕口令 …………………………………………（33）
　　附录二　普通话练习文章 ………………………………………………（35）

第二部分　文学

第四章　诗歌 …………………………………………………………………（39）
　　第一节　诗歌的定义、特点和分类 ……………………………………（39）
　　　一、定义 …………………………………………………………………（39）
　　　二、特点 …………………………………………………………………（39）
　　　三、分类 …………………………………………………………………（39）
　　第二节　作品赏析 ………………………………………………………（40）
　　　一、《诗经》 ……………………………………………………………（40）
　　　二、"诗仙"李白 ………………………………………………………（42）
　　　三、李清照 ………………………………………………………………（45）

四、苏轼 ··· (47)
　　五、张养浩 ·· (51)
　　六、纳兰性德 ·· (55)
第五章　散文 ··· (58)
　第一节　散文的定义和特点 ······································ (58)
　第二节　作品赏析 ··· (59)
　　一、李斯《谏逐客书》 ·· (59)
　　二、贾谊《过秦论》 ··· (62)
　　三、欧阳修《醉翁亭记》 ······································ (64)
　　四、余秋雨《文化苦旅》（节选） ····························· (66)
第六章　小说 ··· (70)
　第一节　小说的定义、特点和要素 ······························ (70)
　　一、特点 ··· (70)
　　二、小说的"三要素" ·· (71)
　第二节　作品赏析 ··· (72)
　　一、曹雪芹《红楼梦》（节选） ······························· (72)
　　二、雨果《巴黎圣母院》（节选） ····························· (79)

第三部分　应用写作

第七章　应用写作概述 ·· (85)
　第一节　应用文的起源与演变 ···································· (85)
　　一、应用文的起源 ··· (85)
　　二、应用文的演变 ··· (86)
　第二节　应用文的种类、特点和作用 ···························· (88)
　　一、应用文的种类 ··· (88)
　　二、应用文的特点 ··· (89)
　　三、应用文的作用 ··· (90)
　第三节　应用文的写作要求和学习 ······························· (92)
　　一、应用文的写作要求 ·· (92)
　　二、应用写作的学习 ··· (95)
第八章　日常文书 ·· (97)
　第一节　便条　单据 ··· (97)
　　一、便条 ··· (97)
　　二、单据 ··· (98)

第二节 启事 海报 …………………………………………………… (99)
   一、启事 …………………………………………………………… (99)
   二、海报 …………………………………………………………… (101)
 第三节 介绍信 证明信 ………………………………………………… (102)
   一、介绍信 ………………………………………………………… (102)
   二、证明信 ………………………………………………………… (103)
 第四节 感谢信 祝贺信 ………………………………………………… (103)
   一、感谢信 ………………………………………………………… (103)
   二、祝贺信 ………………………………………………………… (105)

第九章 行政公文 …………………………………………………………… (107)
 第一节 行政公文概述 …………………………………………………… (107)
   一、行政公文的概念、类别和特点 ………………………………… (107)
   二、行政公文的常规格式 …………………………………………… (108)
   三、行政公文的写作原则及注意事项 ……………………………… (111)
   四、常用的公文语汇 ………………………………………………… (113)
 第二节 通知 通报 ……………………………………………………… (113)
   一、通知 …………………………………………………………… (113)
   二、通报 …………………………………………………………… (116)
 第三节 报告 请示 ……………………………………………………… (118)
   一、报告 …………………………………………………………… (118)
   二、请示 …………………………………………………………… (120)
 第四节 函 会议纪要 …………………………………………………… (121)
   一、函 ……………………………………………………………… (121)
   二、会议纪要 ……………………………………………………… (123)

第十章 事务文书 …………………………………………………………… (125)
 第一节 计划 ……………………………………………………………… (125)
   一、计划的概念 …………………………………………………… (125)
   二、计划的作用 …………………………………………………… (125)
   三、计划的分类 …………………………………………………… (125)
   四、计划的格式和写法 …………………………………………… (125)
   五、计划的写作要求 ……………………………………………… (127)
 第二节 总结 ……………………………………………………………… (127)
   一、总结的概念 …………………………………………………… (127)
   二、总结的作用 …………………………………………………… (127)
   三、总结的分类 …………………………………………………… (128)
   四、总结的写作和格式 …………………………………………… (128)
   五、总结的写作要求 ……………………………………………… (129)

  第三节 调查报告 …………………………………………………… (130)
   一、调查报告的概念 ………………………………………………… (130)
   二、调查报告的分类 ………………………………………………… (130)
   三、调查报告的作用 ………………………………………………… (131)
   四、调查报告的写法和格式 ………………………………………… (131)
   五、调查报告的写作要求 …………………………………………… (132)
  第四节 简报 ………………………………………………………… (133)
   一、简报的概念 ……………………………………………………… (133)
   二、简报的分类 ……………………………………………………… (133)
   三、简报的格式和写作 ……………………………………………… (133)
   四、简报的写作要求 ………………………………………………… (135)

第四部分 礼仪训练

第十一章 个人礼仪 ……………………………………………… (141)
  第一节 仪容礼仪 …………………………………………………… (142)
   一、头发的修饰 ……………………………………………………… (143)
   二、面容的修饰 ……………………………………………………… (144)
   三、手臂的修饰 ……………………………………………………… (144)
   四、腿部的修饰 ……………………………………………………… (145)
   五、化妆 ……………………………………………………………… (145)
  第二节 仪表礼仪 …………………………………………………… (147)
   一、着装的原则 ……………………………………………………… (147)
   二、色彩搭配 ………………………………………………………… (148)
   三、男士西装的穿着礼仪 …………………………………………… (149)
   四、首饰佩戴的原则 ………………………………………………… (152)
  第三节 仪态礼仪 …………………………………………………… (152)
   一、举止礼仪 ………………………………………………………… (153)
   二、表情 ……………………………………………………………… (155)

第十二章 日常交往礼仪 ………………………………………… (158)
  第一节 称谓礼仪 …………………………………………………… (159)
   一、称谓的类别 ……………………………………………………… (159)
   二、称谓的规范 ……………………………………………………… (160)
   三、国际称谓 ………………………………………………………… (160)
  第二节 介绍礼仪 …………………………………………………… (161)
   一、自我介绍 ………………………………………………………… (161)

二、介绍他人 …………………………………………………… (163)
　　三、集体介绍 …………………………………………………… (164)
　第三节　会面礼仪 ………………………………………………… (165)
　　一、握手 ………………………………………………………… (165)
　　二、其他常见会面礼仪 ………………………………………… (167)
　　三、名片 ………………………………………………………… (167)

第十三章　社会交际礼仪 …………………………………………… (171)
　第一节　宴请礼仪 ………………………………………………… (171)
　　一、赴宴前准备 ………………………………………………… (172)
　　二、宴会上重礼仪 ……………………………………………… (172)
　　三、用餐时讲礼节 ……………………………………………… (173)
　　四、中餐就餐礼仪 ……………………………………………… (175)
　　五、自助餐礼仪 ………………………………………………… (176)
　第二节　通联礼仪 ………………………………………………… (176)
　　一、电话 ………………………………………………………… (176)
　　二、移动通信 …………………………………………………… (178)
　　三、网络 ………………………………………………………… (178)

第五部分　书法欣赏

第十四章　大学生学习书法的意义 ………………………………… (181)
　第一节　当代大学生的书写现状 ………………………………… (181)
　　一、实例 ………………………………………………………… (181)
　　二、当代大学生的学书现状分析 ……………………………… (182)
　第二节　当代大学生学习书法的意义 …………………………… (182)

第十五章　钢笔楷书、行书书写技巧 ……………………………… (184)
　第一节　书写姿势及执笔方法、运笔要领 ……………………… (184)
　　一、书写姿势 …………………………………………………… (184)
　　二、运笔要领 …………………………………………………… (184)
　第二节　书法学习方法概述 ……………………………………… (185)
　　一、选帖的学问 ………………………………………………… (185)
　　二、基本的练字方法 …………………………………………… (185)
　　三、硬笔书法的特点 …………………………………………… (186)
　　四、硬笔书法工具的选用 ……………………………………… (187)
　第三节　钢笔楷书书写方法 ……………………………………… (188)
　　一、钢笔楷书笔画书写要领 …………………………………… (188)

二、常用部首及例字 ………………………………………………（195）
第四节　钢笔行书书写方法 …………………………………………（196）
　一、钢笔行书的基本点画写法 ……………………………………（196）
　二、钢笔行书的用笔 ………………………………………………（197）
　三、钢笔行书的偏旁部首写法 ……………………………………（199）
　四、钢笔行书的结构分析及快写原则 ……………………………（200）
第五节　毛笔书法 ……………………………………………………（201）
　一、毛笔的书写姿势及执笔方法 …………………………………（201）
　二、笔法 ……………………………………………………………（202）
　三、毛笔楷书的基本笔画 …………………………………………（203）
　四、毛笔字结体原则与类型 ………………………………………（205）
　五、毛笔行书与草书简介 …………………………………………（207）

第十六章　书法艺术欣赏 …………………………………………（209）

第一节　怎样欣赏书法作品 …………………………………………（209）
　一、书法是一门特殊的造型艺术 …………………………………（209）
　二、怎样欣赏书法作品 ……………………………………………（212）
第二节　毛笔书法作品欣赏 …………………………………………（213）
　一、颜柳欧赵四大家部分毛笔作品欣赏 …………………………（213）
　二、当代毛笔书法作品欣赏 ………………………………………（215）
第三节　钢笔书法作品欣赏 …………………………………………（217）

参考文献 ……………………………………………………………（221）

第一部分
口语表达

第一章

求职语言的运用

案例设置：

案例1

杨澜应聘《正大综艺》节目主持人的时候，还是北京外国语学院四年级的学生。主持面试的考官说，她希望找一个新面孔，最好纯情一点的。

杨澜在简单介绍自己后，直言不讳地对主考官谈了自己对主持人的看法："电视台为什么一找主持人，就要纯情型的呢？我们缺少的是干练的职业妇女形象。"主考官认为杨澜是有思想的，于是通过了初试。

后来，杨澜经过了一次又一次的复试，最后与一位"美女"对决。最后面试的题目是："你将如何做这个节目的主持人？"杨澜是这样回答的："我认为主持人的首要标准不应是容貌，而是要看她是不是有和观众沟通的强烈愿望。……"

杨澜侃侃而谈，一口气讲了半个小时，没有一点儿文字参考。她表达见解的准确到位，她的诚恳、热烈和自信形成了一个"气场"，把整个现场"罩"住了。屋子里的人都被吸引住了，主考官也不再关注她是不是一个最漂亮的主持人。最终，杨澜赢了。

【思考】

1. 杨澜面试成功的关键在哪里？
2. 求职者平时应如何修炼自己的内功，全面提升自己的素质？

【感悟】论漂亮和"纯情"，杨澜都不太符合主考官的要求，那么她为何最终面试成功，顺利进入《正大综艺》栏目组呢？关键就在于她说出了自己的真知灼见，即对主持人的看法准确到位，以此充分展示出她诚恳、热情、自信的内在素质，使挑剔的主考官不得不折服，最终向她敞开面试成功的大门。

"汝果欲学诗，功夫在诗外。"求职也是如此，如果你想在面试中顺利过关，找到心仪的工作，就要在平时多注意修炼自己的"内功"，全面提升自己的素质，这样才能在面试中说出真知灼见，令主考官对你刮目相看。

案例2

营销专业毕业的贺梅接到一个大公司的面试通知。礼节性的开场白结束后,几位面试官连珠炮般地向她展开了攻势,不容她有思考的余地。

面试官:现在就业压力很大,营销更是磨破嘴跑断腿的苦差事,你做好吃苦准备了吗?

贺梅:做自己喜欢的事其乐无穷。正因为我喜欢这项工作,所以我会在工作中酿造甜酒的。

面试官:你的学业成绩确实不错,但给人的感觉有些过于文静,好像不太适合做营销工作。

贺梅:您的感觉与我周围同学差不多,但他们还说我是那种"表里不如一"的人,看起来像白开水,干起事来却是一团熊熊烈火。要不我这就现场展示一下我"火"的一面。

面试官:留到下次吧。来我们公司应聘的人很多,我们更倾向于那些有经验的员工,与他们相比你认为你的优势是什么?

贺梅:我的优势是年轻,不受思维定式的约束,善于接受新鲜事物,敢于创新。每个员工的经验都是靠积累的,我想,假以时日凭着我对这份工作的热情,我会走向成熟。

面试官:可是你现在没有经验啊!

贺梅:所以我才看重贵公司强大的实力和极具挑战性的工作,更容易积累经验。

面试官:如果我们马上给你通过,你会说什么?

贺梅:天道酬勤。

面试官:没通过呢?

贺梅:明知山有虎偏向虎山行,有虎的山一定是大山、名山。我还会卷土重来的。

面试官:你对自己就这么自信?

贺梅:自信来自文静下的那团火。

几位面试官不约而同地向她投来赞赏的目光,贺梅顺利地通过了面试。

【思考】

1. 贺梅如何化解了面试官的刁钻提问?
2. 营销人员需要的内在素质是什么?

【感悟】 压力面试中,面试官会表现得咄咄逼人,利用连续不断的提问考验应聘者的应对能力。这种情况下,心理脆弱的应聘者可能早已乱了阵脚,唯有处惊不乱的人方才可以过关。贺梅就是有备而来,用言简意赅的回答化解了面试官的刁难,信心来自实力,来自自信,来自不同凡响的口才,这不正是营销人员需要的内在素质吗?面试通过自然水到渠成。"压力面试"其实并不可怕,只要我们能够冷静思考、认真反思、沉着应对,便能顺利通过这一关。

案例3

李强应聘的是广告设计职位,论专业素质他应算是那批应聘人员中的佼佼者,然而小组讨论时,他总是在发言时躲躲闪闪,把发言辩论权让给别人,尤其在讨论话题"单位有个新的设计项目,但要求非常高,作为新人,你会主动承接吗?"时,张娜先说道:"年轻人有的就是冲劲,如果遇事唯唯诺诺,哪里有机会提高?我觉得应该主动承接。"听了这话,组员们纷纷发表自己意见,轮到李强时,他则点头附和道:"年轻人干劲足,也没有条条框框，比较容易出新。"而当刘羽琦认为年轻人没经验，不应贪功冒进时，他又附和道："的确如此，老员工毕竟经验足，而且知道客户心理。"

如此看来，他确实一点主见也都没有，像墙头草一样来回摇摆，看得面试官频频摇头，最终没有过面试。

【思考】
1. 为什么在职场中需要既有主见又讲配合的员工？
2. 为什么李强求职会告吹？

【感悟】在工作中，一个员工应该有两重身份，即单个看时，他应该是个有主见、有能力，能够独立完成任务的个体。在团队中，他又需要是个能够配合大家共同完成任务的"零部件"。这两种身份缺一不可，而且是相互交叉、统一和谐的。但显然，在李强身上只能看到他作为"零部件"的这一个身份——他能够与大家和谐相处，但却没了身为"个体"的这一部分——他没有单独完成任务的能力，是个"寄生虫"。试想一下，这样的人在团队中，显然是没有培养价值的，自然不会录取他。

案例 4

夏文晴：大家晚上好，我叫夏文晴，来自美丽的冰雪城市长春，今年24岁，身高一米七十，体重49公斤，毕业于吉林艺术学院平面设计系，曾经开过宠物店，做过平面设计师、服装设计师、室内设计师以及造型师，目前在北京做兼职模特，在座的各位Boss，如果今天您能给我一个平台，那么我晴晴明天一定还您一个不一样的未来。谢谢！

张绍刚：文晴，你好。是这样，因为要求职嘛，一定不能穿让男老板喷鼻血的衣服。

夏文晴：我，我觉得我还好呀。

张绍刚：还好，你觉得还好就好。

夏文晴：我觉得我没有暴露一些不该暴露的地方或怎样，我只不过是把自己的优势展现给大家。

张绍刚：你的优势是什么？

夏文晴：腿比较长。

张绍刚：现在从事的是平面模特的工作，是兼职，来看一下平面模特的一些作品。哦，你的照片都很热辣，看一下，哇，不是不是，文晴，我想多问一下，你拍的照片都是这些比较喷火的照片吗？

夏文晴：其实我也可以很清纯。

张绍刚：现在你的正式工作是什么？

夏文晴：现在没有，所以我来到了《非你莫属》。

张绍刚：你的求职的目标？

夏文晴：跟设计有关吧，因为我学的专业是视觉传达，因为我觉得设计在我们周围无处不在，所以说如果您提供给我一个这样的平台的话，我相信我可以做得很好。

张绍刚：就是做平面设计？

夏文晴：对，无论是哪一方面，比如说杂志方面，或者说造型，或者说广告，我觉得我都可以胜任。

莫华璋（人生规划师）：夏小姐，其实你学的东西非常非常全面，至少你做的东西非常全面，你刚才上来说你做形象设计、平面设计、室内设计，我认识很多设计师，没有一个人敢说做这三样非常不一样的设计。这三样东西除了设计这两个字是相通的之外，其他没有一个原则是相通的。你可以给我们解释一下，为什么你的经历这么丰富呢？

夏文晴：其实我觉得这个东西，就像我们小的时候，要读小学、读初中，读大学了以后才分专业，其实之前学的东西都是一样的。我觉得设计这个东西是触类旁通的。你看它起码都是由点线面组成，然后都是用色彩啊、构成啊，都是由这些东西组成的，包括我们平时穿衣呀打扮呀，或者你房间的装修呀。

张绍刚：这样，文晴，我把 Frank 的话翻译一遍，平面设计、室内设计、人物形象设计就这三个，我知道共同点在哪里，你告诉我，区别在哪里？

夏文晴：区别在于（停顿），我觉得就自从我从事这些行业我没有发现它们有什么区别。

张绍刚：自从你干上这一行之后，平面设计、人物设计和室内设计就打通了。

刘惠璞（世纪佳缘网站副总裁）：绍刚，我问一问题，一个设计分为几个步骤，一个商业作品，一开始摄影是不是打光，然后把绍刚的图片拿过来再做加工，再 P 她，PS 她，把她 P 得跟张柏芝似的，在整个流程中你属于哪个部分？

夏文晴：我觉得这个东西是一个团队性的，我们会在一起开会。

刘惠璞：我还是没搞明白，因为你说自己是一个……

夏文晴：你是说我的定位吗？

张绍刚：对，你干哪个更靠谱？

夏文晴：我都可以。

张绍刚：好啦，不要问了，都可以。

陈晓辉（湛庐文化总经理）：全能，比如说刚才张绍刚这样的来找到你，他说要做一个杂志封面，那你认为你在整个设计当中考虑的最重要的一点是什么？

夏文晴：这个相对来讲，应该侧重于平面吧！

张绍刚：不，就是做平面嘛，就是做平面，侧重什么？

夏文晴：侧重点在于，让这个平面来体现你的性格。

张绍刚：体现我的性格。OK，晓辉，你还有吗？

陈晓辉：我认为是这样，就是你首先要了解这个客户是干什么的。

夏文晴：对，所以刚才我跟他说，我要跟他沟通，我要跟他聊。

陈晓辉：你不是沟通他，他要上一个封面，你应该问问那个杂志是个什么杂志，《男人装》和一个商业杂志它完全是不一样的感觉。

张绍刚：《男人装》我要上封面就是噩梦了吧。

毕晓世（海蝶集团总裁兼音乐制作人）：《男人装》好像都是女孩子，很辣，跟你无关。其实她上这个节目，心理承受能力要蛮够才行。所以我很感谢绍刚先帮我们问了那么多，让我们了解她，其实我在怀疑你来的目的，因为你要知道在场的这些大老板都是做什么的，你了解过吗？

夏文晴：我没有了解过，但是这个节目我看过。我也是很真诚地来到这个舞台，想找一份工作。

第一章　求职语言的运用

毕晓世：对呀，看热闹和看门道是两码事情。

夏文晴：这样，我还有其他的作品会带过来，我希望大家看了我的作品之后，然后……

毕晓世：对，我就想问你这句，因为你刚才展示了你自己的兼职模特的那个照片，你有设计作品拿出来，大家就好说话了。

夏文晴：可能是我也没有表达清楚我今天的来意，因为我不是说冲着某一个职位去的，各位 Boss 也可以看到，我涉及的领域面也蛮广的，所以说你们觉得我来到这里，可以给我一个平台，然后我们可以一起改变未来，或者怎么样的状态，我不是说我就要做平面设计师，我今天就做修图师，我来应聘修图师，或者说我来应聘那个创意总监，或者怎么样，不是单独的这么一个、特定的这么一个岗位。我是这个意思。

张绍刚：那你想要的是什么？

藏力（饭统网总裁）：张老师，我理解她是这样，有很多年轻人都这样，就最开始出来的时候，不知道自己的优势在哪里，也不知道自己的兴趣在哪里，于是就来说我告诉大家，我秀一下我自己，你们看看我适合什么，当然这种时候就会比较盲目了。

许怀哲（解决网总裁）：你说你想做跟设计沾边的，是想去设计别人，还是被别人设计？

夏文晴：我觉得设计与被设计，我们大家在成长的过程中，这些东西都是相辅相成的，比如说你吸收，你吸收到什么东西了，然后你再释放出什么东西，我觉得这些东西是相辅相成的。

刘惠璞：其实我刚才一直在想问你的问题是："你做了什么？"但是我现在没有得到答案。待会儿你拿上自己的作品的时候，你一定要告诉我，你做了什么？你做了哪部分？

张绍刚：我们现在来看作品。这是什么？

夏文晴：这个是我自己店的 LOGO，一个宠物店，大学的时候开的。Honey 大家应该都知道，就是亲爱的，Darling、宝贝的意思。这个是店的门脸，大家可以看到它是一个狗脸、一个狗头的设计。这是店内的摆设和设计。这是设计的橱柜，展示的橱柜。我还要讲解一下，就是那个橱柜，所有的我店里面的转角的部分，全部都是圆角的，因为当时考虑到小动物嘛，就是说它自控能力很差，然后就会乱跑，撕封什么的这样的问题，所以我把它设计成圆角的，以免它受伤害。

宋美遐（中盟世纪传媒有限公司董事 CEO）：晴晴，你觉得你刚才展示给我们的东西足以证明你的设计吗？

夏文晴：不足以，我还有其他的东西。

宋美遐：你说你设计的最好的东西都没有显示出来，你只发了一个你之前的宠物店，发了一个你所谓的室内设计，又是用圆角的，我觉得在宜家五六年前就已经有这种圆角设计了。

夏文晴：这个现在我觉得不满意。

张绍刚：哪里不满意？

夏文晴：整个设计，还有 LOGO，都觉得不够。

张绍刚：不是我为难你，因为你老用形容词。哪里不够？

夏文晴：一定要血淋淋地要我自己讲述我自己的不足是吗？

张绍刚：是你说你今天看着不够，我才问你哪里不够。

夏文晴：但是我没有想过要重新设计它，因为这个店我关掉了，关掉了之后，我就不再去想这个问题，所以我没有思考过哪里不足，但是我只能说这个我不满意。

许怀哲（解决网总裁）：姑娘，姑娘，这是你的专业，不是我的专业，我一点没法去发挥我的意见，但是我觉得你在和张绍刚或其他人说话的时候，总是希望去解释，或是总是需要用大段的说明性的文字去说明，但不如你想一想，如何给对方一个比较干脆的回答，或是一个比较干脆的答案。你以后试试用这种说话的方式去说话。

张绍刚：各位我跟你们说一个我真实的感受，我一般和男的对话才累，我和女的对话不累，但是今天我和这个文晴对话，我特别累。

刘惠璞：你知道为什么吗，绍刚？因为你现在碰到了一个复合型人才，什么都会。

张绍刚：来，劲波。

姚劲波（58同城总裁）：我其实也有一个问题想问，到现在为止你说你干过很多，说实话我前面十分钟，我一直以为你是要找一个模特的工作，所以说你打扮成这样，如果说你要找一个设计的工作，其实你没必要打扮成这样对吧？你要展示的是你的内在，而不是你的这个外表。

毕晓世：你说到这个重点，其实我特同意你说的这个重点，其实你的目的，我现在还没弄清楚，真的。

刘惠璞：而且更搞笑的一点是什么呢？说自己是做平面设计的，展示的东西到现在我没看到平面设计的东西。

慕岩（百合网联合创始人兼副总裁）：我有一个问题，你穿成这样，非常漂亮和火辣的状态，其实不利于你应聘，因为 Boss 们会认为你腿长无脑。

姚劲波：到现在为止这么多年做设计，你有哪个设计被什么人采用了，被哪个客户采用了，然后客户的评价是什么，有没有？

夏文晴：周大福吧，在长春地区就很满意。

姚劲波：周大福用了你的设计吗？周大福是珠宝店是吧，全国连锁的？

夏文晴：对，因为它会有展示或者展位什么，都是我们来做的。

姚劲波：那可以演示一下吗？

张绍刚：你没有给我们提供周大福的。

姚劲波：那你最满意的一幅设计作品，是客户采用了的，但你没有提供，对吧？

张绍刚：你真的没有给我们提供。

夏文晴：我真的带过来了。

张绍刚：你带过来是带过来的事，但是你真的没有给导演组提供。

张伊万（《YOHO！潮流志》副总裁）：她提周大福的例子，刚好这个就是我们的一个客户，其实你刚才讲到，你在长春地区，其实我现在没搞清楚，你是要做巡回展示，还是说它的一个地面活动，还是它的一个店铺的陈列。不过就我们所知，首先它所有的广告的东西，一定是全国统一的，包括它巡回展示，其实是全国统一的标准，不可能在某一个地区找一个单独的设计师，或者一个这样的代理人，帮它在这个城市来做，这是据我所知在过去的三到五年，应该是不可能的事情，十年以前我不清楚。

夏文晴：就是长百的那个大楼的楼下，一个展示。

张伊万：如果是周大福，应该它不允许在某一个城市，哪怕小到四线城市，使它整体的企业形象有任何偏差，这个据我了解是不可能的。

莫华璋：其实你知道吗，文晴？为什么大家在怀疑一些事情的真实性，我相信你连地点都说出来了，应该是真的，对不对？但为什么大家在怀疑这个东西？原因是刚刚有几位老总说的问题，其实都是设计课里面经常练习的这种，每天都在说的事情，但你好像有点为难，所以大家都对整个事情就好像抱有一点怀疑的态度。

刘惠璞：其实这个女孩子是蜻蜓点水，一般做过很多行业，让自己变成了个复合型人才，殊不知我们现在企业就需要专业人才。

尹峰（香港国际咖啡之翼美食传播连锁集团品牌创始人兼董事长）：晴晴你就是一直没有给大家讲一个具体的东西，那么我问你一个问题，就是在你毕业之后，你有没有在大的公司工作过？

夏文晴：我没有过。

尹峰：所以这样我就觉得可以理解了，可能她都是自己在做事，所有她永远都是大的小的A的B的都是自己在做，所以她并不了解一个企业的企划部里面，平面设计只是中间的一个部分，她只完成平面的东西。

张绍刚：好，十一位，你们现在来表态，夏文晴，你们认为她应该继续还是离开？（全场灭灯）我不替你可惜，晴晴，你的描述老特别抽象，而在找工作的时候，我们一定要把自己的从业经历描述得越具体越好，把我们自己的能力展示得越具体越好，可能你需要让自己变得名词动词一些，而不是现在的形容词，好不好？

陈晓辉：我能多说两句吗？不好意思。

张绍刚：可以，晓辉。

陈晓辉：因为我也看了这个节目好几期了，我发现所有的求职者里头都有这样的一个问题，就是在表达语意的时候有两种状态，一种叫作看法，一种叫作事实，那么刚才张绍刚说了半天，你的形容词所有的层面全是在看法层面，而不是在事实层面，那么首先第一点，你要区分什么叫看法，什么叫事实。比如说北京今天很冷，这个是看法不是事实，因为你从长春来的，你说这个天不冷，我从海南来的，我说天很冷。你说今天北京零下十度，这是事实。所以在事实的基础上我们是可以进行交流的，我们是可以探讨的；在看法层面我们是没办法进行交流的。

张绍刚：谢谢晓辉的提示，晓辉谢谢你。因为很年轻嘛，二十三四岁，我希望下次的求职经历能够变得顺利一些。再见。

夏文晴：好，谢谢，谢谢。再见。（第二现场）十二位老总对我的看法还是有偏差的，我觉得不公平，我不是一个演员，我昨天晚上工作到很晚，包括今天上午我也没有睡好觉，我站在舞台上会有紧张感，你突然之间问我这样的问题，让我真的不知道怎么去回答。还有我穿得漂亮怎么了？我有错吗？谁不希望每天穿得好看呢？要是大家不这样想，不想穿得好看的话，那干吗要去买衣服？每天干吗要去逛街？干吗要用护肤品？我觉得这些都没有必要了。

张绍刚：这是在找工作，找工作不等于空谈，不等于在泛泛的层面上去聊想法，所以我们要求我们的求职者，具体再具体。

【思考】
1. 在求职过程中语言表达能力的重要性。
2. 为什么夏文晴的求职会失败？

【感悟】 良好的言语表达能力能够使对方轻松、明确地把握自己的思想观点，并可以避免因词不达意造成理解偏差，甚至产生误会的现象。夏文晴语言表达不够简练得体，语意表述很模糊，态度又不够明朗、真诚。虽然众老板和主持人对夏文晴穿着提出意见，看似她求职失败是败在穿衣不够得体上，其实这并非致命原因，最致命的是她的语言表达能力，让老板们最终对她投了反对票。

从以上的案例不难看出，求职面试时语言表达能力至关重要，甚至可以说是决定求职成败的最关键因素。尽管语言表达能力仅仅是求职面试中的一个要素，但是语言贯穿面试答辩的始终，对其他能力要素的体现起着重要作用。因此，掌握面试的语言艺术，对于面试有着十分重要的作用。

第一节 求职前的准备

一、科学定位自己的求职目标

人在就业准备期需要准备的内容很多，但对我们应届毕业生来说，主要的是以下几个方面。

（一）确定合理的就业目标和择业标准

所谓合理的就业目标，就是指选择的职业既符合个人的特点，也符合社会需要，体现人职合理的匹配，能充分运用自己所学知识，发挥个人优势，多为社会作贡献的就业目标。合理的就业目标主要包括两个方面：一是就业的主要目标。对于一个特定专业的大学生来说，在目前的就业形势下，最大的可能是从事与所学专业相关的职业。因此我们应把能充分运用自己所学专业知识的职业作为自己就业的主要目标，这既符合学校教育的培养目标，又能充分运用自己的专业知识，发挥专业特长。二是就业的次要目标。这是由社会职业结构的不断变化导致对人才需求的变化所决定的。这就要求我们在学好专业知识的同时，根据自己的兴趣、爱好，通过自学等途径，学习有关知识，培养能力，决定与自己兴趣、爱好相一致的就业目标。确定合理的就业目标，要求大学生合理调整就业期望值，优化自己就业的心理坐标。

（二）身体素质准备

无论哪一种职业，对从事者的身体素质都有一定的要求，不少职业对从业者身体素质的要求还比较高。所以，大学生应该养成良好的生活习惯，积极参加体育锻炼，自觉遵守作息时间，形成学习和生活的规律，作好身体素质的准备，以迎接社会对自己的选择与职业的挑战。

（三）知识、能力和技能准备

一切职业都要求从业者具有相应的知识、能力和技能。知识可分为专业知识和一般常识。前者指从事某种专门职业或进行某种特殊活动所必备的知识，后者指人的日常生活或一般活动所需要的普通常识。

能力可分为一般能力和专业能力。一般能力指：①自学能力，如阅读、使用工具书、利用文献信息资料、独立思考等方面的能力；②表达能力，主要有口头和书面的、图表和数字的表达能力；③环境适应能力，如独立生活、人际交往、应付挫折、独立工作等能力；④创造能力，如具有从事科研活动，提出新见解、新发明的能力；⑤自我教育能力，如自我评价、自我监督、自我管理等能力；⑥管理能力，即对人的管理和对技术的管理能力；⑦动手能力，如具体的操作能力；专业能力因专业不同，有不同的内容和要求，但无论是什么专业的学生，都要具有一定的专业能力。能力准备是学生就业的关键。

技能属于人的行为范畴，是运用自己已有的知识和能力去完成某一活动的行为方式，常体现为实际操作技术和技巧。它是丰富知识和发展能力的重要基础，它能不断促进人的知识的丰富和能力的提高。大学生除了学好专业基础知识外，还要多参加有益的校园文化活动和社会实践活动，在活动中不断提高能力和技能，为就业准备奠定坚实的基础。

（四）树立良好的就业意识

人们进行就业准备是为了能够从事某种职业，担当某种职务。在就业准备的过程中，准备者不仅应具备相应的知识、能力和技能，进行生理和心理方面的准备，还应了解社会职业的性质和价值，掌握一定的职业知识、树立良好的就业意识。处于就业准备期的大学生，树立良好的就业意识，是就业准备的重要内容，对择业和就业具有十分重要的影响。那么，当今大学生应该树立什么样的就业意识呢？大学生应该树立按行业就业的意识，大对口就业的意识，到艰苦行业、边远地区就业的意识，先就业后择业再创业的就业意识等。

（五）心理准备，特别是挫折心理准备

当前，由于受多种因素的影响，大学生在就业中存在某些不健康心理，特别是当就业的现实与理想存在一定距离时产生某些不健康的心理。一是自负心理。这是大学生的一种优势心理。二是迷惘心理。当所学专业与社会需求不尽吻合时感到无所适从。三是逃避心理。在"双向选择"时，发现自己的知识不能适应社会需求，于是追悔、逃避、对就业失去信心和勇气。四是消极心理，不能正确认识和分析就业中的不合理现象，感到失望。因此，大学生在就业准备的过程中，要注意调整自己的心理状态，保持健康的心理。怎样才能使自己有一个健康的心理呢？首先进行自我调节，充分相信自己，看到自己的优势、前景，减轻心理负担，保持良好的精神状态。其次做好充分的心理准备，树立正确的择业观，看问题不要极端化，处理好自我价值实现与社会的关系。

二、就业信息的收集

要想使自己的择业决策更具有科学性，毕业生必须有一定的就业信息量做保证。譬如国家的就业方针、各地方及行业的就业政策、自己院校的就业细则，有关的就业机构、具体职责等。当然，更主要的还有用人单位的需求信息。对这些信息的获取如果不足，那么就业决策的科学性、准确性就要大打折扣。

收集就业信息应力求做到"早""广""实""准"。所谓"早"，就是收集信息要及时，要早做准备，不能事到临头再去抱佛脚。所谓"广"，就是信息面不能太窄，要广泛收集各个方面、不同层次的就业信息。有的同学只注意根据自己预先设定的目标收集有关地区、行业和单位的就业信息，使自己放弃或忽视了"后备"信息，因此在求职遇挫时感到无所适从，造成被动。这种情况是应当避免的。"实"，就是收集的信息要具体，用人单位的地点、环境、人员构成、福利待遇、发展前景、对新进人员的基本要求、联系方式等各方面信息掌握得越具体越好。"准"，就是要做到准确无误。一方面，用人单位需要的是什么层次、什么专业的人才，在生源、性别、相貌、外语水平等方面有什么特殊要求，都要搞准；另一方面，用人信息也和商品信息一样，具有很强的时效性，你所了解的信息是不是过期的信息，人家是否已经物色到合适人选，这些情况都要搞清楚，绝不能似是而非。

收集就业信息，一般有以下几个途径。

（一）学校主管部门

无论从哪个角度来看，学校都是收集就业信息的主渠道。因为就目前的就业机制看，学校就业主管部门是连接大学生就业工作所涉及的有关对象的核心环节，既与毕业生就业工作所涉及的各级主管部门之间保持着密切联系，同时也是用人单位选录毕业生所依赖的一个主要窗口。这一特定的位置，使其对就业信息的占有量大于任何一个部门，同时其所掌握信息的准确性、权威性也是最高的。就业政策，无论全国的，还是行业的、地方的，学校就业主管部门都能掌握；需求信息，学校就业主管部门可以从用人单位直接获得，可信度最高；同时学校就业主管部门与毕业生就业所涉及的就业机构有直接接触，因此学校就业主管部门是毕业生就业所依靠的主要对象。目前各高校毕业生就业主管部门大都转变观念，以市场为导向，以服务为宗旨，在制定文件、公布信息、提供咨询、就业指导以及为用人单位举办各种就业招聘会等方面都做了大量的工作，也取得显著的成效。

（二）各种类型的毕业生就业市场

为做好每年的毕业生就业工作，各地方、各行业及各高校都要举办规模大小不等的"人才市场"，这些"人才市场"所集聚的就业信息量非常之大，毕业生应充分利用。这些"人才市场"还可使毕业生与用人单位直接洽谈，相互了解情况，有不少毕业生就是通过这一途径确定工作单位的。

（三）计算机网络

网络是获取就业信息的高效、便利的途径，已有不少省市和高校都建立起了毕业生电子信息网络。这些网络大多并入了国内各大网站，毕业生既可从中查到职业需求信息，又可以将个人求职材料放到网上，供用人单位在招聘时选择。目前，我国许多高校均建立了自己的网站，上网已不是难事。只要注册相应的账户，就可以通过校园局域网或学校附近的网吧上网。

（四）利用各种"亲友团""门路"

"亲友团"或"门路"不能简单归于"走后门"而加以排斥。这里"亲友团""门路"实际是指就业的途径、渠道。如果说市场的竞争机制和企业进人的监督机制能够使"唯才录用"成为大家的共识，那么"门路"就应是大学生求职择业应予提倡的有效途径之一。事实上每年也有不少毕业生是通过"门路"落实就业单位的。"门路"以"三缘"为基础。"三缘"即"血缘""地缘""学缘"。完全没有"门路"的人是不存在的，抱怨自己没有"门路"，实际是没有动脑子去找"门路"。以"血缘"而论，每个人都有父母等亲人，而且父母等亲人也都有自己的朋友和熟人，以此扩展下去，就会变成一个"门路"网络。以"地缘"而论，故乡的朋友、同学以及他们的朋友、同学等都属此类。以"学缘"而论，一个人从幼儿园、小学、初中、高中直至大学，都有许多同伴、同学和师长，而他们各自也都有许多亲友、同学等。通过这些"门路"，你所获取的信息量就会激增。在这里需要提示的是，在"门路"中，你要特别注意利用师长和校友这一"门路"。尤其是就业指导老师，他们比一般人更了解不同专业毕业生适合就业的方向和范围，对一些对口单位的人才需求信息了解得比较详细。而校友则大多在对口单位工作，他们提供的信息往往也比较具体、准确，应聘成功率较高。

（五）实习单位

实习单位一般都是对口单位。通过实习，你对单位的了解以及单位对你的了解都会比较具体，如果实习单位招人，很可能你就是其考虑的第一个对象。通过实习落实就业单位的毕业生每年都有不少。

（六）打电话、写求职信或登门拜访

这种方式要求毕业生有一种"毛遂自荐"的意识，并且对意向单位要有大概的了解，这种形式主动性强，但盲目性较大，不过在缺乏就业信息的情况下，也不失为一种办法。

（七）有关就业指导的报刊、图书

教育部高校学生司和全国高校毕业生就业指导中心主办的《毕业生就业指导》报，是专门为毕业生就业服务的专业性报纸，定期为毕业生提供就业信息。其他一些报纸，如人民日报社主办的《市场报》也经常刊登就业信息，一些以就业指导为内容的图书中也经常附有用人单位的情况介绍和招聘信息等，这些都是获取信息的渠道。

三、个人自荐材料的制作

自荐材料包括自荐信、个人简历、必要的证明材料及学校推荐表等。准备自荐材料的直接目的就是使用人单位能够对自己感兴趣，录用自己。用人单位出于节约人力和时间的考虑，一般情况下，都要求求职者先提自荐材料，由他们进行比较和筛选，然后再通知求职者进行面试。正是由于用人单位最初是通过自荐材料来了解求职者的，所以自荐材料的好坏就直接关系到求职者能否引起用人单位的重视，并由此叩开用人单位的大门。

自荐信实质上就是简短的自我介绍信，它是自荐材料的主体之一。自荐材料中不能没有自荐信。一份没有自荐信的简历让用人单位有一种很唐突的感觉，就像一个客观但冷漠的产品说明书摆在你的面前，而自荐信可以把你这个陌生人热情地介绍给用人单位，它是一个求职者与招聘者在心理上缓冲的方式。求职者可以在自荐信中尽量表达自己对这份工作的热情和渴望，强调自己可以胜任这份工作的理由。它的用途在于让招聘单位了解求职者与应聘岗位之间的共同点，给招聘方留下深刻印象，获得面试的机会。

（一）自荐信的格式

自荐信的格式与一般书信大体相同，即包括称呼、正文、结尾、落款等几个部分。"称呼"主要是针对招聘单位人力资源部的负责人，如"××公司人力资源部招聘主管"。"结尾"要表达对对方的祝愿，如"祝您工作顺利，身体健康"等。另外别忘了注明自己的通信地址、电话或电子邮件地址及具体联系的时间。

(二) 自荐信的要求

一封自荐信能直接体现求职者的书面表达能力，展示其文才。成功的自荐信应符合以下要求：

1. 有针对性与个人化

自荐信不像简历可以标准化，它必须是针对用人单位的具体职位，围绕如何满足其需要来组织材料，提出你能为该公司做些什么。自荐信应突出能引起对方兴趣、有助于获得工作的内容，特别是对于应届毕业生来说，学习成绩要有适当的体现，但不要过多，招聘公司更看重社会经验与实际能力，过于强调自己的学习成绩只会让人觉得你书呆子气和不成熟。

自荐信的落款最好是由自己亲笔签名，而不是与正文一并打印出来，这表示你对这份文件负责。信的末尾要写上日期，它是有时效性的文件，这些都是职业化的表现。

2. 简洁

自荐信一页即可，这是常识。应聘者必须能在最短的时间吸引对方注意，你只有八秒钟的时间来说服他。一封好的自荐信能为你赢得一个面试机会，但一封不好的自荐信也同样会使简历形同虚设。在自荐信中，简历中的具体内容不应过多重复，例如工作经历、学历、个人目标等。简历会告诉对方有关你个人的经历和技能，而自荐信则是吸引别人阅读你简历的关键。自荐信的内容必须紧扣主题，这样才能吸引读信人有兴趣接下来看你的简历。在自荐信中要紧紧围绕着回答"我为什么要聘用这个人"这一问题来组织内容。

3. 书写格式职业化

用人单位对你的第一印象是从你的自荐信和简历中获得的，一封好的自荐信能体现你清晰的思路和良好的表达能力。换句话说，它体现了你的沟通交际能力和你的性格特征。写自荐信不可忽视一些细节，因为在招聘者的眼里，注重细节的人工作会谨慎。一封自荐信可以显露出一个人的办事能力、鉴别能力、嗜好、受教育程度以及人格特性。糟糕的语法、标点或文字错误、格式不正确，会让招聘者觉得应聘者未受过良好的教育，或者并不是很在乎这份工作。另外，即使在人才市场应聘，也尽量不要用现场的报名表填写简历，包括自荐信。这样匆忙填写的内容，字写得不工整，页面效果也不会很好，同时也没有个性，不能将你从众多应聘者中突出出来。

4. 使用严肃的词汇

自荐信是一种应用文，在写作上有一定的要求。首先，语法要准确，要注意内容表达的准确与规范，文风要平实、沉稳、严肃，以客观叙述、说明为主，不要有抒情和描述性文字。其次，句式以简明的短句为好，不要使用复杂的长句。不要使用拗口的语句和生僻的字词，更不要有病句、错别字。外文要特别注意不要出现拼写和语法错误。

第二节　求职语言技巧

语言是求职者在求职面试中与招聘人员沟通情况、交流思想的工具，更是求职者敞开心扉，展示自己知识、智慧、能力和气质的主要途径，恰当得体的语言无疑会增强你的竞争力。

一、求职面试的语言表达

（一）态度要坦诚

面试时从某种意义上讲，态度最重要，要展示真实的自己，切忌伪装和掩饰，可以适时地表现自己的才华、展示自己的优点，但切忌浮夸不实。当主考官发言时，一定要认真聆听，不能随意打断。若遇到不会回答的问题，可以实话实说，不能含糊其辞、不懂装懂。对于主考官的质疑，要耐心回答，而不能强词夺理、一味辩解，否则会让主考官觉得你是一个喜欢给自己找借口的人。

（二）语言表达要清晰准确

语言表达首先要清晰，让主考官听清楚、听明白；其次，要准确表达自己的想法和观点，避免词不达意，让人无法理解。

（三）表达要简洁流畅，有逻辑性

要用最少的话语传递尽可能多的信息。通常要注意三个问题：一要紧扣提问回答；二要克服啰唆重复的毛病；三要戒掉口头禅，如"这个、那个""那……那……""那么……那么""但是……但是"等，这种太多的相同的连词和语助词往往会使句子的流畅性大大降低。

表达要有条理性、逻辑性，不能让人觉得前言不搭后语。逻辑性是要求被面试者在表达中必须按照通常的逻辑表达方式或一般人所能接受的逻辑表达方式进行表达。一般来说，人的思维要比口头表达的速度快很多，所以要尽量实现思维与语言的同步，而不能"跳跃式"表达，要明白逻辑化的口头表达是为了让他人明白语意。

（四）语速和音量要适中

语速要快慢适中，语速过快不容易让人听清楚，让人觉得这个人急躁，有时还会给人一种说话似乎不经过大脑的感觉；语速过慢会让人觉得此人做事不够利索，思维反应能力差，不能适应职场的快节奏生活。

音量的大小要根据面试现场情况而定。两人面谈且距离较近时声音不宜过大，集体面试而且场地开阔时声音不宜过小，以每个面试官都能听清你的讲话为准。

（五）语调要得体，语言要富有感染力

语调是指说话的腔调，也就是语音的高低轻重配合。打招呼、问候时宜用上升语调，加重语气并带拖音，以引起对方注意。自我介绍时，最好多用平缓的陈述语气，不宜使用感叹语气或祈使句。

只有有感染力的语言才能打动面试官，从而引起面试官的共鸣。要使语言有感染力，最有效的方法是用自己的亲身经历说话。因为只有自己亲自做过的事情体会才最深。面试的过程，必有情感因素掺杂其中，而面试官也带有某种情感来倾听，因此适当的表达态度极为重要。一般说来，面试中用语要庄重些，也可以加一些幽默。但不要过于随便，也不要出现"豪言壮语"式的语言，这样会给人轻浮、不实的感觉。

（六）表达时要能自制

自制就是能够不受外界因素的影响，控制自己的情绪和话语的分寸等，不能讲起话来不顾对方的反应，一个人滔滔不绝。面试时要留意对方的反应，因为求职面试不同于演讲，而

是更接近于一般的交谈。交谈中，应随时注意听者的反应。比如，听者心不在焉，可能表示他对自己这段话没有兴趣，你得设法转移话题；听者侧耳倾听，可能说明自己音量过小对方难以听清；皱眉、摇头可能表示自己的言语有不当之处。根据对方的这些反应，就要适时地调整自己的用语、语调、语气、音量、修辞，包括内容，这样才能取得良好的面试效果。遇到自己不熟悉的话题，也不能乱了方寸，要沉着应对。

二、求职面试的表达禁忌

（一）急问待遇

"你们的待遇怎么样？"谈论报酬待遇无可厚非，只是要看准时机，一般在双方已有初步意向时再委婉提出。

（二）报有熟人

"我认识你们单位的××""我和××是同学，关系很不错"等，这种话面试官听了会反感，结果往往适得其反。

（三）宾主倒置

例如一次面试快要结束时，面试官问求职者："请问你有什么问题要问我们吗？"这位求职者欠了欠身，开始了他的发问："请问你们的规模有多大？中外方的比例各是多少？"这样其实很不合适，易使面试官产生反感。

（四）拿腔拿调

表达切忌拿腔拿调。有一位从新加坡回国求职的机电工程师，由于在新加坡待了两年，"新加坡腔"比新加坡人还厉害，每句话后面都长长地拖上一个"啦"字，诸如"那是肯定的啦"，半个小时面试下来，面试官被他"啦"得晕头转向，临别时也回敬了他一句："请回去等消息啦！"

第二章

日常交谈语言的运用

第一节 案例分析

一、案例设置

案例1 老田鸡退二线

某局新任局长宴请退居二线的老局长。席间端上一盘油炸田鸡,老局长用筷子点点说:"喂,老弟,青蛙是益虫,不能吃。"新局长不假思索,脱口而出:"不要紧,都是老田鸡,已退居二线,不当事了。"老局长闻听此言顿时脸色大变,连问:"你说什么?你刚才说什么?"新局长本想开个玩笑,不料说漏了嘴,冒犯了老局长的自尊,顿觉尴尬万分。席上的友好气氛尽被破坏,幸亏秘书反应快,连忙接着说:"老局长,他说您已退居二线,吃田鸡不当什么事。"气氛才有所缓和。

案例2 俺王老师在不在

一天,大家正在教研室办公。一个学生进来就问:"俺王老师在不在?"大家先是一脸愕然,随即一个老师笑着说:"你找哪个王老师呢?我们这儿有好几个王老师。"该生答曰:"就是教我们班的那个王老师。"一个急脾气的老师说道:"全校200多个班级,我们怎么知道你是哪个班的?你语文老师叫什么名字?"该生补充道:"我是高分子班的。我忘了语文老师叫什么名字了。""你连自己语文老师叫什么名字都不知道。你哪个年级的?高分子2009级、2010级都有。"该生面无表情地说道:"2010级的。"这时一个老师查找了教研室课表才知道他要找的是谁。

案例 3 <center>红烧猪大肠</center>

一次聚餐，大家纷纷拿出在家里做好的拿手菜准备共享，小张一边给大家上菜，一边说道："这是我最拿手的红烧猪大肠，大家尝尝。"大家纷纷拿起筷子品尝，尝后都赞不绝口。这时小张继续解说："怎么样？兄弟的手艺不错吧？谁曾料到这玩意儿提溜回来的时候还有粪疙瘩，那臭味儿就甭提啦！酸中带臭，臭中带酸。瞧，如今却变成了香喷喷的佳肴。这就叫'生臭熟香'！"一下子搞得大家胃口全无。

案例 4 <center>渣八婆</center>

一日，一自称是香港名主播的娱乐记者和她的朋友狄大妈两个人私下闲聊。聊着聊着狄大妈忍不住抱怨自己儿媳如何不好，儿子如何遭受儿媳算计。该记者听得津津有味。一边听，一边在心里打算盘，琢磨着将这事爆料肯定是天大的新闻，既为朋友出了恶气，又让自己更受人关注，还能赢得不少收益，可谓一举三得，何乐而不为？于是，第二天，便四处传播，还振振有词说新闻工作者就要如此。一下子狄大妈的儿子儿媳成为娱乐新闻的焦点人物。小两口极其无奈，只能沉默以对，期望媒体的热度慢慢降温，无奈持续了一个多月的高温大有持续下去的趋势。众网民不约而同为这个所谓的名主播取名为"渣八婆"。狄大妈也让许多人不齿——看似维护了儿子，实则害了儿子。

二、案例分析

第一个案例中的新局长不知避讳，故引来老局长的不快；第二个案例中的学生，语言表述含混不清；第三个案例中小张说话不分场合；第四个案例中"渣八婆"喜欢搬弄是非。这四个案例中的情形正折射出了日常交谈中应注意的问题很多。要保持正确的日常交谈首先要不断提高自己的人格修养，其次要不断学习掌握日常交谈的要求和规则，注意日常交谈的禁忌和误区。

三、相关知识

交谈是人与人之间最直接、最简便、最广泛的口语交际活动，是人们进行思想沟通、信息传递、感情表达的一种最基本、最常用的语言表述方式。

交谈包括非实用性的和实用性的两种类型。非实用性的是指无确定内容与目的的交谈，如寒暄、聊天等，它的作用不在于传递信息，而在于融洽气氛与交流感情。实用性的则是内容具体、目的明确的对话，它广泛用于社会生活的各个方面，如座谈、讨论、谈判、洽谈工作、切磋学问、咨询问答、调查采访及打电话等等。日常交谈属于非实用性的。

第二节　日常交谈的要求

一、要看对象

在口语交际中，交际对象不同，说话的内容、方式、态度、语气也不相同。交谈时应充分考虑对方的年龄、职业、职务、愿望、性格、文化修养，以及家庭状况、身体状况、嗜好、忌讳等，以便取得良好的表达效果。

二、要看时间

看时间是指日常交谈的内容、方式、方法、习惯用语等要随着时间因素而恰当把握。其次，要使交谈取得更好的效果，还要注意把握谈话时机。

三、要看场合

在不同场合交谈有不同的要求，在庄重严肃的场合交谈时要严肃认真，给人以稳重感；在一般的场合交谈可以随意轻松，给人以融洽感，如果一本正经，反倒不合时宜了；在喜庆的场合交谈应多说些轻松、明快、吉利、幽默的话。

四、要分角色

角色不仅制约着人的行为，而且制约着人的言语。西方社会心理学家把角色语言概括为三个方面：①必须说的话；②允许说的话；③禁止说的话。这三点告诉我们，角色语言的要求是严格的，如果在交谈中不注意自己的角色，就会产生不快。

五、语言要美

（一）用语要礼貌

交谈时要多使用礼貌用语，如"请""谢谢""对不起""没关系""再见""请您指教""请问"等。

（二）说话要和气

交谈时要和颜悦色，心平气和。

（三）要文雅大方

交谈时语言要文明，内容要健康，能体现出一定的文化修养。用词要准确、生动、形象、含蓄、不粗俗，根据场合选择讲普通话还是讲方言。

（四）态度要谦逊、真诚

交谈时态度要谦逊、友好，不盛气凌人，不好为人师。遇到不同意见不能厉声反驳，更不能用讽刺、挖苦的口吻说话。交谈中保持谦逊，不是虚伪，而是一种风度。与长者交谈，宜多用请教的口气；与客户交谈，应多用商讨的言辞；老同学见面，少宣传自己的成功与"发迹"；向领导汇报工作，要求多提批评意见；受到表扬和赞美时，不应沾沾自喜、大吹大擂。

真诚的态度是交谈的基础，谁都希望别人尊重自己，但自己首先得尊重别人。在交谈中，谈话态度应该真诚、热情、稳重。彼此的信任会使交谈进行得很愉快。如果虚伪做作、华而不实或轻慢无礼、语气生硬，那么对方就不乐意同你交流。真诚其实就是要做到不言过其实，不油腔滑调，更不能恶语伤人。

（五）要宽容大度

要能将心比心，理解、体谅、忍让别人，做到大事清楚、小事糊涂。对自己要严格要求，对别人宽容谅解，不随意打断别人讲话或横加指责别人，做到"我不同意你的看法，但我誓死捍卫你说话的权利"。

（六）注意避讳

交谈中要尽可能回避使对方产生不愉快的话题，万一无意触及，应立即表示歉意。日常交谈中，需要避讳的地方很多，如不要对失意之人谈得意之事；注意宗教信仰，如对方是回民，则不应在他面前提及猪肉等；对方如果身材很胖，则不应多提与"肥胖"有关的事情。与西方人交谈，还需注意西方文化中的一些交谈禁忌。如西方人交谈有"八不问"原则：一不问年龄，二不问婚姻，三不问家庭状况，四不问经济收入，五不问住址，六不问个人经历，七不问工作与职业，八不问信仰。这些原则大家应该知道。

（七）身势语要适度、得体

姿态要文雅，活动要适宜。与长辈交谈，更要有礼貌。坐要端正，站要自然，腿不能随意晃来晃去，这样会显得傲慢无礼。交谈时，目光要平视，不能东张西望或兼做其他事情，也要避免一些小动作，如抠指甲、搔痒、抓头皮等，这样做不仅失礼，也使自己显得猥琐。交谈时可以使用身势语，但不应手舞足蹈。面部表情要自然。

六、要善于倾听

日常交谈中要做一个好的倾听者，一个善于倾听的人。听话要听音，倾听时要专心致志，不能心不在焉。听明白了，想清楚了，然后再说。

七、交谈用语要简明扼要

交谈时要用最少的话语传达尽可能多的信息，减少重复信息，尽量避免多余信息和无用信息。如有人说话时经常用"啊""是吧"一类的字眼，让人听起来生厌；有的人说话喜欢带"我说呀""好比说"之类的口头禅，都是语言不简明的表现。

第三节　日常交谈语言表达的误区

一、随意插话

有的人在别人发言时随意插话，扰乱别人的思路，破坏别人的节奏。他们过于喜欢表现自己的聪明而常在别人说出一半"谜面"的时候，就解开"谜底"，弄得大家兴味索然；也有的人急于发言而随意打断别人的谈话，以致受人白眼；还有的人在别人发言时，总喜欢在一旁反复添加"就是""当然""是吗"等言辞，似乎只有这样才能表现出全神贯注。殊不知，这些都是修养不佳、缺乏风度的表现。

二、言过其实

有的人一口一个"绝对如此""肯定这样"，喜欢一概而论，把话说死，把事情绝对化，似乎他有十足的把握；还有的人什么都说好，一切都赞成，溢美之词不绝于口，令人发腻。日常交谈应该实事求是，做到说话有分寸。

三、含混啰唆

有的人表达时含糊其辞，语无伦次，前后矛盾，说了半天也没说出个所以然；或者唠唠叨叨、喋喋不休，因细节太多而淹没了中心。交谈时要说个清楚、道个明白，才能起到交流思想、表达感情的目的。

四、争执抬杠

有的人交谈时为了某个观点的是与非或者事实的真与假而各执一词，争论不休，搞得剑拔弩张、硝烟弥漫，破坏了闲谈的乐趣，让自己成为不受欢迎的人，这是"好辩者"最易犯的毛病。日常交谈很多时候并无明确的目的，只是强调气氛的融洽和谐，而不是追求结论的一致、圆满。争执抬杠只能让闲谈气氛全无。

五、唯我独尊

有的人交谈时不是以与人平等的身份出现，而总是试图驾驭整个谈话过程，急于成为众人瞩目的中心，态度盛气凌人，指天画地，完全不顾别人对自己的话题有无兴趣，无视交谈各方平等的原则。

六、漫不经心

有的人对别人的谈话漫不经心，对别人要求回答的问题只是机械地应之以"嗯""啊""哈"，或者默不作声，一副心不在焉、无动于衷的表情，这样使交谈难以愉快地持续下去。

七、道人长短

有的人借交谈飞短流长，说人是非；有的人为了炫耀自己消息灵通而说东道西。这样只能带来不良后果，也使自己处于道德谴责的境地。有话应当面说，不能在人背后乱加评论。

八、曝人隐私

有的人说话大大咧咧，不看对象，不假思索，触犯了别人的隐私而不自知，这样轻则使对方窘迫尴尬，重则使对方大动肝火。人人皆有隐私，也皆有隐私权，应学会尊重别人的隐私权。

九、冷落一方

在有多方参与的交谈中，只与自己熟悉的或者感兴趣的人交谈，而冷落了坐在一旁的沉默不言的人，这也是不善交谈的表现。沉默不言，并不一定表示无话可说，也许他在思考，也许他掌握的信息正合你的需要。所以，应当把热情友善的目光投向每一个人，特别是要与那些沉默寡言、表现拘谨的人多谈几句。

十、自吹自擂

交谈时当你介绍自己的成就、功绩时，如果夸大其词，尽管你的兴致十足，听者也会兴味索然。因为你的夸夸其谈会让大家日后对你敬而远之。

十一、谈扫兴事

交谈中如果你过多地谈个人的不幸或其他的扫兴事，只会令人倒胃口。祥林嫂式的唠叨只能让人厌烦。

十二、低级庸俗

有的人由于缺乏教养，品行不端，因此往往谈论低级庸俗的话题。有的人不顾身份、不分场合地与人打情骂俏，更是让人讨厌。

十三、造谣传谣

有的人为了满足无聊者的好奇心，常常自作聪明，传播道听途说的不真实、不科学的信息，造谣惑众；也有个别无城府的人，轻易信谣，并不顾后果去传谣。"没有调查，就没有发言权"，造谣传谣损人不利己，影响人际交往秩序的稳定。

总之，在日常交谈中，要知道什么是应该做的，更要清楚什么是不应该做的。

第三章

普通话发音训练

第一节　普通话

　　汉语普通话，是我国国家通用语言，现代汉民族的共同语，以北京语音为标准音，以北方话为基础方言，以典范的现代白话文著作为语法规范，为国家机关的公务用语用字，是学校及其他教育机构的教学语言文字，是广播电台、电视台的基本播音用语。《中华人民共和国国家通用语言文字法》确立了普通话和规范汉字的"国家通用语言文字"的法定地位。

　　和方言音系相比较，普通话音系比较简单，它的声母、韵母、声调，一般来说，比方言要少，因而比较容易掌握。

　　普通话语音的特点是：声母除舌尖后擦音 r，鼻音 n、m，边音 l 外，无浊音。韵母多复元音，鼻韵母有前后之分。另外，普通话没有声母的清浊对立，没有入声（音节尾为闭塞音 p、t、k 及演化出的喉塞音），尖团合流（不分尖团），声调较少，调式简单。另外有轻声和儿化韵。

　　现代标准汉语的发音基本沿袭了北京话的语音系统，但各地标准略有差异。对汉语而言，单音节（单字）发音可分为声母、介音（韵头）、韵腹、韵尾、声调五个要素，而韵头、韵腹、韵尾又合成称为"韵母"；超音节（词句）发音还存在连续变调等要素。直音和反切都是古代给汉字注音的方法。至 1926 年，产生了由钱玄同、黎锦熙、赵元任等制定的"国语罗马字"，曾由当时南京的大学院于 1928 年正式公布。1931 年产生了由瞿秋白、吴玉章等制定的"拉丁化新文字"。拉丁化新文字和国语罗马字是拉丁字母式汉语拼音方案中比较完善的两个方案，大大超越了它们之前的各种方案。

　　依据注音符号的标音系统，其声韵系统共有 21 个声母、3 个介母、13 个韵母及 4 个声调。

　　依据汉语拼音的标音系统，其声韵系统共有 23 个声母（计入 y、w 两个半元音）、39 个韵母（略同于注音符号中所有独用与结合韵母）和 4 个声调。

第二节　普通话发音

普通话发音是生动表达的物质基础。普通话是科学的语言体系，包括语音、语汇、语法三大要素。人的发音器包括呼吸器官、喉头和声带、口腔和鼻腔三个部分。声音由声带切分气息、舌唇腭运动修改、头鼻口咽胸腔共鸣放大而发出。

一、普通话发音训练方法

（一）气息训练

气息是发音的基础，气息充足方能发音持久有力。气息调控常用胸腹式联合呼吸法。训练要点：吸气时，像闻花香，快而深；呼气时，像吹蜡烛，慢而匀；呼吸时，要取抬头、舒肩、展背、倾胸、变腹、并脚姿势；训练后期可练习绕口令提高气息调控能力。

（二）声带训练

声带决定发音的音质中的音调、音色。训练要点：清晨"吊嗓子"以腹胸吸气，腹胸最低音到最高音呼气发"啊""咿"。正式发音之前，要先小声预音。为保护声带，要少抽烟，少喝酒，少吃有强烈刺激性的食物，少喝过烫或过冷的汤水。

（三）共鸣训练

共鸣决定发音音质中的音高。头腔、鼻腔共鸣区为高音共鸣区，声音通过该区能产生高音；咽腔、口腔共鸣区为中音共鸣区；胸腔共鸣区为低音共鸣区。训练要点：放松喉头，用"哼哼"音唱歌；学鸭叫，声发 gaga 音，学牛叫，声发 eng 音，学汽笛鸣，声发 di 音。

（四）吐字训练

吐字三要素：出字——声母发音要准确、有弹力；立字——韵腹发音要拉开立起；归音——韵尾发音要干净利落。训练要点：标准模仿训练，注意声调、鼻音、翘舌音的区分。

二、声母的辨正

（一）分清 zh、ch、sh 和 z、c、s 对比练习

z—zh

阻力 zǔlì—主力 zhǔlì　　　　　　资源 zīyuán—支援 zhīyuán

祖父 zǔfù—嘱咐 zhǔfù　　　　　　仿造 fǎngzào—仿照 fǎngzhào

增订 zēngdìng—征订 zhēngdìng　　宗旨 zōngzhǐ—终止 zhōngzhǐ

杂技 zájì—札记 zhájì　　　　　　栽花 zāihuā—摘花 zhāihuā

赞歌 zàngē—战歌 zhàngē　　　　　增光 zēngguāng—争光 zhēngguāng

装载 zhuāngzài—庄砦 zhuāngzhài　赞助 zànzhù—站住 zhànzhù

组织 zǔzhi—主枝 zhǔzhī　　　　　总则 zǒngzé—肿着 zhǒngzhe

c—ch

粗气 cūqì—出气 chūqì　　　　　　鱼刺 yúcì—鱼翅 yúchì

从来 cónglái—重来 chónglái　　　词序 cíxù—持续 chíxù

参加 cānjiā—掺加 chānjiā　　　　推辞 tuīcí—推迟 tuīchí

操纵 cāozòng—超重 chāozhòng　　村庄 cūnzhuāng—春装 chūnzhuāng
短促 duǎncù—短处 duǎnchù　　擦车 cāchē—叉车 chāchē
测出 cèchū—撤出 chèchū　　车载 chēzài—车债 chēzhài
粗布 cūbù—初步 chūbù　　残害 cánhài—谗害 chánhài

s—sh

私语 sīyǔ—施与 shīyǔ　　搜集 sōují—收集 shōují
肃立 sùlì—树立 shùlì　　近似 jìnsì—近视 jìnshì
司长 sīzhǎng—师长 shīzhǎng　　塞子 sāizi—筛子 shāizi
散心 sànxīn—善心 shànxīn　　桑叶 sāngyè—商业 shāngyè
散光 sǎnguāng—闪光 shǎnguāng　　俗人 súrén—熟人 shúrén
四师 sìshī—誓师 shìshī　　时速 shísù—实数 shíshù
四十 sìshí—事实 shìshí　　三十 sānshí—山石 shānshí

（二）分清边鼻音声母对比练习

女客 nǔkè—旅客 lǔkè　　留念 liúniàn—留恋 liúliàn
浓重 nóngzhòng—隆重 lóngzhòng　　无奈 wúnài—无赖 wúlài
黄泥 huángní—黄梨 huánglí　　水牛 shuǐniú—水流 shuǐliú
蓝天 lántiān—南天 nántiān　　门内 ménnèi—门类 ménlèi
廉洁 liánjié—年节 niánjié　　连累 liénlèi—年内 niánnèi

（三）分清 f、h 声母对比练习

荒地—方地　　皇后—房后　　防空—航空　　西服—西湖
幅度—弧度　　富丽—互利　　舅父—救护　　浮面—湖面
公费—工会　　开发—开花　　废话—会话　　防风—黄蜂
翻腾—欢腾　　魔幻—模范　　老房—老黄　　芬芳—昏黄
反话—喊话　　复学—互学　　放荡—晃荡　　发红—花红
附送—护送　　复试—护士　　飞鱼—黑鱼　　留饭—流汗

三、韵母的辨正

（一）i、ü 对比辨音练习

生育 yù—生意 yì　　居 jū 住—记 jì 住　　聚 jù 会—忌 jì 讳　　取 qǔ 名—起 qǐ 名
于 yú 是—仪 yí 式　　名誉 yù—名义 yì　　遇 yù 见—意 yì 见　　舆 yú 论—议 yì 论
美育 yù—美意 yì　　姓吕 Lǚ—姓李 Lǐ　　雨 yǔ 具—以 yǐ 及　　区 qū 域—岐 qí 义
防御 yù—防疫 yì　　服役 yì—抚育 yù

（二）分清前后鼻韵对比练习

an—ang

板 bān 手—帮 bāng 手　　女篮 lán—女郎 láng
反 fǎn 问—访 fǎng 问　　担 dān 心—当 dāng 心
唐 táng 宋—弹 tán 送　　水干 gān—水缸 gāng
看 kān 家—康 kāng 佳　　战 zhàn 防—账 zhàng 房

赏 shǎng 光—闪 shǎn 光　　　　　　冉冉 rǎn—嚷嚷 rǎng
土壤 rǎng—涂染 rǎn　　　　　　　张 zhāng 贴—粘 zhān 贴

en—eng

陈 chén 旧—成 chéng 就　　　　　　真 zhēn 气—蒸 zhēng 汽
整 zhěng 段—诊 zhěn 断　　　　　　上身 shēn—上升 shēng
人参 shēn—人生 shēng　　　　　　针 zhēn 眼—睁 zhēng 眼
成 chéng 风—晨 chén 风　　　　　　同门 mén—同盟 méng
瓜分 fēn—刮风 fēng　　　　　　　出生 shēng—出身 shēn
粉 fěn 刺—讽 fěng 刺　　　　　　　花盆 pén—花棚 péng
正 zhèng 中—震 zhèn 中　　　　　　审 shěn 视—省 shěng 市
深沉 shēnchén—生成 shēngchéng　　分针 fēnzhēn—风筝 fēngzheng
深耕 shēngēng—生根 shēnggēn　　　纵深 zòngshēn—宗盛 zōngshèng

in—ing

红心 xīn—红星 xīng　　　　　　　　人民 mín—人名 míng
信 xìn 服—幸 xìng 福　　　　　　　劲 jìn 头—镜 jìng 头
婴 yīng 儿—因 yīn 而　　　　　　　海滨 bīn—海冰 bīng
零 líng 时—临 lín 时　　　　　　　静 jìng 止—禁 jìn 止
谈情 qíng—弹琴 qín　　　　　　　　印 yìn 象—映 yìng 象
冰 bīng 棺—宾 bīn 馆　　　　　　　频 pín 频—平 píng 平
今 jīn 天—惊 jīng 天　　　　　　　亲 qīn 近—清 qīng 静
竞 jìng 赛—禁 jìn 赛　　　　　　　金 jīn 银—晶 jīng 莹

◇读准 en 和 eng:

真诚 zhēnchéng　　本能 běnnéng　　奔腾 bēnténg　　神圣 shénshèng
人生 rénshēng　　　成本 chéngběn　　承认 chéngrèn　　风尘 fēngchén
证人 zhèngrén　　　登门 dēngmén

◇读准 in 和 ing:

心情 xīnqíng　　　品行 pǐnxíng　　心灵 xīnlíng　　民兵 mínbīng
灵敏 língmǐn　　　清音 qīngyīn　　平民 píngmín　　精心 jīngxīn

四、声调对比练习

(一) 阴平与阳平对比练习

欺 qī 人—旗 qí 人　　　　　　　呼 hū 喊—胡 hú 喊
知 zhī 道—直 zhí 道　　　　　　掰 bāi 开—白 bái 开
包 bāo 子—雹 báo 子　　　　　　大锅 guō—大国 guó
拍 pāi 球—排 pái 球　　　　　　窗 chuāng 帘—床 chuáng 帘
大哥 gē—大格 gé　　　　　　　　抽 chōu 丝—愁 chóu 思
小蛙 wā—小娃 wá　　　　　　　　大川 chuān—大船 chuán
放青 qīng—放晴 qíng　　　　　　开初 chū—开除 chú

抹 mā 布—麻 má 布　　　　　　　猎枪 qiāng—列强 qiáng
机 jī 群—集 jí 群　　　　　　　　失 shī 速—时 shí 速
失 shī 利—实 shí 力

（二）阴平与上声练习

攻击 jī—供给 jǐ　　　　　　　　征 zhēng 集—整 zhěng 纪
丛书 shū—从属 shǔ　　　　　　　争 zhēng 辩—整 zhěng 编
服输 shū—附属 shǔ　　　　　　　念经 jīng—年景 jǐng
鸳 yuān 鸯—远 yuǎn 洋　　　　　侵 qīn 蚀—寝 qǐn 室
佳 jiū 节—假 jiǎ 借　　　　　　淤 yū 积—雨 yǔ 季
收 shōu 拾—手 shǒu 势　　　　　姿 zī 势—子 zǐ 时
间接 jiē—见解 jiě　　　　　　　孤 gū 寂—古 gǔ 迹

（三）阴平与去声对比练习

歼 jiān 击—见 jiàn 机　　　　　偷 tōu 袭—透 tòu 析
编 biān 写—便 biàn 携　　　　　河山 shān—和善 shàn
血腥 xīng—血性 xìng　　　　　　精 jīng 致—径 jìng 直
心机 jī—心计 jì　　　　　　　　官 guān 吏—惯 guàn 例
估 gū 计—顾 gù 及　　　　　　　消失 shī—消逝 shì
拮据 jū—借据 jù　　　　　　　　清 qīng 醒—庆 qìng 幸
初期 qī—出气 qì　　　　　　　　闪失 shī—善事 shì

（四）阳平与上声对比练习

好麻 má—好马 mǎ　　　　　　　　土肥 féi—土匪 fěi
战国 guó—战果 guǒ　　　　　　　小乔 qiáo—小巧 qiǎo
返回 huí—反悔 huǐ　　　　　　　老胡 hú—老虎 hǔ
牧童 tóng—木桶 tǒng　　　　　　大学 xué—大雪 xuě
菊 jú 花—举 jǔ 花　　　　　　　直 zhí 绳—纸 zhǐ 绳
白 bái 色—百 bǎi 色　　　　　　洋 yáng 油—仰 yǎng 游
琴 qín 室—寝 qǐn 室　　　　　　情 qíng 调—请 qǐng 调
骑 qí 马—起 qǐ 码　　　　　　　油 yóu 井—有 yǒu 井

（五）阳平与去声对比练习

大麻 má—大骂 mà　　　　　　　　小格 gé—小个 gè
正直 zhí—政治 zhì　　　　　　　发愁 chóu—发臭 chòu
布娃 wá—布袜 wà　　　　　　　　斗奇 qí—斗气 qì
同情 qíng—同庆 qìng　　　　　　荆棘 jí—经纪 jì
瓷 cí 碗—次 cì 碗　　　　　　　白 bái 军—败 bài 军
肥 féi 料—废 fèi 料　　　　　　协 xié 议—谢 xiè 意
凡 fán 人—犯 fàn 人　　　　　　钱 qián 款—欠 qiàn 款
糖 táng 酒—烫 tàng 酒　　　　　壶 hú 口—户 hù 口
阻 zǔ 止—住 zhù 址　　　　　　 执 zhí 照—制 zhì 造

职 zhí 责—智 zhì 者　　　　　　兵棋 qí—兵器 qì
被俘 fú—被覆 fù　　　　　　　时 shí 节—世 shì 界

(六) 上声与去声对比练习

指 zhǐ 挥—智 zhì 慧　　　　　　主 zhǔ 攻—助 zhù 攻
总 zǒng 队—纵 zòng 队　　　　　毁 huǐ 伤—会 huì 上
保 bǎo 障—报 bào 账　　　　　　模拟 nǐ—莫逆 nì
伤死 sǐ—丧事 shì　　　　　　　仓储 chǔ—仓促 cù
指 zhǐ 导—制 zhì 导　　　　　　前委 wěi—前卫 wèi
字母 mǔ—字幕 mù　　　　　　　指使 shǐ—指示 shì
简 jiǎn 洁—间 jiàn 接　　　　　松鼠 shǔ—松树 shù
棘手 shǒu—寄售 shòu　　　　　矫 jiǎo 正—校 jiào 正
启 qǐ 迪—汽 qì 笛　　　　　　 劝解 jiě—劝诫 jiè
史 shǐ 诗—事 shì 实　　　　　　展 zhǎn 览—湛 zhàn 蓝

五、多音字对比练习

(一) 零声母多音字对比练习

阿 ā 姨	圩 wéi 子	砖瓦 wǎ	尾 wěi 巴
阿 ē 胶	圩 xū 场	瓦 wà 刀	马尾 yǐ
哑 yǎ 哑	殷 yān 红	叶 yè 落	惩艾 yì
哑 yǎ 场	殷 yīn 实	叶 xié 韵	艾 ài 草
倾轧 yà	要 yāo 求	挨 āi 次	熬 āo
轧 zhá 钢	要 yào 领	挨 ái 打	熬 áo 夜
区 Ōu 姓	拗 ào 口	尉 wèi 官	熨 yù 帖
区 qū 域	执拗 niù	尉 Yù 迟	熨 yùn 斗
寄予 yǔ	燕 yān 山	疟 nuè 疾	蔓 màn 延
参与 yù	燕 yàn 子	发疟 yào 子	瓜蔓 wàn
应 yīng 届	雇佣 yōng	为 wéi 人	头晕 yūn
应 yìng 付	佣 yòng 金	为 wèi 了	晕 yùn 车
恶 ě 心	咽 yān 喉	龟 jūn 裂	星宿 xiù
恶 è 果	咽 yàn 气	乌龟 guī	半宿 xiǔ
可 wù 恶	哽咽 yiè	龟 qiū 兹	宿 sù 舍
呼吁 yù	汤匙 chě	锁钥 yuè	钥 yào 匙
长吁 xū 短叹	吁 yū（吆喝牲口）		

(二) 双唇音 b、p、m 声母多音字对比练习

扁 biǎn 担	识 shí 别	把 bǎ 门	泡 pāo 桐
扁 piān 舟	标识 zhì	把 bà 子	泡 pào 沫
分泌 mì	别 bié 致	瘪 biē 三	复辟 bì
泌 bì 阳	别 biè 扭	干瘪 biě	开辟 pì

便 biàn 饭	扒 bā 开	蛤蚌 bàng	纸薄 báo
便 pián 宜	扒 pá 手	蚌 bèng 埠	单薄 bó
手臂 bì	黄骠 biāo 马	剥 bō 削	老伯 bó
胳臂 bei	骠 piào 勇	剥 bāo 皮	大伯 bǎi 子
奢靡 mí	摩 mó 擦	排 pái 除	心广体胖 pán
披靡 mǐ	摩 mā 挲（sa）	排 pǎi 子车	肥胖 pàng
刨 páo 土	炮 páo 制	缥 piāo 缈	前仆 pū 后继
刨 bào 床	高炮 pào	缥 piǎo 青白色	仆 pú 从
俭朴 pǔ	瀑 pù 布	撇 piē 开	一曝 pù 十寒
朴 pō 刀	瀑 bào 河（水名）	撇 piě 嘴	曝 bào 光
埋 mái 伏	流氓 máng	眯 mí 眼（迷眼）	背 bēi 包
埋 mán 怨	氓 méng（古指百姓）	眯 mī 眼（合眼）	背 bèi 后
漂 piāo 流	碉堡 bǎo	秘 bì 鲁	绸缪 móu
漂 piǎo 白	瓦窑堡 bǔ	秘 mì 密	纰缪 miù
漂 piào 亮	十里堡 pù	秘 Bi 姓	缪 Miào 姓

（三）舌尖中音 d、t 声母对比练习

吐 tǔ 气	通 tōng 俗	挑 tiāo 选	倒 dǎo 台
呕吐 tù	一通 tòng	挑 tiǎo 拨	倒 dào 叙
答 dā 理	大 dà 夫	当 dāng 日	颠倒 dǎo
报答 dá	大 dài 夫	当 dàng 天	倒退 dào
都 dōu 是	采掇 duō	粮囤 dùn	杂沓 tà
都 dū 市	掂掇 duo	囤 tún 积	疲沓 ta
苔 tái 藓	调 tiáo 皮	逮 dǎi 住	提 dī 防
舌苔 tāi	调 diào 换	逮 dài 捕	提 tí 包
担 dān 搁	弹 dàn 丸	妥帖 tiē	单 dān 独

（四）边音鼻音 n、l 多音字对比练习

宁 níng 静	烂泥 ní	为难 nán	哥儿俩 liǎ
宁 nìng 可	拘泥 nì	责难 nàn	伎俩 liǎng
蓝 lán 图	烙 lào 印	勒 lè 令	擂 léi 鼓
苤蓝 lan	炮 páo 烙 luò	勒 lēi 紧	擂 lèi 台
蠡 lí 测	跳踉 liáng	潦 liáo 草	淋 lín 浴
蠡 lǐ 县	踉 liàng 跄	积潦 lǎo	淋 lìn 硝
玩弄 nòng	袅娜 nuó	顺口溜 liū	佝偻 lóu
弄 lòng 堂	安娜 nà	一溜 liù 烟	伛偻 lǚ
蒸馏 liú	镏 liú 金	碌 liù 碡	牢笼 lóng
馏 liù 饭	金镏 liù	庸碌 lù	笼 lǒng 络
露 lù 天	捋 lǚ 胡子	绿 lǜ 地	经络 luò
露 lòu 头	捋 luō 袖子	绿 lù 林	络 lào 子

粘 zhān 贴　　　凉 liáng 拌　　　论 lún 语　　　欢乐 lè
粘 nián 稠　　　凉 liàng　　　　论 lùn 理　　　音乐 yuè
累 léi 赘　　　　落 là 下　　　　拖拉 lā　　　测量 liáng
累 lěi 及　　　　落 lào 枕　　　　拉 lá　　　　较量 liàng
劳累 lèi　　　　落 luò 空　　　　半拉 lǎ　　　打量 liang
拧 níng 手巾　　拧 nǐng 螺丝　　脾气拧 nìng

（五）舌面音 j、q、x 声母多音字练习：

雪茄 jiā　　　　巷 hàng 道　　　假 jiǎ 若　　　悄 qiāo 悄
茄 qié 子　　　　街巷 xiàng　　　假 jià 日　　　悄 qiǎo 然
教 jiāo 书　　　　病菌 jūn　　　茶几 jī　　　　倔 jué 强
教 jiào 员　　　　香菌 jùn　　　几 jǐ 何　　　　倔 juè 头
血 xiě 晕　　　　曲 qū 线　　　　纪 Jǐ 姓　　　将 jiāng 就
流血 xuè　　　　曲 qǔ 调　　　　纪 jì 律　　　将 jiàng 领
联系 xì　　　　　结 jiē 巴　　　切 qiē 磋　　　拮据 jū
系 jì 鞋带　　　结 jié 业　　　切 qiè 身　　　约据 jù
鲜 xiān 艳　　　相 xiāng 处　　间 jiān 架　　　降 jiàng 落
鲜 xiǎn 见　　　相 xiàng 貌　　间 jiàn 隙　　　降 xiáng 伏
臭 chòu 虫　　　奇 jī 偶　　　通缉 jī　　　　济 jǐ 济
乳臭 xiù　　　　奇 qí 异　　　缉 qī 鞋　　　救济 jì
偈 jì 语　　　　夹 jiā 攻　　　嚼 jiáo 舌　　　侥 jiǎo 幸
偈 jié（勇武）　夹 jiá 裤　　　咀嚼 jué　　　僬侥 yáo
根脚 jiǎo　　　　围剿 jiǎo　　　芥 jiè 末　　　慰藉 jiè
脚 jué 儿　　　　剿 chāo 袭　　芥 gài 蓝　　　狼藉 jí
仅 jǐn 有　　　　咀 jǔ 嚼　　　矩 jǔ 形　　　两栖 qī
仅 jìn 万　　　　咀 zuǐ（嘴）　规矩 ju　　　栖栖 xī
蹊 qī 跷　　　　稽 qí 首　　　翘 qiáo 首　　荨 qián 麻（书）
蹊 xī 径　　　　滑稽 jī　　　翘 qiào 舌　　荨 xún 麻疹（口）
欠 qiàn 缺　　　锵 qiāng 水　　吓 xià 唬　　　角 jiǎo 落
呵欠 qian　　　银锵 qiǎng　　威吓 hè　　　角 jué 色
校 xiào 官　　　卡 qiǎ 滞　　　畜 xù 牧　　　光纤 xiān
强 jiàng 嘴　　　趄 qiā 坡儿　雀 què 斑　　　解 jiě 答
强 qiáng 调　　　趔趄 qie　　　雀 qiāo 子　　解 jiè 送
强 qiǎng 迫　　　趔趄 jū　　　家雀 qiǎo 儿　解 Xiè 姓

（六）舌根音 g、k、h 声母多音字对比练习

会 huì 合　　　虾 há 蟆　　　空 kōng 话　　　供 gōng 应
财会 kuài　　　对虾 xiā　　　空 kòng 白　　　供 gòng 认
号 háo 叫　　　喝 hē 水　　　荷 hé 花　　　　钢 gāng 铁
号 hào 召　　　喝 hè 彩　　　荷 hè 重　　　　钢 gàng 一钢

旗杆 gān	瓜葛 gé	皮革 gé	给 gěi 以
枪杆 gǎn	姓葛 Gě	病革 jí	补给 jǐ
估 gū 计	骨 gū 碌	谷 gǔ 雨	加冠 guān
估 gù 衣	骨 gǔ 干	吐谷 yù 浑	冠 guàn 军
坷 kē 垃	贝壳 ké	可 kě 恨	克 kè 扣
坎坷 kě	地壳 qiào	可 kè 汗	克 kēi（申斥）
溃 kuì 败	晃 huǎng 眼	美好 hǎo	看 kān 家
溃 huì 脓	摇晃 huàng	爱好 hào	看 kàn 望
桧 guì（树名）	姓过 Guō	可汗 hán	引吭 háng 高歌
桧 huì（人名）	经过 guò	汗 hàn 颜	吭 kēng 声
乱哄 hōng 哄	枸 gǒu 杞	哈 hǎ 达	
哄 hǒng 骗	枸 gōu 橘	哈 hà 什玛	
起哄 hòng	枸 jǔ 橼	哈 hā 萨克	

（七）平翘舌声母多音字对比练习

创 chuāng 伤	稍 shāo 微	储藏 cáng	记载 zǎi
创 chuàng 造	稍 shào 息	宝藏 zàng	装载 zài
撒 sā 赖	择 zé 交	钻 zuān 探	似 sì 乎
撒 sǎ 施	择 zhái 菜	钻 zuàn 石	似 shì 的
刹 chà 那	丧 sāng 事	擅长 cháng	什 shí 锦
刹 shā 车	丧 sàng 失	增长 zhǎng	什 shén 么
炸 zhá 糕	栅 zhà 栏	颤 zhàn 栗	重 zhòng 托
爆炸 zhà	栅 shān 极	颤 chàn 动	重 chóng 复
颜色 sè	传 chuán 奇	朝 cháo 代	杉 shā 木
掉色 shǎi	传 zhuàn 记	朝 zhāo 气	红杉 shān
扇 shān 风	少 shǎo 数	冲 chōng 突	脏 zāng 话
门扇 shàn	少 shào 壮	冲 chòng 床	脏 zàng 腑
种 zhǒng 子	处 chǔ 理	中 zhōng 听	懒散 sǎn
种 zhòng 植	处 chù 所	命中 zhòng	拆散 sàn
山查 zhā	嘲 cháo 讽	枞 cōng 树	爪 zhǎo 牙
考查 chá	嘲 zhāo 哳 zhā	枞 zōng 阳	爪 zhuǎ 子
场 cháng 院	作 zuō 坊	照片 piān	禅 chán 师
场 chǎng 地	工作 zuò	片 piàn 段	封禅 shàn
车 chē 马	澄 chéng 清	绰 chuò 约	伺 cì 候
车 jū	澄 dèng 清	绰 chāo 起	伺 sì 机
攒 cuán 动	煞 shā 尾	广厦 shà	缩 suō 小
积攒 zǎn	煞 shà 白	厦 xià 门	缩 sù 砂
桑葚 shèn（书）	游说 shuì	毛遂 suì	扫 sǎo 地
桑葚 rèn 儿（口）	说 shuō 话	半身不遂 suí	扫 sào 帚

差 chā 错	数 shǔ 九	高着 zhāo	包扎 zā
差 chà 劲	报数 shù	着 zháo 急	驻扎 zhā
出差 chāi	频数 shuò	着 zhuó 想	挣扎 zhá
参差 cī			

（八）f、h 声母多音字对比练习

风发 fā	牌坊 fāng	芳菲 fēi	积分 fēn
理发 fà	磨坊 fáng	菲 fěi 薄	处分 fèn
缝 féng 纫	豁 huō 口	说服 fú	号 háo 叫
缝 fèng 隙	豁 huò 达	服 fù（付）	号 hào 召
审核 hé	哗 huā 啦	划 huá 算	还 hái 是

（九）o、e、uo 韵母多音字对比练习

揣度 duó	颠簸 bǒ	念佛 fó	停泊 bó
过度 dù	簸 bò 箕	仿佛 fú	湖泊 pō
迫 pǎi 击炮	萝卜 bo	一丘之貉 hé	脉 mò 脉
迫 pò 降	占卜 bǔ	貉 háo 子	脉 mài 络
厚朴 pǔ	赤膊 bó	琢 zuó 磨 mo	舍 shě 弃
朴 Piáo 姓	胳膊 bo	琢 zhuó 磨 mó	校舍 shè
一撮 cuō 儿	一合 gě 米	磨 mó 难	胳 gē 膊
一撮 zuǒ 毛	合 hé 作	石磨 mò	胳 gā 肢窝
抹 mā 布	折 zhē 腾	阻塞 sè	和 hé 谐
抹 mǒ 杀	折 shé 本	活塞 sāi	应和 hè
抹 mò 墙	折 zhé 价	塞 sài 外	和 hú 牌
和 huó 面	和 huò 药	掺和 huo	

（十）前鼻韵、后鼻韵多音字对比练习

称 chèn 心	应 yīng 当	正 zhēng 月	干劲 jìn
称 chēng 赞	应 yìng 答	正 zhèng 点	强劲 jìng
盛 chéng 饭	曾 céng 经	奔 bēn 波	尽 jǐn 快
盛 shèng 会	曾 zēng 孙	投奔 bèn	尽 jìn 职
屏 bǐng 气	更 gēng 换	闷 mēn 热	时兴 xīng
屏 píng 幕	更 gèng 加	闷 mèn 倦	扫兴 xìng
颈 jǐng 项	亲 qīn 近	任 Rén 姓	反省 xǐng
脖颈 gěng	亲 qìng 家	任 rèn 务	省 shěng 份
涨 zhǎng 落	横 héng 行	举行 xíng	不禁 jīn
泡涨 zhàng	蛮横 hèng	道行 héng	严禁 jìn
喷 pēn 泉	蒙 mēng 骗	行 háng 市	症 zhēng 结
喷 pèn 香	蒙 měng 古	树行 hàng 子	症 zhèng 状
嚏喷 pen	蒙 méng 蔽		

附录一　普通话练习之绕口令

1. 八百标兵：b, p

   八百标兵奔北坡，炮兵并排北边跑。炮兵怕把标兵碰，标兵怕碰炮兵炮。

2. 巴老爷芭蕉树：b

   巴老爷有八十八棵芭蕉树，来了八十八个把式要在巴老爷八十八棵芭蕉树下住。巴老爷拔了八十八棵芭蕉树，不让八十八个把式在八十八棵芭蕉树下住。八十八个把式烧了八十八棵芭蕉树，巴老爷在八十八棵树边哭。

3. 一平盆面：b, P

   一平盆面，烙一平盆饼；饼碰盆，盆碰饼。

4. 买饽饽：b, p, m

   白伯伯，彭伯伯，饽饽铺里买饽饽。白伯伯买的饽饽大，彭伯伯买的大饽饽。拿到家里喂婆婆，婆婆又去比饽饽。不知白伯伯买的饽饽大，还是彭伯伯买的饽饽大？

5. 白庙和白猫：b, m

   白庙外蹲一只白猫，白庙里有一顶白帽。白庙外的白猫看见了白帽，叼着白庙里的白帽跑出了白庙。

6. 爸爸抱宝宝：b, p, m

   爸爸抱宝宝，跑到布铺买布做长袍，宝宝穿了长袍不会跑。布长袍破了还要用布补，再跑到布铺买布补长袍。

7. 一座棚：b, p, f

   一座棚傍峭壁旁，峰边喷泻瀑布长，不怕暴雨瓢泼冰雹落，不怕寒风扑面雪飘扬，并排分班翻山攀坡把宝找，聚宝盆里松柏飘香百宝藏，背宝奔跑报矿炮劈火，篇篇捷报飞伴金凤凰。

8. 画凤凰：f

   粉红墙上画凤凰，凤凰画在粉红墙。红凤凰粉凤凰，红粉凤凰花凤凰。

9. 白石塔：b, d, t

   白石塔，白石搭，白石搭白塔，白塔白石搭，搭好白石塔，白塔白又大。

10. 打特盗：d, t

    调到敌岛打特盗，特盗太刁投短刀，挡推顶打短刀掉，踏盗得刀盗打倒。

11. 颠倒歌：d, t, l

    太阳从西往东落，听我唱个颠倒歌。天上打雷没有响，地下石头滚上坡；江里骆驼会下蛋，山里鲤鱼搭成窝；腊月苦热直流汗，六月暴冷打哆嗦；姐在房中手梳头，门外口袋把驴驮。

12. 哥挎瓜筐过宽沟：g, k

哥挎瓜筐过宽沟，赶快过沟看怪狗，光看怪狗瓜筐扣，瓜滚筐空哥怪狗。

13. 华华和红红：h

华华有两朵黄花，红红有两朵红花，华华要红花，红红要黄花。华华送给红红一朵黄花，红红送给华华一朵红花。

14. 男旅客女旅客：n, l

男旅客穿着蓝上装，女旅客穿着呢大衣，男旅客扶着拎篮子的老大娘，女旅客搀着拿笼子的小男孩儿。

15. 七加一：j, q

七加一，七减一，加完减完等于几？七加一，七减一，加完减完还是七。

16. 漆匠和锡匠：j, q, x

七巷一个漆匠，西巷一个锡匠，七巷漆匠偷了西巷锡匠的锡，西巷锡匠拿了七巷漆匠的漆，七巷漆匠气西巷锡匠偷了漆，西巷锡匠讥七巷漆匠拿了锡。请问锡匠和漆匠，谁拿谁的锡？谁偷谁的漆？

17. 知道不知道：zh, sh

认识从实践始，实践出真知。知道就是知道，不知道就是不知道。不要知道说不知道，也不要不知道装知道，老老实实，实事求是，一定要做到不折不扣地真知道。

18. 学时事：zh, ch, sh

史老师，讲时事，常学时事长知识。时事学习看报纸，报纸登的是时事，心里装着天下事。

19. 朱叔锄竹笋：zh, ch

朱家一株竹，竹笋初长出，朱叔处处锄，锄出笋来煮，锄完不再出，朱叔没笋煮，竹株又干枯。

20. 晒人肉：sh, r

日头热，晒人肉，晒得心里好难受。晒人肉，好难受，晒得头上直冒油。

21. 湿字纸：z–zh, s–sh

刚往窗上糊字纸，你就隔着窗户撕字纸，一次撕下横字纸，一次撕下竖字纸，横竖两次撕了四十四张湿字纸。是字纸你就撕字纸，不是字纸，你就不要胡乱地撕一地纸。

22. 石狮子，涩柿子：s–sh

山前有四十四棵死涩柿子树，山后有四十四只石狮子，山前的四十四棵死涩柿子树，涩死了山后的四十四只石狮子，山后的四十四只石狮子，咬死了山前的四十四棵死涩柿子树，不知是山前的四十四棵死涩柿子树，涩死了山后的四十四只石狮子，还是山后的四十四只石狮子，咬死了山前的四十四棵死涩柿子树。

23. 子词丝：z, c, s

四十四个字和词，组成了一首子词丝的绕口词。

桃子李子梨子栗子橘子柿子槟子榛子，栽满院子村子和寨子。刀子斧子锯子凿子锤子刨子尺子做出桌子椅子和箱子。名词动词数词量词代词副词助词连词造成语词诗词和唱词。蚕丝生丝热丝缫丝染丝晒丝纺丝织丝自制粗细丝人造丝。

24. 巡逻之歌：j, q, x, z, c, s

歌逐晨雾飞，蹄下露珠碎。北疆铁骑去巡逻——满身披朝晖。心潮起伏似海涌，战斗激情如江水，凝视茫茫大草原，胸怀世界为人类。疾雨洗军衣，惊雷壮军威。春夏秋冬如一日——昼夜勤巡回。长征火种播心田，中南灯光照边陲。阳光雨露有新营，锤炼红色新一辈。金光洒满道，锦绣铺塞北，胜利凯歌一曲曲，声声入人醉。矫健战马急鞭催，钢铁长城筑心内。

附录二　普通话练习文章

1. 茅盾《白杨礼赞》

那是力争上游的一种树，笔直的干，笔直的枝。它的干呢，通常是丈把高，像是加以人工似的，一丈以内，绝无旁枝；它所有的丫枝呢，一律向上，而且紧紧靠拢，也像是加以人工似的，成为一束，绝无横斜逸出；它的宽大的叶子也是片片向上，几乎没有斜生的，更不用说倒垂了；它的皮，光滑而有银色的晕圈，微微泛出淡青色。这是虽在北方的风雪的压迫下却保持着倔强挺立的一种树！哪怕只有碗来粗细罢，它却努力向上发展，高到丈许，二丈，参天耸立，不折不挠，对抗着西北风。

这就是白杨树，西北极普通的一种树，然而决不是平凡的树！

它没有婆娑的姿态，没有屈曲盘旋的虬枝，也许你要说它不美丽，——如果美是专指"婆娑"或"横斜逸出"之类而言，那么白杨树算不得树中的好女子；但是它却是伟岸，正直，朴质，严肃，也不缺乏温和，更不用提它的坚强不屈与挺拔，它是树中的伟丈夫！当你在积雪初融的高原上走过，看见平坦的大地上傲然挺立这么一株或一排白杨树，难道你觉得树只是树，难道你就不想到它的朴质，严肃，坚强不屈，至少也象征了北方的农民；难道你竟一点也不联想到，在敌后的广大土地上，到处有坚强不屈，就像这白杨树一样傲然挺立的守卫他们家乡的哨兵！难道你又不更远一点想到这样枝枝叶叶靠紧团结，力求上进的白杨树，宛然象征了今天在华北平原纵横决荡用血写出新中国历史的那种精神和意志。

2. 峻青《第一场雪》

这是入冬以来，胶东半岛上第一场雪。

雪纷纷扬扬，下得很大。开始还伴着一阵儿小雨，不久就只见大片大片的雪花，从彤云密布的天空中飘落下来。地面上一会儿就白了。冬天的山村，到了夜里就万籁俱寂，只听得雪花簌簌地不断往下落，树木的枯枝被雪压断了，偶尔咯吱一声响。

大雪整整下了一夜。今天早晨，天放晴了，太阳出来了。推开门一看，嗬！好大的雪啊！山川、河流、树木、房屋，全都罩上了一层厚厚的雪，万里江山，变成了粉妆玉砌的世界。落光了叶子的柳树上挂满了毛茸茸亮晶晶的银条儿；而那些冬夏常青的松树和柏树上，则挂满了蓬松松沉甸甸的雪球儿。一阵风吹来，树枝轻轻地摇晃，美丽的银条儿和雪球儿簌簌地落下来，玉屑似的雪末儿随风飘扬，映着清晨的阳光，显出一道道五光十色的彩虹。

　　大街上的积雪足有一尺多深，人踩上去，脚底下发出咯吱咯吱的响声。一群群孩子在雪地里堆雪人，掷雪球，那欢乐的叫喊声，把树枝上的雪都震落下来了。

　　俗话说，"瑞雪兆丰年"。这个话有充分的科学根据，并不是一句迷信的成语。寒冬大雪，可以冻死一部分越冬的害虫；融化了的水渗进土层深处，又能供应庄稼生长的需要。我相信这一场十分及时的大雪，一定会促进明年春季作物，尤其是小麦的丰收。有经验的老农把雪比作是"麦子的棉被"。冬天"棉被"盖得越厚，明春麦子就长得越好，所以又有这样一句谚语："冬天麦盖三层被，来年枕着馒头睡。"

　　我想，这就是人们为什么把及时的大雪称为"瑞雪"的道理吧。

3. 巴金《繁星》

　　我爱月夜，但我也爱星天。从前在家乡七八月的夜晚在庭院里纳凉的时候，我最爱看天上密密麻麻的繁星。望着星天，我就会忘记一切，仿佛回到了母亲的怀里似的。

　　三年前在南京我住的地方有一首后门，我打开后门，便看见一个静寂的夜。下面是一片菜园，上面是星群密布的蓝天。星光在我们的肉眼里虽然微小，然而它使我们光明无处不在。那时候我正在读一些天文学的书，也认得一些星星，好像它们就是我的朋友，它们常常在和我谈话一样。

　　如今在海上，和繁星相对，我把它们认得很熟了。我躺在舱面上，仰望天空。深蓝色的天空里悬着无数半明半昧的星。船在动，星也在动，它们是这样低，真是摇摇欲坠呢！渐渐地我的眼睛模糊了，我好像看见无数萤火虫在我的周围飞舞。海上的夜是柔和的，是静寂的，是梦幻的。我肩头许多认识的星，我仿佛看见它们在对我眨眼，我仿佛听见它们在小声说话。这时我忘记了一切。在星的怀抱中我微笑着，我沉睡着。我觉得自己是一个小孩子，现在睡在母亲的怀里了。

　　有一夜，那个在哥伦波上船的英国人指给我看天上的巨人。他用手指着：那四颗明亮的星是头，下面的几颗是身子，这几颗是手，那几颗是腿和脚，还有三颗星算是腰带。经他这一番指点，我果然看清楚了那个天上的巨人。看，那个巨人还在跑呢！

第二部分
文　学

第四章 诗歌

第一节 诗歌的定义、特点和分类

一、定义

诗歌是用高度凝练的语言，形象地表达作者的丰富情感，集中反映社会生活并具有一定节奏和韵律的文学体裁。

诗歌是一种抒情言志的文学体裁。《毛诗·大序》载："诗者，志之所之也。在心为志，发言为诗。"南宋严羽《沧浪诗话》云："诗者，吟咏性情也。"只有一种用言语表达的艺术就是诗歌。

二、特点

诗歌饱含着作者的思想感情与丰富的想象，语言凝练而形象性强，具有鲜明的节奏，和谐的音韵富于音乐美，语句一般分行排列，注重结构形式的美。

我国现代诗人、文学评论家何其芳曾说："诗是一种最集中地反映社会生活的文学样式，它饱含着丰富的想象和感情，常常以直接抒情的方式来表现，而且在精练与和谐的程度上，特别是在节奏的鲜明上，它的语言有别于散文的语言。"这个定义性的说明，概括了诗歌的几个基本特点：第一，高度集中、概括地反映生活；第二，抒情言志，饱含丰富的思想感情；第三，丰富的想象、联想和幻想；第四，语言具有音乐美。

它具有以下四个特点：①诗歌的内容是社会生活的最集中的反映。②诗歌有丰富的感情与想象。③诗歌的语言具有精练、形象、音调和谐、节奏鲜明等特点。④诗歌在形式上，不是以句子为单位，而是以行为单位，且分行主要根据节奏，而不是以意思为主。

三、分类

（1）古诗分类：按音律分类，可分为古体诗和近体诗两类。古体诗和近体诗是唐代形成的概念，是从诗的音律角度来划分的。

古体诗：包括古诗（唐以前的诗歌）、楚辞、乐府诗。"歌""歌行""引""曲""吟"等古诗题材的诗歌也属古体诗。古体诗不讲对仗，押韵较自由。古体诗的发展轨迹：《诗经》→楚辞→汉赋→汉乐府→魏晋南北朝民歌→建安诗歌→陶诗等文人五言诗→唐代的古风、新乐府。

近体诗：与古体诗相对的近体诗又称今体诗，是唐代形成的一种格律体诗，分为两种，其字数、句数、平仄、用韵等都有严格规定。按内容分类，可分为叙事诗、抒情诗、送别诗、边塞诗、山水田园诗、怀古诗（咏史诗）、咏物诗、悼亡诗、讽喻诗、现代诗。

（2）新诗分类：按照作品内容的表达方式划分，可分为叙事诗和抒情诗。按照作品语言的音韵格律和结构形式划分，可分为格律诗、自由诗、散文诗和韵脚诗。

第二节　作品赏析

一、《诗经》

《诗经》是中国古代诗歌开端，最早的一部诗歌总集，收集了西周初年至春秋中叶（前11—前6世纪）的诗歌，共311篇，其中6篇为笙诗，即只有标题，没有内容，称为笙诗六篇（南陔、白华、华黍、由康、崇伍、由仪），反映了周初至周晚期约五百年间的社会面貌。

《诗经》的作者佚名，绝大部分已经无法考证，传为尹吉甫采集、孔子编订。《诗经》在先秦时期称为《诗》，或取其整数称《诗三百》。西汉时被尊为儒家经典，始称《诗经》，并沿用至今。诗经在内容上分为《风》《雅》《颂》三个部分。《风》是周代各地的歌谣；《雅》是周人的正声雅乐，又分《小雅》和《大雅》；《颂》是周王庭和贵族宗庙祭祀的乐歌，又分为《周颂》《鲁颂》和《商颂》。

孔子曾概括《诗经》宗旨为"无邪"，并教育弟子读《诗经》以作为立言、立行的标准。先秦诸子中，引用《诗经》者颇多，如孟子、荀子、墨子、庄子、韩非子等人在说理论证时，多引述《诗经》中的句子以增强说服力。至汉武帝时，《诗经》被儒家奉为经典，成为"六经"及"五经"之一。

《诗经》内容丰富，反映了劳动与爱情、战争与徭役、压迫与反抗、风俗与婚姻、祭祖与宴会，甚至天象、地貌、动物、植物等方方面面，是周代社会生活的一面镜子。

国风·桃夭

桃之夭夭，灼灼其华。之子于归，宜其室家。

桃之夭夭，有蕡其实。之子于归，宜其家室。

桃之夭夭，其叶蓁蓁。之子于归，宜其家人。

【译文】

桃花怒放千万朵，色彩鲜艳红似火。这位姑娘要出嫁，喜气洋洋归夫家。

桃花怒放千万朵，果实累累大又甜。这位姑娘要出嫁，早生贵子后嗣旺。

桃花怒放千万朵，绿叶茂盛随风展。这位姑娘要出嫁，夫家康乐又平安。

【作品赏析】

关于此诗的背景，《毛诗序》说："《桃夭》，后妃之所致也。不妒忌，则男女以正，婚姻以时，国无鳏民也。"以为与后妃君王有关。方玉润在《诗经原始》中对这种观点进行了驳斥，认为"此皆迂论难通，不足以发诗意也"。现代学者一般不取《毛诗序》的观点，而认为这是一首祝贺年轻姑娘出嫁的诗。据《周礼》云："仲春，令会男女。"周代一般在春光明媚桃花盛开的时候姑娘出嫁，故诗人以桃花起兴，为新娘唱了一首赞歌，其性质就好像后世民俗婚礼上唱的"催妆词"。也有人提出了新的说法，认为这首诗是先民进行驱鬼祭祀时的唱词，其内容是驱赶鬼神，使之回到归处，并祈求它赐福人间亲人。

全诗分为三章。第一章以鲜艳的桃花比喻新娘的年轻娇媚。"桃之夭夭"，以丰富缤纷的象征意蕴开篇，扑面而来的娇艳桃花，使诗歌产生一种强烈的色彩感。"灼灼其华"，简直可以说桃花已经明艳到了极致，靓到能刺目的程度了。从比喻本体和喻体的关系上看，这里所写的是鲜嫩的桃花，纷纷绽蕊，而经过打扮的新嫁娘此刻既兴奋又羞涩，两颊飞红，真有人面桃花两相辉映的韵味。诗既写景又写人，情景交融，烘托了欢乐热烈的气氛。这种场面，即使在今天还能在农村的婚礼上看到。第二章则是表示对婚后的祝愿。桃花开后，自然结果。诗人说桃树果实累累，桃子结得又肥又大，此乃象征着新娘早生贵子、儿孙满堂。第三章以桃叶的茂盛祝愿新娘家庭的兴旺发达。以桃树枝头的累累硕果和桃树枝叶的茂密成荫，来象征新娘婚后生活的美满幸福，堪称是最美的比喻、最好的颂辞。

郑风·子衿

青青子衿，悠悠我心。纵我不往，子宁不嗣音？
青青子佩，悠悠我思。纵我不往，子宁不来？
挑兮达兮，在城阙兮。一日不见，如三月兮。

【译文】

青青的是你的衣领，悠悠的是我的思念。纵然我不曾去会你，难道你不把音信传？青青的是你的佩带，悠悠的是我的情怀。纵然我不曾去找你，难道你不能主动来？来来往往张眼望啊，在这高高的城楼上。一天不见你的面啊，好像有三月那样长！

【作品赏析】

关于此诗的背景，《毛诗序》曰："《子衿》，刺学校废也，乱世则学校不修焉。"孔颖达疏："郑国衰乱不修学校，学者分散，或去或留，故陈其留者恨责去者之辞，以刺学校之废也。经三章皆陈留者责去者之辞也。"朱熹《诗集传》云："此亦淫奔之诗。"这些观点今人多不从。现代学者一般认为这是一首情歌。歌者热恋着一位青年，他们相约在城阙见面，但久等不至，歌者望眼欲穿，焦急地来回走动，埋怨情人不来赴约，更怪他不捎信来，于是唱出此诗寄托其情思。这首诗写一个女子在城楼上等候她的恋人。全诗三章，采用倒叙手法。前两章以"我"的口气自述怀人。"青青子衿""青青子佩"，是以恋人的衣饰借代恋人。对方的衣饰给她留下这么深刻的印象，使她念念不忘，可想见其相思萦怀之情。如今因受阻不能前去赴约，只好等恋人过来相会，可望穿秋水不见影儿，浓浓的爱意不由得转化为惆怅与幽怨："纵然我没有去找你，你为何就不能捎个音信？纵然我没有去找你，你为何就不能主动前来？"第三章点明地点，写她在城楼上因久候恋人不至而心烦意乱，来来回回地走个不停，觉得虽然只有一天不见面，却好像分别了三个月那么漫长。

全诗五十字不到，但女主人公等待恋人时的焦灼万分的情状宛如在眼前。这种艺术效果的获得，在于诗人在创作中运用了大量的心理描写。诗中表现这个女子的动作行为仅用"挑""达"二字，主要笔墨都用在刻画她的心理活动上，如前两章对恋人既全无音信、又不见影儿的埋怨，末章"一日不见，如三月兮"的独白。两段埋怨之辞，以"纵我"与"子宁"对举，急盼之情中不无矜持之态，令人生出无限想象，可谓字少而意多。末尾的内心独白，则通过夸张修辞技巧，造成主观时间与客观时间的反差，从而将其强烈的情绪心理形象地表现了出来，可谓因夸以成状，沿饰而得奇。心理描写手法，在后世文坛已发展得淋漓尽致，而上溯其源，此诗已开其先。

这首诗是《诗经》众多情爱诗歌作品中较有代表性的一首，它鲜明地体现了那个时代的女性所具有的独立、自主、平等的思想观念和精神实质，女主人公在诗中大胆表达自己的情感，即对情人的思念，这在《诗经》以后的历代文学作品中是少见的。

二、"诗仙"李白

李白（701—762 年），字太白，号青莲居士，又号谪仙人，是唐代伟大的浪漫主义诗人，被后人誉为"诗仙"，与杜甫并称为"李杜"，为了与另两位诗人李商隐与杜牧即"小李杜"区别，杜甫与李白又合称"大李杜"。其人爽朗大方，爱饮酒作诗，喜交友。

李白深受黄老列庄思想影响，有《李太白集》传世，诗作中多以醉时写的，代表作有《望庐山瀑布》《行路难》《蜀道难》《将进酒》《梁甫吟》《早发白帝城》等多首。

李白所作词赋，宋人已有传记（如文莹《湘山野录》卷上），就其开创意义及艺术成就而言，"李白词"享有极为崇高的地位。

将进酒
君不见，黄河之水天上来，奔流到海不复回。
君不见，高堂明镜悲白发，朝如青丝暮成雪。
人生得意须尽欢，莫使金樽空对月。
天生我材必有用，千金散尽还复来。
烹羊宰牛且为乐，会须一饮三百杯。
岑夫子，丹丘生，将进酒，杯莫停。
与君歌一曲，请君为我倾耳听。
钟鼓馔玉不足贵，但愿长醉不复醒。
古来圣贤皆寂寞，惟有饮者留其名。
陈王昔时宴平乐，斗酒十千恣欢谑。
主人何为言少钱，径须沽取对君酌。
五花马，千金裘，呼儿将出换美酒，与尔同销万古愁。

【译文】
君不是见过黄河之水从天上奔腾而来吗？它波涛翻滚直奔东海从不再往回流。君不是见过高堂明镜中的满头白发吗？它早晨还如青丝一般的黑柔，晚上就变得雪一般的白了。

人生如梦，得意时一定要趁着大好时机尽情行乐啊，不要让手中的酒杯空对着月亮。

天生我材，必有大用。千金算得了什么，花去了还能挣回来，青春可是一去不复返哟！

烹羊宰牛，尽情地欢乐吧，要喝就一下子喝它三百杯，喝它个痛快。

岑老夫子，丹丘老弟，快喝啊，不要停杯！

我给你们唱一首歌，请你们倾耳细听。

什么钟鸣鼎食之乐呀，什么金玉美食之筵呀，这些富贵荣华都如过眼烟云，有什么可贵？我所要的是杯中酒不空，长醉永不醒。

自古以来圣人贤子皆被世人冷落，唯有寄情于酒的饮者才能留下美名。

从前陈思王在平乐观大宴宾客，每斗价值十千的美酒尽情地欢饮。

主人你怕什么，嫌我的钱少吗？将大坛子酒端过来，尽情地让大家喝！

我儿，你快过来，将家中的五花马和千金裘都取将过来，统统地换酒喝，我要与诸君喝它个一醉方休，同消这胸中的万古之愁啊！

【作品赏析】

关于这首诗的写作时间，说法不一。郁贤皓的《李白集》认为此诗作于开元二十四年（736年）前后。黄锡珪的《李太白编年诗集目录》系于天宝十一载（752年）。一般认为这是李白天宝年间离京后，漫游梁、宋，与友人岑勋、元丹丘相会时所作。

唐玄宗天宝初年，李白由道士吴筠推荐，被唐玄宗招进京，命为供奉翰林。不久，因权贵的谗毁，于天宝三载（744年），李白被排挤出京，唐玄宗赐金放还。此后，李白在江淮一带盘桓，思想极度烦闷，又重新踏上了云游祖国山河的漫漫旅途。李白作此诗时距其被唐玄宗"赐金放还"已有八年之久。这一时期，李白多次与友人岑勋（岑夫子）应邀到嵩山另一好友元丹丘的颖阳山居为客，三人登高饮宴，借酒放歌。诗人在政治上被排挤受打击，理想不能实现，常常借饮酒来发泄胸中的郁积。人生快事莫若置酒会友，作者又正值"抱用世之才而不遇合"之际，于是满腔不合时宜借酒兴诗情，以抒发满腔不平之气。

这首诗非常形象地表现了李白桀骜不驯的性格：一方面对自己充满自信，孤高自傲；一方面在政治前途出现波折后，又流露出纵情享乐之情。在这首诗里，李白演绎庄子的乐生哲学，表示对富贵、圣贤的藐视。而在豪饮行乐中，实则深含怀才不遇之情。诗人借题发挥，借酒浇愁，抒发自己的愤激情绪。全诗气势豪迈，感情奔放，语言流畅，具有很强的感染力。

长相思

长相思，在长安。

络纬秋啼金井阑，微霜凄凄簟色寒。

孤灯不明思欲绝，卷帷望月空长叹。

美人如花隔云端！

上有青冥之长天，下有渌水之波澜。

天长路远魂飞苦，梦魂不到关山难。

长相思，摧心肝！

【译文】

日日夜夜地思念啊，我思念的人在长安。

秋夜里纺织娘在井栏啼鸣，

微霜浸透了竹席分外清寒。

孤灯昏暗暗思情无限浓烈,
卷起窗帘望明月仰天长叹。
亲爱的人相隔在九天云端。
上面有长空一片渺渺茫茫,
下面有清水卷起万丈波澜。
天长路远日夜跋涉多艰苦,
梦魂也难飞越这重重关山。
日日夜夜地思念啊,相思之情痛断心肝。

【作品赏析】

　　这首诗大致可分两段。第一段从篇首至"美人如花隔云端",写诗中人"在长安"的相思苦情。诗中描绘的是一个孤栖幽独者的形象。他居处非不华贵——这从"金井阑"可以窥见,但内心却感到寂寞和空虚。作者是通过环境气氛层层渲染的手法,来表现这一人物的感情的。先写所闻——阶下纺织娘凄切地鸣叫。虫鸣则岁时将晚,孤栖者的落寞之感可知。其次写肌肤所感,正是"霜送晓寒侵被"时候,他更不能成眠了。"微霜凄凄"当是通过逼人寒气感觉到的。而"簟色寒"更暗示出其人已不眠而起。眼前是"罗帐灯昏",益增愁思。一个"孤"字不仅写灯,也是人物心理写照,从而引起一番思念。"思欲绝"(犹言想煞人)可见其情之苦。于是进而写卷帷所见,那是一轮可望而不可即的明月呵,诗人心中想起什么呢?他发出了无可奈何的一声长叹。这就逼出诗中关键的一语:"美人如花隔云端!""长相思"的题意到此方才具体表明。这个为诗中人想念的如花美人似乎很近,近在眼前;却到底很远,远隔云端。与月儿一样,可望而不可即。由此可知他何以要"空长叹"了。值得注意的是,这句是诗中唯一的单句(独立句),给读者的印象也就特别突出,可见这一形象正是诗人要强调的。

　　以下直到篇末便是第二段,紧承"美人如花隔云端"句,写一场梦游式的追求。这颇类屈原《离骚》中那"求女"的一幕。在诗人浪漫的幻想中,诗中人梦魂飞扬,要去寻找他所思念的人儿。然而"天长路远",上有幽远难极的高天,下有波澜动荡的渌水,还有重重关山,尽管追求不已,还是"两处茫茫皆不见"。这里,诗人的想象诚然奇妙飞动,而诗句的音情也配合极好。"青冥"与"高天"本是一回事,写"波澜"似亦不必兼用"渌水",写成"上有青冥之高天,下有渌水之波澜"颇有犯复之嫌。然而,如径作"上有高天,下有波澜"(歌行中可杂用短句),却大为减色,怎么读也不够味。而原来带"之"字、有重复的诗句却显得音调曼长好听,且能形成咏叹的语感,正如《诗大序》所谓"嗟叹之不足,故永歌之"("永歌"即拉长声调歌唱),能传达无限感慨。这种句式,为李白特别乐用,它如"蜀道之难难于上青天""弃我去者,昨日之日不可留;乱我心者,今日之日多烦忧""君不见黄河之水天上来"等等,句中"之难""之日""之水"从文意看不必有,而从音情上看断不可无,而音情于诗是至关紧要的。再看下两句,从语意看,词序似应作:天长路远关山难(度),梦魂不到(所以)魂飞苦。写作"天长路远魂飞苦,梦魂不到关山难",不仅是为趁韵,且运用连珠格形式,通过绵延不断之声音以状关山迢递之愁情,可谓辞清意婉,十分动人。由于这个追求是没有结果的,于是诗以沉重的一叹作结:"长相思,摧心肝!""长相思"三字回应篇首,而"摧心肝"则是"思欲绝"在情绪上进一步的发展。结句短促有力,给人以执着之感,诗情虽则悲恸,但绝无萎靡之态。

此诗形式匀称,"美人如花隔云端"这个独立句把全诗分为篇幅均衡的两部分。前面由两个三言句发端,四个七言句拓展;后面由四个七言句叙写,两个三言句作结。全诗从"长相思"展开抒情,又于"长相思"一语收拢。在形式上颇具对称整饬之美,韵律感极强,大有助于抒情。诗中反复抒写的似乎只是男女相思,把这种相思苦情表现得淋漓尽致;但是,"美人如花隔云端"就不像实际生活的写照,而显有托兴意味。何况我国古典诗歌又具有以"美人"喻所追求的理想人物的传统,如《楚辞》"恐美人之迟暮"。而"长安"这个特定地点更暗示这里是一种政治的托寓,表明此诗的意旨在抒写诗人追求政治理想不能实现的苦闷。就此而言,此诗诗意又深含于形象之中,隐然不露,具备一种蕴藉的风度。

三、李清照

李清照(1084年3月13日—约1155年),宋代女词人,号易安居士,汉族,齐州济南(今山东省济南市章丘区)人,婉约词派代表,有"千古第一才女"之称。

李清照出身于书香门第,早期生活优裕,其父李格非藏书甚富,她小时候就在良好的家庭环境中打下文学基础。出嫁后与夫赵明诚共同致力于书画金石的搜集整理。金兵入据中原时,流寓南方,境遇孤苦。所作词,前期多写其悠闲生活,后期多悲叹身世,情调感伤。形式上善用白描手法,自辟途径,语言清丽。论词强调协律,崇尚典雅,提出词"别是一家"之说,反对以作诗文之法作词。能诗,留存不多,部分篇章感时咏史,情辞慷慨,与其词风不同。

有《易安居士文集》《易安词》,已散佚。后人有《漱玉词》辑本。今有《李清照集校注》。

一剪梅

红藕香残玉簟秋。轻解罗裳,独上兰舟。云中谁寄锦书来,雁字回时,月满西楼。

花自飘零水自流。一种相思,两处闲愁。此情无计可消除,才下眉头,却上心头。

【译文】

已是秋天了,粉红色的荷花已经凋谢,仍散发着残留的幽香,睡在竹席上,已有了一些凉意。轻轻地提着丝裙,独自登上那精致的小船,想去散散心,排遣掉相思的苦情。仰望长空,白云悠悠,谁会将书信寄来?排成"人"字形的雁群飞回来时,清亮的月光,已经洒满了西楼。

落花独自地飘零着,水独自地流淌着。我们两个人呀,患着一样的相思,却两地分离,牵动着各自的忧愁。这相思的愁苦实在无法排遣,刚刚离开了微蹙的眉梢,却又隐隐地涌上了心头。

【作品赏析】

此词是李清照前期的作品,当作于婚后不久。题名为元人伊世珍作的《琅嬛记》引《外传》云:"易安结缡未久,明诚即负笈远游。易安殊不忍别,觅锦帕书《一剪梅》词以送之。"而现代词学家王仲闻编著的《李清照集校注》卷一提出了不同意见:"清照适赵明诚时,两家俱在东京,明诚正为太学生,无负笈远游事。此则所云,显非事实。而李清照之父称为李翁,一似不知其名者,尤见芜陋。《琅嬛记》乃伪书,不足据。"

根据李清照带有自传性的《金石录后序》所言，宋徽宗建中靖国元年（1101年）李清照嫁与赵明诚，婚后伉俪之情甚笃，有共同的兴趣爱好。而后其父李格非在党争中蒙冤，李清照亦受到株连，被迫还乡，与丈夫时有别离。这不免勾起她的许多思念之情，写下了多首词篇，这首《一剪梅》是其中的代表作。

此词起句"红藕香残玉簟秋"，领起全篇。它的上半句"红藕香残"写户外之景，下半句"玉簟秋"写室内之物，对清秋季节起了点染作用，说明这是"已凉天气未寒时"（韩偓《已凉》）。全句设色清丽，意象蕴藉，不仅刻画出四周景色，而且烘托出词人情怀。花开花落，既是自然界现象，也是悲欢离合的人事象征；枕席生凉，既是肌肤间触觉，也是凄凉独处的内心感受。这一兼写户内外景物而景物中又暗寓情意的起句，一开头就显示了这首词的环境气氛和它的感情色彩，受到了后世词评家的极力赞赏。

声声慢

寻寻觅觅，冷冷清清，凄凄惨惨戚戚。乍暖还寒时候，最难将息。三杯两盏淡酒，怎敌他、晚来风急？雁过也，正伤心，却是旧时相识。
满地黄花堆积。憔悴损，如今有谁堪摘？守着窗儿，独自怎生得黑？梧桐更兼细雨，到黄昏、点点滴滴。这次第，怎一个愁字了得！

【译文】

整天都在寻觅一切清冷惨淡，我不由得感到极度的哀伤凄凉。乍暖还寒的秋季最难以调养。饮三杯两盏淡酒怎能抵御它傍晚之时来的冷风吹得紧急。向南避寒的大雁已飞过去了，伤心的是却是原来的旧日相识。

家中的后园中已开满了菊花，我忧伤憔悴无心赏花惜花，如今花儿将败还有谁能采摘？静坐窗前独自怎熬到天色昏黑？梧桐凄凄细雨沥沥黄昏时分，那雨声还点点滴滴。此情此景，用一个愁字又怎么能说得够？

【作品赏析】

此词是李清照后期的作品，作于南渡以后，具体写作时间待考，多数学者认为是作者晚年时期的作品，也有人认为是作者中年时期所作。

宋钦宗靖康二年（1127年）五月，徽宗、钦宗二帝被俘，北宋亡。李清照夫婿赵明诚于是年三月，奔母丧南下金陵。秋八月，李清照南下，载书十五车，前来会合。明诚家在青州，有书册十余屋，因兵变被焚，家破国亡，不幸至此。宋高宗建炎三年（1129年）八月，赵明诚因病去世，时清照四十六岁。金兵入侵浙东、浙西，清照把丈夫安葬以后，追随流亡中的朝廷由建康（今南京市）到浙东，饱尝颠沛流离之苦。避难奔走，所有皮藏丧失殆尽。国破家亡，丈夫去世，境况极为凄凉，一连串的打击使作者尝尽了颠沛流离的苦痛，亡国之恨，丧夫之哀，孀居之苦，凝集心头，无法排遣，于是写下了这首《声声慢》

靖康之变后，李清照国破家亡夫死，伤于人事。这时期她的作品再没有当年那种清新可人、浅斟低唱，而转为沉郁凄婉，主要抒写她对亡夫赵明诚的怀念和自己孤单凄凉的景况。此词便是这时期的典型代表作品之一。

这首词起句便不寻常，一连用七组叠词，不但在填词方面，即使在诗赋曲中也绝无仅有。但好处不仅在此，这七组叠词还极富音乐美。宋词是用来演唱的，因此音调和谐是一个很重要的内容。李清照对音律有极深造诣，所以这七组叠词朗读起来，便有一种大珠小珠落玉盘的感觉，只觉齿舌音来回反复吟唱，徘徊低迷，婉转凄楚，有如听到一个伤心至极的人在低声倾诉，然而她还未开口就觉得已能使听众感觉到她的忧伤，而等她说完了，那种伤感的情绪还是没有散去。一种莫名其妙的愁绪在心头和空气中弥漫开来，久久不散，余味无穷。

四、苏轼

苏轼（1037年1月8日—1101年8月24日），字子瞻，又字和仲，号铁冠道人、东坡居士，世称苏东坡、苏仙。汉族，眉州眉山（今属四川省眉山市）人，祖籍河北栾城，北宋文学家、书法家、画家。

嘉祐二年（1057年），苏轼进士及第，宋神宗时曾在凤翔、杭州、密州、徐州、湖州等地任职。元丰三年（1080年），因"乌台诗案"被贬为黄州团练副使。宋哲宗即位后，曾任翰林学士、侍读学士、礼部尚书等职，并出知杭州、颍州、扬州、定州等地。晚年因新党执政被贬惠州、儋州，宋徽宗时获大赦北还，途中于常州病逝。宋高宗时追赠太师，谥号"文忠"。

苏轼是北宋中期的文坛领袖，在诗、词、散文、书、画等方面取得了很高的成就。其文纵横恣肆；其诗题材广阔，清新豪健，善用夸张比喻，独具风格，与黄庭坚并称"苏黄"；其词开豪放一派，与辛弃疾同是豪放派代表，并称"苏辛"；其散文著述宏富，豪放自如，与欧阳修并称"欧苏"，为"唐宋八大家"之一。苏轼亦善书，为"宋四家"之一；工于画，尤擅墨竹、怪石、枯木等。有《东坡七集》《东坡易传》《东坡乐府》等传世。

念奴娇·赤壁怀古
大江东去，浪淘尽，千古风流人物。
故垒西边，人道是，三国周郎赤壁。
乱石穿空，惊涛拍岸，卷起千堆雪。
江山如画，一时多少豪杰。
遥想公瑾当年，小乔初嫁了，雄姿英发。
羽扇纶巾，谈笑间，樯橹灰飞烟灭。
故国神游，多情应笑我，早生华发。
人生如梦，一尊还酹江月。

【译文】

大江之水滚滚不断向东流去，淘尽了那些千古风流的人物。在那久远古战场的西边地方，说是三国周瑜破曹军的赤壁。四面石乱山高两岸悬崖如云，惊涛骇浪猛烈地拍打着对岸，卷起浪花仿佛冬日的千堆雪。江山如此的美丽如图又如画，一时间涌现出了多少英雄豪杰。

遥想当年的周郎名瑜字公瑾，小乔刚刚嫁给了他做妻子，英姿雄健风度翩翩神采照人。手中执着羽扇头上戴着纶巾，从容潇洒地在说笑闲谈之间，八十万曹军如灰飞烟火一样。如今我身临古战场神游往昔，可笑我有如此多的怀古柔情，竟如同未老先衰般鬓发斑白。人生如同一场朦胧的梦似的，举起酒杯奠祭这万古的明月。

【作品赏析】

　　这首词是宋神宗元丰五年（1082年）苏轼谪居黄州时所写，当时作者四十七岁，因"乌台诗案"被贬黄州已两年余。苏轼由于诗文讽喻新法，为新派官僚罗织论罪而被贬，心中有无尽的忧愁无从述说，于是四处游山玩水以放松情绪。正巧来到黄州城外的赤壁（鼻）矶，此处壮丽的风景使作者感触良多，更是让作者在追忆当年三国时期周瑜无限风光的同时也感叹时光易逝，因写下此词。

　　胡仔《苕溪渔隐丛话》后集卷二十八载东坡语："黄州西山麓，斗入江中，石色如丹，传云曹公败处所谓赤壁者。或曰：非也。曹公败归，由华容道，路多泥泞，使老弱先行践之而过，曰：'刘备智过人而见事迟，华容夹道皆蒹葭，若使纵火，吾无遗类矣。'今赤壁少西对岸即华容镇，庶几是也。然岳州复有华容县，竟不知孰是？今日李委秀才来，因以小舟载酒，饮于赤壁下。李善吹笛，酒酣，作数弄。风起水涌，大鱼皆出，山上有栖鹘，亦惊起。坐念孟德、公瑾，如昨日耳！"

　　清代词论家徐轨谓东坡词"自有横槊气概，固是英雄本色"（《词苑丛谈》卷三）。在《东坡乐府》中，最具有这种英雄气格的代表作，首推这篇被誉为"千古绝唱"的《念奴娇·赤壁怀古》。这首词是苏轼游赏黄冈城外的赤壁（鼻）矶时写下的，是北宋词坛上最为引人注目的作品之一。

　　此词上阕，先即地写景，为英雄人物出场铺垫。开篇从滚滚东流的长江着笔，随即用"浪淘尽"，把倾注不尽的大江与名高累世的历史人物联系起来，布置了一个极为广阔而悠久的空间时间背景。它既使人看到大江的汹涌奔腾，又使人想见风流人物的卓荦气概，更可体味到作者兀立江岸凭吊胜地才人所诱发的起伏激荡的心潮，气魄极大，笔力非凡。接着"故垒"两句，点出这里是传说中的古代赤壁战场。在苏轼写此词的八百七十多年前，东吴名将周瑜曾在长江南岸，指挥了以弱胜强的赤壁之战。关于当年的战场的具体地点，向来众说纷纭，东坡在此不过是聊借怀古以抒感，读者不必刻舟求剑。"人道是"，下字极有分寸。"周郎赤壁"，既是拍合词题，又是为下阕缅怀公瑾预伏一笔。以下"乱石"三句，集中描写赤壁雄奇壮阔的景物：陡峭的山崖散乱地高插云霄，汹涌的骇浪猛烈地搏击着江岸，滔滔的江流卷起千万堆澎湃的雪浪。这种从不同角度而又诉诸不同感觉的浓墨健笔的生动描写，一扫平庸委靡的气氛，把读者顿时带进一个奔马轰雷、惊心动魄的奇险境界，使人心胸为之开阔，精神为之振奋。石拍二句，总束上文，带起下片。"江山如画"，这明白精切、脱口而出的赞美，应是作者和读者从以上艺术地提供的大自然的雄伟画卷中自然而然地得出的结论。"地灵人杰"，锦绣山河，必然产生、哺育和吸引无数英雄，三国正是人才辈出的时代：横槊赋诗的曹操，驰马射虎的孙权，隆中定策的诸葛亮，足智多谋的周公瑾……真可说是"一时多少豪杰"！

　　上片重在写景，将时间与空间的距离紧缩集中到三国时代的风云人物身上。但苏轼在众多的三国人物中，尤其向往那智破强敌的周瑜，故下片由"遥想"领起五句，集中腕力塑造青年将领周瑜的形象。作者在历史事实的基础上挑选足以表现人物个性的素材，经过艺术集中、提炼和加工，从几个方面把人物刻画得栩栩如生。据史载，建安三年东吴孙策亲自迎请二十四岁的周瑜，授予他"建威中郎将"的职衔，并同他一齐攻取皖城。周瑜娶小乔，正在皖城战役胜利之时，而后十年他才指挥了有名的赤壁之战。此处把十年间的事集中到一起，在写赤壁之战前，忽插入"小乔初嫁了"这一生活细节，以美人烘托英雄，更见出周瑜的丰姿潇洒、韶华似锦、年轻有为，足以令人艳羡。同时也使人联想到：赢得这次抗曹战争的胜利，乃是使东吴据有江东、发展胜利形势的保证，否则难免出现如杜牧《赤壁》诗中所写的"铜雀春深锁二乔"的严重后果。这可使人意识到这次战争的重要意义。"雄姿英发，羽扇纶巾"，是从肖像仪态上描写周瑜束装儒雅，风度翩翩。纶巾，青丝带头巾，"葛巾毛扇"，是三国以来儒将常有的打扮，着力刻画其仪容装束，正反映出作为指挥官的周瑜临战潇洒从容，说明他对这次战争早已成竹在胸、稳操胜券。"谈笑间、樯橹灰飞烟灭"，抓住了火攻水战的特点，精切地概括了整个战争的胜利场景。据《三国志》引《江表传》，当时周瑜指挥吴军用轻便战舰，装满燥荻枯柴，浸以鱼油，诈称请降，驶向曹军，一时间"火烈风猛，往船如箭，飞埃绝烂，烧尽北船"。词中只用"灰飞烟灭"四字，就将曹军的惨败情景形容殆尽。可以想见，在滚滚奔流的大江之上，一位卓异不凡的青年将军周瑜谈笑自若地指挥水军，抗御横江而来不可一世的强敌，使对方的万艘舳舻顿时化为灰烬，这是何等的气势。苏轼如此向慕周瑜，是因为他觉察到北宋国力的软弱和辽夏军事政权的严重威胁，他时刻关心边庭战事，有着一腔报国疆场的热忱。面对边疆危机的加深，目睹宋廷的委靡慵懦，他是非常渴望有如三国那样称雄一时的豪杰人物，来扭转这很不景气的现状。这正是作者所以要缅怀赤壁之战及精心塑造导演这一战争活剧的中心人物周瑜的思想契机。

然而，眼前的政治现实和词人被贬黄州的坎坷处境，却同他振兴王朝的祈望和有志报国的壮怀大相抵牾，所以当词人一旦从"神游故国"跌入现实，就不免思绪深沉、顿生感慨，而情不自禁地发出自笑多情、光阴虚掷的叹惋了。仕路蹭蹬，壮怀莫酬，使词人过早地自感苍老，这同年华方盛即卓有建树的周瑜适成对照。然而人生短暂，不必让种种"闲愁"萦回于心，还不如放眼大江、举酒赏月。"一尊还酹江月"，玩味着这言近意远的诗句，一位襟怀超旷、识度明达、善于自解自慰的诗人，仿佛就浮现在读者眼前。词的收尾，感情激流忽作一跌宕，犹如在高原阔野中奔涌的江水，偶遇坎谷，略作回旋，随即继续流向旷远的前方。这是历史与现状、理想与实际经过尖锐的冲突之后在作者心理上的一种反映，这种感情跌宕，更使读者感到真实，从某种意义上说，更能引起读者的思考。

这首词从总的方面来看，气象磅礴，格调雄浑，高唱入云，其境界之宏大，是前所未有的。通篇大笔挥洒，却也衬以谐婉之句，英俊将军与妙龄美人相映生辉，昂奋豪情与感慨超旷的思绪迭相递转，做到了庄中含谐、直中有曲。特别是它第一次以空前的气魄和艺术力量塑造了一个英气勃发的人物形象，透露了作者有志报国、壮怀难酬的感慨，为用词体表达重大的社会题材开拓了新的道路，产生了重大影响。据俞文豹《吹剑录》记载，当时有人认为此词须关西大汉手持铜琵琶、铁绰板进行演唱，虽然他们囿于传统观念，对东坡词新风不免微带讥消，但也从另一方面说明，这首词的出现，对于仍然盛行缠绵悱恻之调的北宋词坛，确有振聋发聩的作用。

江城子

十年生死两茫茫，不思量，自难忘。千里孤坟，无处话凄凉。纵使相逢应不识，尘满面，鬓如霜。

夜来幽梦忽还乡，小轩窗，正梳妆。相顾无言，惟有泪千行。料得年年肠断处，明月夜，短松冈。

【译文】

你我夫妻诀别已经整整十年,强忍不去思念可终究难相忘。千里之外那座遥远的孤坟啊,竟无处向你倾诉满腹的悲凉。纵然夫妻相逢你也认不出我,我已经是灰尘满面两鬓如霜。

昨夜我在梦中又回到了家乡,在小屋窗口你正在打扮梳妆。你我二人默默相对惨然不语,只有流出淋漓热泪洒下千行。料想得到我当年想她的地方,就在明月的夜晚矮松的山冈。

【作品赏析】

苏东坡十九岁时,与年方十六的王弗结婚。王弗年轻美貌,且侍亲甚孝,二人恩爱情深。可惜天命无常,王弗二十七岁就去世了。这对东坡是绝大的打击,其心中的沉痛、精神上的痛苦,是不言而喻的。苏轼在《亡妻王氏墓志铭》里说:"治平二年(1065年)五月丁亥,赵郡苏轼之妻王氏(名弗),卒于京师。六月甲午,殡于京城之西。其明年六月壬午,葬于眉之东北彭山县安镇乡可龙里先君、先夫人墓之西北八步。"于平静语气下,寓绝大沉痛。熙宁八年(1075年),东坡来到密州,这一年正月二十日,他梦见爱妻王氏,便写下了这首"有声当彻天,有泪当彻泉"(陈师道语)且传诵千古的悼亡词。

中国文学史上,从《诗经》开始,就已经出现"悼亡诗"。从悼亡诗出现一直到北宋的苏轼这期间,悼亡诗写得最有名的有西晋的潘岳和中唐的元稹。晚唐的李商隐亦曾有悼亡之作。他们的作品悲切感人。或写爱侣去后,处孤室而凄怆,睹遗物而伤神;或写作者既富且贵,追忆往昔,慨叹世事乖舛、天命无常;或将自己深沉博大的思念和追忆之情,用恍惚迷离的文字和色彩抒发出来,读之令人心痛。而用词写悼亡,是苏轼的首创。苏轼的这首悼亡之作与前人相比,它的表现艺术却另具特色。这首词是"记梦",而且明确写了做梦的日子。但虽说是"记梦",其实只有下片五句是记梦境,其他都是抒胸臆、诉悲怀的,写得真挚朴素、沉痛感人。

题中"乙卯"年指的是宋神宗熙宁八年(1075年),其时苏东坡任密州(今山东诸城)知州,年已四十。这首"记梦"词,实际上除了下片五句记叙梦境,其他都是抒情文字。开头三句,排空而下,真情直语,感人至深。"十年生死两茫茫",生死相隔,死者对人世是茫然无知了,而活着的人对逝者也是同样的。恩爱夫妻,撒手永诀,时间倏忽,转瞬十年。"不思量,自难忘",人虽云亡,而过去美好的情景"自难忘"怀。王弗逝世转瞬十年了,想当初年方十六的王弗嫁给了十九岁的苏东坡,少年夫妻情深义重自不必说,更难得她蕙质兰心明事理。这十年间,东坡因反对王安石的新法,颇受压制,心境悲愤;到密州后,又逢凶年,忙于处理政务,生活困苦到食杞菊以维持的地步,而且继室王润之(或许正是出于对爱妻王弗的深切思念,东坡续娶了王弗的堂妹王润之,据说此女颇有其堂姐风韵)及儿子均在身旁,故不能年年月月、朝朝暮暮都把逝世的妻子老挂在心间。不是经常想念,但绝不是已经忘却。这种深深地埋在心底的感情,是难以消除的。因为作者时至中年,那种共担忧患的夫妻感情久而弥笃,是一时一刻都不能消除的。作者将"不思量"与"自难忘"并举,利用这两组看似矛盾的心态之间的张力,真实而深刻地揭示自己内心的情感。十年忌辰,触动人心的日子里,他不能"不思量"那聪慧明理的贤内助。往事蓦然来到心间,久蓄的情感潜流,忽如闸门大开,奔腾澎湃难以遏止。于是乎有梦,是真实而又自然的。"千里孤坟，无处话凄凉。"想到爱妻华年早逝，感慨万千，远隔千里，无处可以话凄凉，话说得极为沉痛。其实即便坟墓近在身边，隔着生死，也是不能话凄凉的。这是抹杀了生死界线的痴语、情语，在极大程度上表达了作者孤独寂寞、凄凉无助而又急于向人诉说的情感，格外感人。接着，"纵使相逢应不识，尘满面，鬓如霜。"这三个长短句，又把现实与梦幻混同了起来，把死别后的个人种种忧愤，包括在容颜的苍老、形体的衰败之中，这时他才四十岁，已经"鬓如霜"了。明明她辞别人世已经十年，却要"纵使相逢"，这是一种绝望的、不可能的假设，感情是深沉悲痛而又无奈的，表现了作者对爱侣的深切怀念，也把个人的变化做了形象的描绘，使这首词的意义更加深了一层。

苏东坡曾在《亡妻王氏墓志铭》中记述了"妇从汝于艰难，不可忘也"的父训。而此词写得如梦如幻、似真非真，其间真情恐怕不是仅仅依从父命、感于身世吧。作者索于心、托于梦的确实是一份"不思量，自难忘"的患难深情。

下片的头五句，才入了题开始"记梦"。"夜来幽梦忽还乡"，是记叙，写自己在梦中忽然回到了时在念中的故乡，在那个两人曾共度甜蜜岁月的地方相聚重逢。"小轩窗，正梳妆。"那小室，亲切而又熟悉，她情态容貌，依稀当年，正在梳妆打扮。这犹如结婚未久的少妇，形象很美，带出苏轼当年的闺房之乐。作者以这样一个常见而难忘的场景表达了爱侣在自己心目中的永恒的印象。夫妻相见，没有出现久别重逢、卿卿我我的亲昵，而是"相顾无言，惟有泪千行"！这正是东坡笔力奇崛之处，妙绝千古。正唯"无言"，方显沉痛；正唯"无言"，才胜过了万语千言；正唯无言，才使这个梦境令人感到无限凄凉。"此时无声胜有声"，无声之胜，全在于此。别后种种从何说起，只有任凭泪水倾盈。一个梦，把过去拉了回来，但当年的美好情景并不存在。这是把现实的感受融入了梦中，使这个梦也令人感到无限凄凉。结尾三句，又从梦境落回到现实上来。"料得年年肠断处；明月夜，短松冈。"料想长眠地下的爱侣，在年年伤逝的这个日子，为了眷恋人世、难舍亲人，而柔肠寸断。推己至人，作者设想此时亡妻一个人在凄冷幽独的"明月"之夜的心境，可谓用心良苦。在这里作者设想死者的痛苦，以寓自己的悼念之情。这种表现手法，有点像杜甫的名作《月夜》，不说自己如何，反说对方如何，使得诗词意味更加蕴藉。东坡此词最后这三句，意深，痛巨，余音袅袅，让人回味无穷。特别是"明月夜，短松冈"二句，凄清幽独，黯然魂销。正所谓"天长地久有时尽，此恨绵绵无绝期"（白居易《长恨歌》）。这番痴情苦心实可感天动地。

这首词运用分合顿挫、虚实结合以及叙述、白描等多种艺术表现方法，来表达作者怀念亡妻的思想感情，在对亡妻的哀思中又糅进自己的身世感慨，因而将夫妻之间的情感表达得深婉而挚着，使人读后无不为之动情而感叹哀惋。

五、张养浩

张养浩（1270—1329年），汉族，字希孟，号云庄，又称齐东野人，济南（今山东省济南市）人，元代著名政治家、文学家。

张养浩一生经历了世祖、成宗、武宗、英宗、泰定帝和文宗数朝，少有才学，被荐为东平学正，历仕礼部、御史台掾属、太子文学、监察御史、官翰林侍读、右司都事、礼部侍郎、礼部尚书、中书省参知政事等。后辞官归隐，朝廷七聘不出。天历二年（1329年），关中大旱，出任陕西行台中丞。是年，积劳成疾，逝世于任上。

元文宗至顺二年（1331年），追赠张养浩摅诚宣惠功臣、荣禄大夫、陕西等处行中书省平章政事、柱国，追封滨国公，谥礼部侍郎、礼部尚书、中书省参知政事。尊称为张文忠公。

张养浩是元代重要的政治、文化人物，其个人品行、政事文章皆为当代及后世称扬，是元代名臣之一。与清河元明善、汶上曹元用并称为"三俊"。代表作品有《三事忠告》、散曲《山坡羊·潼关怀古》等。

山坡羊·潼关怀古

峰峦如聚，波涛如怒，山河表里潼关路。望西都，意踌躇。

伤心秦汉经行处，宫阙万间都做了土。兴，百姓苦；亡，百姓苦！

【译文】

（华山的）山峰从四面八方会聚，（黄河的）波涛像发怒似的汹涌。潼关外有黄河、内有华山，山河雄伟，地势险要。遥望古都长安，陷于思索之中。从秦汉宫遗址经过，引发无限伤感，万间宫殿早已化作了尘土。一朝兴盛，百姓受苦；一朝灭亡，百姓依旧受苦。

【作品赏析】

张养浩为官清廉，爱民如子。天历二年（1329年），因关中旱灾，被任命为陕西行台中丞以赈灾民。他隐居后，决意不再涉仕途，但听说重召他是为了赈济陕西饥民，就不顾年事已高，毅然应命。他命驾西秦过程中，亲睹人民的深重灾难，感慨叹喟，愤愤不平，遂散尽家财，尽心尽力去救灾，终因过分操劳而殉职。他死后，"关中之人，哀之如先父母"（《元史·张养浩传》）。《潼关怀古》便写于应召往关中的途中。《元史·张养浩传》说："天历二年，关中大旱，饥民相食，特拜张养浩为陕西行台中丞。登车就道，遇饥者则赈之，死者则葬之。"张养浩在"关中大旱"之际写下了这首《潼关怀古》。

张养浩自幼才学过人，曾向平章不忽木献书，被提拔，后任堂邑县尹、监察御史等职，因评时政，得罪当权者被罢官，为避祸不得不隐姓埋名；后被召起，官至礼部尚书。五十岁时辞官归隐于济南云庄，关中旱灾时被重新任命，赶赴陕西救赈灾民。多年的宦海沉浮，让他把功名富贵都参破，不再在意统治者对自己的评判；济南云庄的归隐生活，不仅让他欣赏礼赞自然的风光，更让他体察民生的艰辛；尊奉孟子民本思想，他深深懂得民生之重要；刚正不阿、仗义执言的性格，让他有勇气面对现实说出心中真实的想法。元代百姓生活之苦被作家以怀古的形式表现出来。这种忧民之心使他"到官四月，倾囊以赈灾民，每抚膺痛哭，遂得病不起"。这是一个有良知的读书人真实的本性和真实的生活，也是当时社会所难得一见的。

元代的统治者对读书人实行民族歧视政策，直到元仁宗延祐二年（1315年）才正式实行科举取士制度，况且这种制度也是不公平的。这就造成下层读书人在很大程度上对元统治者失去信心，对社会缺少责任感，所以同时期其他作家怀古作品都深刻地打上时代的烙印：他们或感伤古王朝之覆，发一通思古之幽情；或感叹古今之巨变，流露对世事人生把握不定之惶恐；或有感于岁月流逝，抒发个人沉沦不遇之忧情。唯有《潼关怀古》洋溢着沉重的沧桑感和时代感。

此曲是张养浩晚年的代表作，也是元散曲中思想性、艺术性完美结合的名作。在他的散曲集《云庄乐府》中，以"山坡羊"曲牌写下的怀古之作有七题九首，其中尤以《潼关怀古》韵味最为沉郁，色彩最为浓重。

全曲分三层：第一层（头三句），写潼关雄伟险要的形势。张养浩途经潼关，看到的是"峰峦如聚，波涛如怒"的景象。这层描写潼关壮景，生动形象。第一句写重重叠叠的峰峦，潼关在重重山峦包围之中，一"聚"字让读者眼前呈现出华山飞奔而来之势、群山攒立之状；因地势险要，为古来兵家必争之地。山本是静止的，"如聚"化静为动，一个"聚"字表现了峰峦的众多和动感。第二句写怒涛汹涌的黄河，潼关外黄河之水奔腾澎湃，一"怒"字让读者耳边回响千古不绝的滔滔水声。黄河水是无生命的，而"如怒"则赋予河水以人的情感和意志，一个"怒"字，写出了波涛的汹涌澎湃。"怒"字还把河水人格化，"怒"字注入了诗人吊古伤今而产生的满腔悲愤之情。为此景所动，第三句写潼关位于群山重重包围之中，"山河表里潼关路"之感便油然而生，至此潼关之气势雄伟窥见一斑，如此险要之地，暗示潼关的险峻，乃为历代兵家必争之地，也由此引发了下文的感慨。

第二层（四至七句），写作者途径潼关时的所见之感，主要写从关中长安万间宫阙化为废墟而产生的深沉的感慨。第四、五句点出作者遥望古都长安，凭吊古迹，思绪万千，激愤难平。"望西都，意踌躇"，写作者驻马远望、感慨横生的样子。作家身处潼关，西望旧朝故都长安，"西都"即长安，长安不仅是秦汉都城，魏、晋、隋、唐都建都长安。作为六朝古都，当年是何等的繁华昌盛。昔日的奢华早已灰飞烟灭不复存，只剩下一片残垣断壁的衰败景象，不禁令诗人踌躇伤心。曾经是好几个朝代的都城，它的繁荣昌盛的景象在古籍中也曾有过记载，可如今眼前只剩下一片荒凉，万千滋味涌上心头，遥想当年，秦之阿房，汉之未央，规模宏大，弥山纵谷，可如今崇丽之宫阙，寸瓦尺专皆荡然无存，想到今番前去的任务，他不禁感慨万千。第六、七句"伤心秦汉经行处，宫阙万间都做了土"，点出无限伤感的原因。"宫阙万间都作了土"，便是这由盛到衰的过程的真实写照，是令人"伤心"的。这一层看起来只是回顾历史，而没有直接提到战争，然而历代改朝换代的战争的惨烈图景触目惊心。在这里概括了历代帝业盛衰兴亡的沧桑变化。这里作者面对繁华过后的废墟所发出的"伤心"实乃悲凉。为秦汉旧朝统治者悲凉，恐怕"宫阙万间都做了土"（《三辅黄图》："阿房宫，亦曰阿城。惠文王造宫未成而亡，始皇广其宫，规恢三百余里。离宫别馆，弥山跨谷，辇道相属，阁道通骊山八百余里。"后来项羽引兵西屠咸阳，"烧秦宫室，火三月不灭"。见《史记·项羽本纪》。故曰"阿房一炬"）这种局面是他们不曾想到的吧！同时亦为百姓悲凉，秦汉的一宫一阙都凝聚了天下无数百姓的血和汗，像秦汉王朝为彰显一个时代的辉煌，集国之全力塑起阿房、未央之建筑，但它却随着秦汉王朝的灭亡而化为焦土。辉煌过去，随即而来的是朝代的变换，百姓在战争中苦不堪言。此情此景，让作家沉重地说出第三层"兴，百姓苦；亡，百姓苦"这句千古流传的语句。

第三层（末四句），总写作者沉痛的感慨：历史上无论哪一个朝代，其兴盛也罢，败亡也罢，老百姓总是遭殃受苦。一个朝代兴起了，必定大兴土木，修建奢华的宫殿，从而给人民带来巨大的灾难；一个朝代灭亡了，在战争中遭殃的也是人民。他指出历代王朝的或兴或亡，带给百姓的都是灾祸和苦难。这是作者从历代帝王的兴亡史中概括出来的一个结论。三层意思环环相扣、层层深入，思想越来越显豁，感情越来越强烈，浑然形成一体。全曲景中藏情，情中有景，情景交融。

"兴，百姓苦；亡，百姓苦"是全曲之眼，是全曲主题的开拓和深化。如果这首曲子的曲意仅仅停留在"宫阙万间都做了土"上，那么它仅仅宣扬了佛家"一切皆空的思想"，它与其他怀古诗（张善浩《洛阳怀古》："功，也不久长！名，也不久长！"陈草庵《叹世》："兴，也任他；亡，也任他。"《骊山怀古》："赢，都变做了土；输，都变做了土。"赵庆善《长安怀古》："山，空自愁；河，空自流。"杨慎《临江仙》："是非成败转头空。"）的主题并无多大区别。在否定历史的同时，也否定了积极有为的人生态度。正是最后两句就使得这首曲的境界大大高出同题材的其他作品。这首曲可贵之处在于它有深切的人文关怀，有对老百姓疾苦的深切同情与关怀。

"亡，百姓苦"好理解。王朝灭亡之际战乱频仍，民不聊生。"兴，百姓苦"的原因则是：王朝之"兴"必大兴土木，搜刮民脂民膏，百姓不堪其苦。像秦王朝兴起时，筑长城，开驰道，造宫室，劳役繁重，百姓受尽了苦。"兴，百姓苦"一句，发人所未发，深刻而警策。兴则大兴土木，亡则兵祸连结，不论"兴""亡"受苦的都是百姓。归纳总结：这首小令语言精练，形象鲜明且富有人民性，是整个元散曲中的优秀作品。

《潼关怀古》中对历史的概括，显指元代现实生活，怀古实乃伤今，沉重实乃责任。这种复杂的感情要结合作家的生平经历才能理解。张养浩特殊的仕途经历，决定了他的怀古散曲中有一种参破功名富贵的思想，《骊山怀古》中写道："赢，都做了土；输，都做了土。"《洛阳怀古》中写道："功，也不长；名，也不长。"《北邙山怀古》中写道："便是君，也唤不应；便是臣，也唤不应。"这些曲中张养浩把胜负之数、功名之分、生死之际，看成了毫无差别的，只是借古人古事述说富贵无常、人生如梦。只有《潼关怀古》以难得的沉重，以深邃的目光，揭示了封建社会里一条颠扑不破的真理："兴，百姓苦；亡，百姓苦。"

在写法上，作者采用的是层层深入的方式，由写景而怀古，再引发议论，将苍茫的景色、深沉的情感和精辟的议论三者完美结合，让这首小令有了强烈的感染力。字里行间中充满历史的沧桑感和时代感，既有怀古诗的特色，又有与众不同的沉郁风格。

从作品内容、作家其他怀古作品、同时期其他作家怀古作品三个层面上看，《潼关怀古》都表现出一份难得的沉重。

折桂令

一轮飞镜谁磨？照彻乾坤，印透山河。玉露泠泠，洗秋空银汉无波，比常夜清光更多，尽无碍桂影婆娑。老子高歌，为问嫦娥，良夜恹恹，不醉如何？

【译文】

月儿当空皎洁如镜，到底是何人所制？它把整个天地都照亮了，所有的风光尽显其中，薄雾让人感觉凉意阵阵，却把秋日的星空荡涤得干干净净，就算呈现出以往夜晚都没有的神秘色彩，还是挡不住月桂的暗香浮动。我要对着月亮高声咏唱，就是想告诉嫦娥，这样美的夜使得人的心软软柔柔的，仙子你与我同醉好不好呢？

【作品赏析】

"一轮……山河"起首三句，排空而入，造语奇崛。中秋之夜，月亮格外圆满明净，给人一种新奇之感。以"飞镜"作比，使人产生一种不知是从何处突然飞来挂到天上的联想。而"谁磨"一问，更造成一种月光明亮无比的情势。正因月光亮得出奇，才引起作者发此惊问。下面两句，转入对月光的具体描写，但作者没有进行正面描绘，而是采用侧面烘托的手法来表现月光的明亮。天地人间，山川原野，都被照耀得如同白昼，"彻""透"两字，形象地表现了月光照耀的程度。"玉露……无波"两句，又从另一侧面来写，只是它比前两句写得更加空灵。作者从玉露着眼，写玉露将秋空洗得"银汉无波"。那莹洁如玉的秋露，正是皓月映照下的特有产物。"比常夜……婆娑"，写出秋光如洗，月色较往常更为明净。纵然如此，也并没有妨碍月中桂树展现其优美洒落的身影。这是对前面的一个总结，同时又从明月本身来进行描写。前人曾有"斫却月中桂，清光应更多"（杜甫《一百五日夜对月》）的诗句，这里却一反其意，用"桂影婆娑"的清晰影像来反衬月光的澄澈，通过多侧面多层次的反复渲染，烘托出一种明月如水，清幽静谧的氛围。面对此情此境，作者不禁情从中来，他引吭高歌，并向月中的嫦娥发问：在这美好宁静的月夜，怎能不举杯痛饮，一醉方休呢？

同样写月，不同的作者、不同的主题会有不同的观察角度和不同的写法。李白的《月下独酌》抒发的是世无知音的寂寞之感，他笔下的月既不解饮，又不懂情，无知而冷漠。苏轼的《水调歌头·明月几时有》抒发的是坎坷路途中的落寞情怀，他想象中的月宫是"高处不胜寒"，强调的是"月有阴晴圆缺"。张养浩的这首散曲抒发的则是中秋之夜一醉方休的情致，因此，作者着力描写的是月光的澄澈，通过对澄澈月光的反复渲染，创造出一种异常宁静的境界氛围。李白、苏轼等人的咏月名作都是将明月与人事紧紧交织在一起来写，忽景忽情，情景交融。这首散曲却与此不同。它把主要笔墨都用在了对明月的描写上，只是最后才在前面描写的基础上点出作者内心的感受。这种先景后情、情因景生的写法似乎已经成了常规，写不好往往会落入俗套。其关键在于景要切、情要真，两者融合得自然。这首散曲成功的奥秘也就在这里。

六、纳兰性德

纳兰性德（1655 年 1 月 19 日—1685 年 7 月 1 日），叶赫那拉氏，字容若，号楞伽山人，满洲正黄旗人，清朝初年词人，原名纳兰成德，一度因避讳太子保成而改名纳兰性德。大学士明珠长子，其母为英亲王阿济格第五女爱新觉罗氏。

纳兰性德自幼饱读诗书，文武兼修，十七岁入国子监，被祭酒徐元文赏识。十八岁考中举人，次年成为贡士。康熙十二年（1673 年）因病错过殿试。康熙十五年（1676 年）补殿试，考中第二甲第七名，赐进士出身。纳兰性德曾拜徐乾学为师。他于两年中主持编纂了一部儒学汇编——《通志堂经解》，深受康熙皇帝赏识，为之后发展奠定基础。

纳兰性德的词以"真"取胜，写景逼真传神，词风"清丽婉约，哀感顽艳，格高韵远，独具特色"。著有《通志堂集》《侧帽集》《饮水词》等。

长相思
山一程，水一程，身向榆关那畔行，夜深千帐灯。
风一更，雪一更，聒碎乡心梦不成，故园无此声。

【译文】
将士们不辞辛苦地跋山涉水，马不停蹄地向着山海关进发。夜已经深了，千万个帐篷里都点起了灯。

外面正刮着风、下着雪，惊醒了睡梦中的将士们，勾起了他们对故乡的思念，故乡是多么的温暖宁静呀，哪有这般狂风呼啸、雪花乱舞的聒噪之声。

【作品赏析】

　　清康熙二十一年（1682年）二月十五日，康熙因云南平定，出关东巡，祭告奉天祖陵。纳兰随从康熙帝谒永陵、福陵、昭陵告祭，二十三日出山海关。塞上风雪凄迷，苦寒的天气引发了纳兰对京师中家的思念，写下了这首词。

　　上片"山一程，水一程"，写出旅程的艰难曲折，遥远漫长。词人翻山越岭，登舟涉水，一程又一程，越走离家乡越远。这两句运用反复的修辞方法，将"一程"二字重复使用，突出了路途的漫漫修远。"身向榆关那畔行"，点明了行旅的方向。词人在这里强调的是"身"向榆关，那也就暗示出"心"向京师，它使我们想到词人留恋家园、频频回首、步履蹒跚的情况。"那畔"一词颇含疏远的感情色彩，表现了词人这次奉命出行"榆关"是无可奈何的。

　　这里借描述周围的情况而写心情，实际是表达纳兰对故乡的深深依恋和怀念。二十几岁的年轻人，风华正茂，出身于书香豪门世家，又有皇帝贴身侍卫的优越地位，本应春风得意，却恰好也是因为这重身份，以及本身心思慎微，导致纳兰并不能够安稳享受那种男儿征战似的生活，他往往思及家人，眷恋故土。严迪昌《清词史》云："'夜深千帐灯'是壮丽的，但千帐灯下照着无眠的万颗乡心，又是怎样情味？一暖一寒，两相对照，写尽了自己厌于扈从的情怀。""夜深千帐灯"既是上片感情酝酿的高潮，也是上、下片之间的自然转换，起到承前启后的作用。经过日间长途跋涉，到了夜晚人们在旷野里搭起帐篷准备就寝；然而夜深了，"千帐"内却灯光熠熠，为什么羁旅劳顿之后深夜不寐呢？

　　下片开头"风一更，雪一更"描写荒寒的塞外，暴风雪彻夜不停。紧承上片，交代了"夜深千帐灯"深夜不寐的原因。"山一程，水一程"与"风一更，雪一更"的两相映照，又暗示出词人对风雨兼程人生路的深深厌倦的心态。首先山长水阔，路途本就漫长而艰辛，再加上塞上恶劣的天气，就算在阳春三月也是风雪交加，凄寒苦楚，这样的天气，这样的境遇，让纳兰对这表面华丽招摇的生涯生出了悠长的慨叹之意和深沉的倦旅疲惫之心。"更"是旧时夜间计时单位，一夜分为五更。"一更"二字反复出现，突出了塞外席地狂风、铺天暴雪杂错交替扑打着帐篷的情况。这怎能不使词人发出凄婉的怨言："聒碎乡心梦不成，故园无此声。"夜深人静的时候，是想家的时候，更何况还是这塞上"风一更，雪一更"的苦寒天气。风雪交加夜，一家人在一起什么都不怕，可远在塞外宿营，夜深人静，风雪弥漫，心情就大不相同。路途遥远，衷肠难诉，辗转反侧，卧不成眠。"聒碎乡心梦不成"与上片"夜深千帐灯"相呼应，直接回答了深夜不寐的原因。结句的"聒"字用得很灵脱，写出了风狂雪骤的气势，表现了词人对狂风暴雪极为厌恶的情感，"聒碎乡心梦不成"的慧心妙语可谓是水到渠成。

　　从"夜深千帐灯"壮美意境到"故园无此声"的委婉心地，既是词人亲身生活经历的生动再现，也是他善于从生活中发现美并以景入心的表现，满怀心事悄悄跃然纸上。天涯羁旅最易引起共鸣的是那"山一程，水一程"的身泊异乡、梦回家园的意境，信手拈来不显雕琢，王国维曾评："容若词自然真切。"

　　这首词以白描手法、朴素自然的语言，表现出真切的情感，是很为前人称道的。词人在写景中寄寓了思乡的情怀。格调清淡朴素，自然雅致，直抒胸臆，毫无雕琢痕迹。

虞美人

曲阑深处重相见，匀泪偎人颤。凄凉别后两应同，最是不胜清怨月明中。

半生已分孤眠过，山枕檀痕涴。忆来何事最销魂，第一折枝花样画罗裙。

【译文】

当年在曲折的回廊深处，我再一次与你相逢。我怜惜地将你轻轻拥入怀中。两人深情相偎，低语呢喃，互述久别后的相思情意。在我的怀里，你的身体微微颤动，轻轻擦拭着滴落的晶莹泪水，让人无限地怜惜。而今，记忆中的美妙已成别后的凄凉。

分别后只觉得半生孤苦，枕上早已是泪痕点点。最是凄凉清冷，在寂静月明时分；最是害怕忆起，那时与你一起泼墨画罗裙。

【作品赏析】

写这首词时，纳兰的结发妻子卢氏已离世多年。词人回忆与妻子相恋的情景，写下此词以舒缓自己相思之苦。

这首词以白描的手法再现夫妻重聚时的情景，字句间一片春光凄凉。从词意上看，这首词是词人回忆与妻子相恋的情景，通篇皆作追忆的口吻。

上片布景，展现相见之时及别离之后的情景。"曲阑深处重相见，匀泪偎人颤。"开篇两句化用了李煜《菩萨蛮》中的"画堂南畔见，一向偎人颤"，生动传神。别后的凄凉，最难以忍受的是月明之夜的清冷相思，读来令人摇心动魄。暗地里，偷偷匀拭着眼泪，心潮激荡。回想起别后两处相思，一样凄切悲凉。

"凄凉别后两应同，最是不胜清怨月明中"。词意陡转，道破这原是记忆中的美妙而已，现在已是别后凄凉。凄清幽怨到让人不堪承受。

下片说情，剖示当下的心境。"半生已分孤眠过"，紧承词意，将失意一倾到底，用词精美婉约，凄怆词意并未因而消减，依然辛酸入骨。结句处的"折枝花样画罗裙"，借物映人，含蓄委婉。

布景与说情，尽管皆记忆中事，但其注重捕捉当时的感觉和印象，令已经过去的景和情鲜明生动地浮现目前。

第五章

散文

第一节 散文的定义和特点

散文是指以文字为创作、审美对象的文学艺术体裁,是文学中的一种体裁形式。在中国古代文学中,散文与韵文、骈文相对,不追求押韵和句式的工整。这是广义上的散文。在中国现代文学中,散文指与诗歌、小说、戏剧并行的一种文学体裁。这是狭义上的散文。

形散神聚:"形散"既指题材广泛、写法多样,又指结构自由、不拘一格;"神聚"既指中心集中,又指有贯穿全文的线索。散文写人写事都只是表面现象,从根本上说写的是情感体验。情感体验就是"不散的神",而人与事则是"散"的可有可无、可多可少的"形"。

"形散"主要是说散文取材十分广泛自由,不受时间和空间的限制,表现手法不拘一格:可以叙述事件的发展,可以描写人物形象,可以托物抒情,可以发表议论,而且作者可以根据内容需要自由调整、随意变化。"神不散"主要是从散文的立意方面说的,即散文所要表达的主题必须明确而集中,无论散文的内容多么广泛,表现手法多么灵活,无不为更好地表达主题服务。

意境深邃:注重表现作者的生活感受,抒情性强,情感真挚。

作者借助想象与联想,由此及彼、由浅入深、由实而虚地依次写来,可以融情于景、寄情于事、寓情于物、托物言志,表达作者的真情实感,实现物我的统一,展现出更深远的思想,使读者领会更深的道理。

语言优美:所谓优美,就是指散文的语言清新明丽(也美丽),生动活泼,富于音乐感,行文如涓涓流水,叮咚有声,如娓娓而谈,情真意切。所谓凝练,是说散文的语言简洁质朴、自然流畅,寥寥数语就可以描绘出生动的形象,勾勒出动人的场景,显示出深远的意境。散文力求写景如在眼前,写情沁人心脾。

散文素有"美文"之称,它除了有精辟的见解、优美的意境外,还有清新隽永、质朴无华的文采。经常读一些好的散文,不仅可以丰富知识、开阔眼界、培养高尚的思想情操,还可以从中学习选材立意、谋篇布局和遣词造句的技巧，提高自己的语言表达能力。

《列子·黄帝》一篇，有列子"乘风而归"的说法，又有列子对尹生说的一段话："心凝形释，骨肉都融，不觉形之所倚，足之所履，随风东西，犹木叶干壳。意不知风乘我耶？我乘风乎？"这里的"心"与"神"相通，张湛注《列子》即把"心凝形释"说成"神凝形废"了。

什么叫作"神凝"呢？《黄帝》篇里就有"用志不分，乃疑（通凝）于神"的话。指用心专一。当然，这"神"与"凝"，都不是停滞的、枯死的，而是如《周易·系辞·上》所说："唯神也，故不疾而速，不行而至。"也就是说，"神"是可以超越空间而自由驰骋的。具体到文章写作，也就是如上文所说，"神"是有趋向性的，富于动感的。

至于"形"的含义，《乐记》里有"在天成象，在地成形"的话。钱钟书先生释为："'形'者，完成之定状。"钱先生还引述亚里士多德论"自然"有五层含义：其四是"相形之下，尚未成形之原料"，也就是"有质而无形"的状态；其五是"止境宿归之形"。这种由"原质""原料"而"成形"的说法用于文章写作，也如钱先生所阐述的，"春来花鸟，具'形'之天然物色也，而性癖耽吟者反目为'诗料'"。指明作为"诗料"的"形"，即包括"题材"在内。"吟安佳句，具'形'之词章也。"指明作为诗文的"形"即指"词章"，包括语言、结构等。上文所论"形"的概念，也具有同这里所引说法的一致性。

总起来看，论述散文创作的某种特色所惯常使用的提法"形散神不散"，其"神"与"形"的含义许是取喻于《列子》"神凝形释"的。而运用"神凝形散"或"神收形放"一类话来赞美散文的构思谋篇，在概念上虽属借喻，但是同《列子》的提法具有相当的对应的类比性质，且用语简括，概念现成，有较强的表现力。那么，散文研究领域里的"形神"说之所以被承认、被沿用，原因之一，正在于此。

第二节　作品赏析

一、李斯《谏逐客书》

臣闻吏议逐客，窃以为过矣。昔穆公求士，西取由余于戎，东得百里奚于宛，迎蹇叔于宋，来邳豹、公孙支于晋。此五子者，不产于秦，而穆公用之，并国二十，遂霸西戎。孝公用商鞅之法，移风易俗，民以殷盛，国以富强，百姓乐用，诸侯亲服，获楚、魏之师，举地千里，至今治强。惠王用张仪之计，拔三川之地，西并巴、蜀，北收上郡，南取汉中，包九夷，制鄢、郢，东据成皋之险，割膏腴之壤，遂散六国之众，使之西面事秦，功施到今。昭王得范雎，废穰侯，逐华阳，强公室，杜私门，蚕食诸侯，使秦成帝业。此四君者，皆以客之功。由此观之，客何负于秦哉！向使四君却客而不内，疏士而不用，是使国无富利之实，而秦无强大之名也。

今陛下致昆山之玉，有随和之宝，垂明月之珠，服太阿之剑，乘纤离之马，建翠凤之旗，树灵鼍之鼓。此数宝者，秦不生一焉，而陛下说之，何也？必秦国之所生然后可，则是夜光之璧，不饰朝廷；犀象之器，不为玩好；郑、卫之女不充后宫，而骏良駃騠不实外厩，江南金锡不为用，西蜀丹青不为采。所以饰后宫，充下陈，娱心意，说耳目者，必出于秦然后可，则是宛珠之簪，傅玑之珥，阿缟之衣，锦绣之饰不进于前，而随俗雅化，佳冶窈窕，赵女不立于侧也。夫击瓮叩缶弹筝搏髀，而歌呼呜呜快耳者，真秦之声也；《郑》《卫》《桑间》《韶》《虞》《武》《象》者，异国之乐也。今弃击瓮叩缶而就《郑》《卫》。退弹筝而取《昭》《虞》，若是者何也？快意当前，适观而已矣。今取人则不然。不问可否，不论曲直，非秦者去，为客者逐。然则是所重者在乎色乐珠玉，而所轻者在乎人民也。此非所以跨海内、制诸侯之术也。

  臣闻地广者粟多，国大者人众，兵强则士勇。是以太山不让土壤，故能成其大；河海不择细流，故能就其深；王者不却众庶，故能明其德。是以地无四方，民无异国，四时充美，鬼神降福，此五帝三王之所以无敌也。今乃弃黔首以资敌国，却宾客以业诸侯，使天下之士退而不敢西向，裹足不入秦，此所谓"借寇兵而赍盗粮"者也。夫物不产于秦，可宝者多；士不产于秦，而愿忠者众。今逐客以资敌国，损民以益仇，内自虚而外树怨于诸侯，求国无危，不可得也。

【译文】

  我听说官吏在商议驱逐客卿这件事，私下里认为是错误的。从前秦穆公寻求贤士，西边从西戎取得由余，东边从宛地得到百里奚，又从宋国迎来蹇叔，还从晋国招来丕豹、公孙支。这五位贤人，不生在秦国，而秦穆公重用他们，吞并国家二十多个，于是称霸西戎。秦孝公采用商鞅的新法，移风易俗，人民因此殷实，国家因此富强，百姓乐意为国效力，诸侯亲附归服，战胜楚国、魏国的军队，攻取土地上千里，至今政治安定，国力强盛。秦惠王采纳张仪的计策，攻下三川地区，西进兼并巴、蜀两国，北上收得上郡，南下攻取汉中，席卷九夷各部，控制鄢、郢之地，东面占据成皋天险，割取肥田沃土，于是拆散六国的合纵同盟，使它们朝西事奉秦国，功烈延续到今天。昭王得到范雎，废黜穰侯，驱逐华阳君，加强巩固了王室的权力，堵塞了权贵垄断政治的局面，蚕食诸侯领土，使秦国成就帝王大业。这四位君主，都依靠了客卿的功劳。由此看来，客卿哪有什么对不住秦国的地方呢！倘若四位君主拒绝远客而不予接纳，疏远贤士而不加任用，这就会使国家没有丰厚的实力，而让秦国没有强大的名声了。

  陛下罗致昆山的美玉，宫中有随侯之珠、和氏之璧，衣饰上缀着光如明月的宝珠，身上佩带着太阿宝剑，乘坐的是名贵的纤离马，树立的是以翠凤羽毛为饰的旗子，陈设的是蒙着灵鼍之皮的好鼓。这些宝贵之物，没有一种是秦国产的，而陛下却很喜欢它们，这是为什么呢？如果一定要是秦国出产的才许可采用，那么这种夜光宝玉，决不会成为秦廷的装饰；犀角、象牙雕成的器物，也不会成为陛下的玩好之物；郑、卫二地能歌善舞的女子，也不会填满陛下的后宫；北方的名骥良马，决不会充实到陛下的马房；江南的金锡不会为陛下所用，西蜀的丹青也不会作为彩绘。用以装饰后宫、广充侍妾、爽心快意、悦人耳目的所有这些都要是秦国生长、生产的然后才可用的话，那么点缀有珠宝的簪子、耳上的玉坠、丝织的衣服、锦绣的装饰，就都不会进献到陛下面前；那些闲雅变化而能随俗推移的妖冶美好的佳丽，也不会立于陛下的身旁。那敲击瓦器，拍髀弹筝，呜呜呀呀地歌唱，能快人耳目的，确真是秦国的地道音乐了；那郑、卫桑间的歌声，《韶虞》《武象》等乐曲，可算是外国的音乐了。如今陛下却抛弃了秦国地道的敲击瓦器的音乐，而取用郑、卫淫靡悦耳之音，不要秦筝而要《韶虞》，这是为什么呢？难道不是因为外国音乐可以快意，可以满足耳目功能的需要吗？可陛下对用人却不是这样，不问是否可用，不管是非曲直，凡不是秦国的就要离开，凡是客卿都要驱逐。这样做就说明，陛下所看重的，只在珠玉声色方面；而所轻视的，却是人民士众。这不是能用来驾驭天下、制服诸侯的方法啊！

我听说田地广就粮食多，国家大就人口众，武器精良将士就骁勇。因此，泰山不拒绝泥土，所以能成就它的高大；江河湖海不舍弃细流，所以能成就它的深邃；有志建立王业的人不嫌弃民众，所以能彰明他的德行。因此，土地不分东西南北，百姓不论异国他邦，那样便会一年四季富裕美好，天地鬼神降赐福运，这就是五帝三王无可匹敌的缘故。抛弃百姓使之去帮助敌国，拒绝宾客使之去事奉诸侯，使天下的贤士退却而不敢西进，裹足止步不入秦国，这就叫作"借武器给敌寇，送粮食给盗贼"啊。物品中不出产在秦国，而宝贵的却很多；贤士中不出生于秦，愿意效忠的很多。如今驱逐宾客来资助敌国，减损百姓来充实对手，内部自己造成空虚而外部在诸侯中构筑怨恨，那要谋求国家没有危难，是不可能的啊。

【作品赏析】

据《史记·李斯列传》记载，韩国派水工郑国游说秦王嬴政（即后来的秦始皇），倡言凿渠溉田，企图耗费秦国人力而不能攻韩，以实施"疲秦计划"。事被发觉，秦王嬴政听信宗室大臣的进言，认为来秦的客卿大抵都想游间于秦，就下令驱逐客卿。李斯也在被驱逐之列，尽管惶恐不安，但他在临行前主动上书劝说秦王不要逐客，写下流传千古的《谏逐客书》。

这篇文章在论证秦国驱逐客卿的错误和危害时，没有在逐客这个具体问题上就事论事，也没有涉及自己个人的进退出处，而是站在"跨海内，制诸侯"完成统一天下大业的高度，来分析阐明逐客的利害得失，这反映了李斯的卓越见识，体现了他顺应历史潮流的进步政治主张和用人路线。文章表现出了不分地域、任人唯贤的思想。

本文从正反两方面进行论证，推理严密，逻辑性强，论据充分有力。作者先谈历史，以秦穆公、孝公、惠王、昭王四位国君召士纳贤为例，强调重用客卿之重要。接着再谈现实，作者列举秦王的爱好，诸如昆山之玉、随和之宝、明月之珠，以及所佩太阿剑、所乘之纤离之马等，都来自诸侯各国。作者一方面列举客卿对于秦国的历史功绩，得出"使秦成帝业……皆以客之功。由此观之，客何以负于秦哉"之结论，打动秦王；另一方面，分析留客逐客的利弊，晓以利害："逐客以资敌国，损民以益仇，内自虚而外树怨于诸侯，求国无危，不可得也。"然后反复推论，归结到重色乐珠玉而轻人民，"此非所以跨海内、制诸侯之术也"。这就是"动言中务"，从利害关系上立论，正点到秦王要称霸的雄心。接下来又从"地广者粟多"等联系到泰山、河海的比喻，再转到"弃黔首以资敌国"的错误，归结到"今逐客以资敌国"的危殆，进一步证明逐客关系到秦国的安危。这样波澜起伏，正是"飞文敏以济辞"（刘勰语），终于打动了秦王。

文章辞采华美，排比铺张，音节流畅，理气充足，挟战国纵横说辞之风，兼具汉代辞赋之丽。末尾作结，指出秦人"逐客以资敌国，损民以益仇"的危害，有极强的理论说服力和艺术感染力。《谏逐客书》最精彩的是中间一段，语辞泛滥，意杂诙嘲，语奇字重，兔起鹘落，可谓骈体之祖。李斯虽为羁旅之臣，然其抗言陈词，有一种不可抑制的气势，成为后世奏疏的楷模。

二、贾谊《过秦论》

秦孝公据崤函之固,拥雍州之地,君臣固守以窥周室,有席卷天下,包举宇内,囊括四海之意,并吞八荒之心。当是时也,商君佐之,内立法度,务耕织,修守战之具,外连衡而斗诸侯。于是秦人拱手而取西河之外。

孝公既没,惠文、武、昭襄蒙故业,因遗策,南取汉中,西举巴、蜀,东割膏腴之地,北收要害之郡。诸侯恐惧,会盟而谋弱秦,不爱珍器重宝肥饶之地,以致天下之士,合从缔交,相与为一。当此之时,齐有孟尝,赵有平原,楚有春申,魏有信陵。此四君者,皆明智而忠信,宽厚而爱人,尊贤而重士,约从离衡,兼韩、魏、燕、楚、齐、赵、宋、卫、中山之众。于是六国之士,有宁越、徐尚、苏秦、杜赫之属为之谋,齐明、周最、陈轸、召滑、楼缓、翟景、苏厉、乐毅之徒通其意,吴起、孙膑、带佗、倪良、王廖、田忌、廉颇、赵奢之伦制其兵。尝以十倍之地,百万之众,叩关而攻秦。秦人开关延敌,九国之师,逡巡而不敢进。秦无亡矢遗镞之费,而天下诸侯已困矣。于是从散约败,争割地而赂秦。秦有余力而制其弊,追亡逐北,伏尸百万,流血漂橹;因利乘便,宰割天下,分裂山河。强国请服,弱国入朝。

延及孝文王、庄襄王,享国之日浅,国家无事。

及至始皇,奋六世之余烈,振长策而御宇内,吞二周而亡诸侯,履至尊而制六合,执敲扑而鞭笞天下,威振四海。南取百越之地,以为桂林、象郡;百越之君,俯首系颈,委命下吏。乃使蒙恬北筑长城而守藩篱,却匈奴七百余里;胡人不敢南下而牧马,士不敢弯弓而报怨。于是废先王之道,焚百家之言,以愚黔首;隳名城,杀豪杰;收天下之兵,聚之咸阳,销锋镝,铸以为金人十二,以弱天下之民。然后践华为城,因河为池,据亿丈之城,临不测之渊,以为固。良将劲弩守要害之处,信臣精卒陈利兵而谁何。天下已定,始皇之心,自以为关中之固,金城千里,子孙帝王万世之业也。

秦王既没,余威震于殊俗。然陈涉瓮牖绳枢之子,氓隶之人,而迁徙之徒也;才能不及中人,非有仲尼、墨翟之贤,陶朱、猗顿之富;蹑足行伍之间,而倔起阡陌之中,率疲弊之卒,将数百之众,转而攻秦;斩木为兵,揭竿为旗,天下云集响应,赢粮而景从。山东豪俊遂并起而亡秦族矣。

且夫天下非小弱也,雍州之地,崤函之固,自若也。陈涉之位,非尊于齐、楚、燕、赵、韩、魏、宋、卫、中山之君也;锄耰棘矜,非铦于钩戟长铩也;谪戍之众,非抗于九国之师也;深谋远虑,行军用兵之道,非及向时之士也。然而成败异变,功业相反,何也?试使山东之国与陈涉度长絜大,比权量力,则不可同年而语矣。然秦以区区之地,致万乘之势,序八州而朝同列,百有余年矣;然后以六合之家,崤函为宫;一夫作难而七庙隳,身死人手,为天下笑者,何也?仁义不施而攻守之势异也。

【译文】

秦孝公占据着崤山和函谷关的险固地势,拥有雍州的土地,君臣牢固地守卫着来伺机夺取周王室的权力,(秦孝公)有统一天下的雄心。正当这时,商鞅辅佐他,对内建立法规制度,从事耕作纺织,修造防守和进攻的器械;对外实行连横策略,使诸侯自相争斗。因此,秦人轻而易举地夺取了黄河以西的土地。

第五章　散文

秦孝公死了以后，惠文王、武王、昭襄王承继先前的基业，沿袭前代的策略，向南夺取汉中，向西攻取巴、蜀，向东割取肥沃的地区，向北占领非常重要的地区。诸侯恐慌害怕，集会结盟，商议削弱秦国，不吝惜奇珍贵重的器物和肥沃富饶的土地，用来招纳天下的优秀人才，采用合纵的策略缔结盟约，互相援助，成为一体。在这个时候，齐国有孟尝君，赵国有平原君，楚国有春申君，魏国有信陵君。这四位封君，都见识英明有智谋，心地诚而讲信义，待人宽宏厚道而爱惜人民，尊重贤才而重用士人，以合纵之约击破秦的连衡之策，联合韩、魏、燕、楚、齐、赵、宋、卫、中山的部队。在这时，六国的士人，有宁越、徐尚、苏秦、杜赫等人为他们出谋划策，齐明、周最、陈轸、召滑、楼缓、翟景、苏厉、乐毅等人沟通他们的意见，吴起、孙膑、带佗、倪良、王廖、田忌、廉颇、赵奢等人统率他们的军队。他们曾经用十倍于秦的土地、上百万的军队，攻打函谷关来攻打秦国。秦人打开函谷关口迎战敌人，九国的军队有所顾虑徘徊不敢入关。秦人没有一兵一卒的耗费，然而天下的诸侯就已窘迫不堪了。于是，纵约失败了，各诸侯国争着割地来贿赂秦国。秦有剩余的力量趁它们困乏而制服它们，追赶逃走的败兵，百万败兵横尸道路，流淌的血液可以漂浮盾牌。秦国凭借这有利的形势，割取天下的土地，重新划分山河的区域。强国主动表示臣服，弱国入秦朝拜。延续到孝文王、庄襄王，统治的时间不长，秦国并没有什么大事发生。

到始皇的时候，发展六世遗留下来的功业，以武力来统治各国，将西周、东周和各诸侯国统统消灭，登上皇帝的宝座来统治天下，用严酷的刑罚来奴役天下的百姓，威风震慑四海。秦始皇向南攻取百越的土地，把它划为桂林郡和象郡，百越的君主低着头，颈上捆着绳子（愿意服从投降），把性命交给司法官吏。秦始皇于是又命令蒙恬在北方修筑长城，守卫边境，使匈奴退却七百多里；胡人不敢向下到南边来放牧，勇士不敢拉弓射箭来报仇。秦始皇接着就废除古代帝王的治世之道，焚烧诸子百家的著作，来使百姓愚蠢；毁坏高大的城墙，杀掉英雄豪杰；收缴天下的兵器，集中在咸阳，销毁兵刃和箭头，冶炼它们铸造十二个铜人，以便削弱百姓的反抗力量。然后凭借华山为城墙，依据黄河为城池，凭借着高耸的华山，往下看着深不可测的黄河，认为这是险固的地方。好的将领手执强弩，守卫着要害的地方，可靠的官员和精锐的士卒，拿着锋利的兵器，盘问过往行人。天下已经安定，始皇心里自己认为这关中的险固地势、方圆千里的坚固的城防，是子子孙孙称帝称王直至万代的基业。

始皇去世之后，他的余威（依然）震慑着边远地区。可是，陈涉不过是个破瓮做窗户、草绳做户枢的贫家子弟，是氓、隶一类的人，（后来）做了被迁谪戍边的卒子；才能不如普通人，并没有孔丘、墨翟那样的贤德，也不像陶朱、猗顿那样富有。（他）跻身于戍卒的队伍中，从田野间突然奋起发难，率领着疲惫无力的士兵，指挥着几百人的队伍，掉转头来进攻秦国，砍下树木做武器，举起竹竿当旗帜，天下豪杰像云一样聚集，回声似的应和他，许多人都背着粮食，如影随形地跟着。崤山以东的英雄豪杰于是一齐起事，消灭了秦的家族。

况且那天下并没有缩小削弱，雍州的地势，崤山和函谷关的险固，是保持原来的样子。陈涉的地位，没有比齐、楚、燕、赵、韩、魏、宋、卫、中山的国君更加尊贵；锄头木棍也不比钩戟长矛更锋利；那迁谪戍边的士兵也不能和九国部队抗衡；深谋远虑，行军用兵的方法，也比不上先前九国的武将谋臣。可是条件好者失败而条件差者成功，功业完全相反，为什么呢？假使拿东方诸侯国跟陈涉比一比长短大小，量一量权势力量，就更不能相提并论了。然而秦凭借着它的小小的地方，发展到兵车万乘的国势，管辖全国，使六国诸侯都来朝见，已经一百多年了；这之后把天下作为家业，用崤山、函谷关作为自己的内宫；陈涉一人起义国家就灭亡了，秦王子婴死在别人（项羽）手里，被天下人耻笑，这是为什么呢？就因为不施行仁政而使攻守的形势发生了变化啊。

【作品赏析】

西汉文帝时代，是汉代所谓的"太平盛世"，即"文景之治"的前期。贾谊以他敏锐的洞察力，透过表象，看到了西汉王朝潜伏的危机。当时，权贵豪门大量侵吞农民土地，逼使农民破产流亡，苛重的压迫剥削和酷虐的刑罚，也使阶级矛盾日渐激化。国内封建割据与中央集权的矛盾、统治阶级与劳动人民的矛盾以及民族之间的矛盾都日益加剧，统治者的地位有动摇的危险。

为了调和各种矛盾，使西汉王朝长治久安，贾谊在《陈政事疏》《论积贮疏》以及《过秦论》等著名的政论文中向汉室提出了不少改革时弊的政治主张。本文就是以劝诫的口气，从总结历史经验教训的角度出发，分析了秦王朝政治的成败得失，为汉文帝改革政治提供借鉴。在谈到写作目的时，贾谊说过他之所以要"观之上古，验之当世，参以人事，察盛衰之理，审权势之宜"，主张"去就有序，变化因时"，其目的是求得"旷日长久，而社稷安矣"（下篇）。《过秦论》一文总结秦朝兴亡的教训，实为昭汉之过。

《过秦论》是一篇史论，其主旨在于分析"秦之过"。上篇通过对秦国兴盛历史的回顾，指出秦国变法图强而得天下，"仁义不施"而不能守天下。而在中篇和下篇，作者则具体地论述了秦统一之后的种种过失。中篇指出秦统一天下，结束了多年的战乱，本来处在很好的形势中，但秦始皇没有制定出正确的政策，反而焚书坑儒，以暴虐治天下；到了二世时，仍不能改正原先的过失，终致国家倾覆。《过秦论》的下篇后部分，作者承接前文，指出在"诸侯并起，豪俊相立"的时候，如果子婴能改变原来错误的政策，"闭关据厄""荷戟而守之"，是可以守住三秦之地的，以后"安土息民"，徐图发展，甚至可以重新恢复国家的统一。但遗憾的是，秦朝钳口闭言的一贯政策，导致上下"雍闭"，子婴孤立无亲，终于不免灭亡的命运。

文章总论了秦的兴起、灭亡及其原因，鲜明地提出了中心论点："仁义不施而攻守之势异也。"其目的是提供给汉文帝作为改革政治的借鉴。

三、欧阳修《醉翁亭记》

环滁皆山也。其西南诸峰，林壑尤美，望之蔚然而深秀者，琅琊也。山行六七里，渐闻水声潺潺而泻出于两峰之间者，酿泉也。峰回路转，有亭翼然临于泉上者，醉翁亭也。作亭者谁？山之僧智仙也。名之者谁？太守自谓也。太守与客来饮于此，饮少辄醉，而年又最高，故自号曰醉翁也。醉翁之意不在酒，在乎山水之间也。山水之乐，得之心而寓之酒也。

若夫日出而林霏开，云归而岩穴暝，晦明变化者，山间之朝暮也。野芳发而幽香，佳木秀而繁阴，风霜高洁，水落而石出者，山间之四时也。朝而往，暮而归，四时之景不同，而乐亦无穷也。

至于负者歌于途，行者休于树，前者呼，后者应，伛偻提携，往来而不绝者，滁人游也。临溪而渔，溪深而鱼肥。酿泉为酒，泉香而酒冽；山肴野蔌，杂然而前陈者，太守宴也。宴酣之乐，非丝非竹，射者中，弈者胜，觥筹交错，起坐而喧哗者，众宾欢也。苍颜白发，颓然乎其间者，太守醉也。

已而夕阳在山，人影散乱，太守归而宾客从也。树林阴翳，鸣声上下，游人去而禽鸟乐也。然而禽鸟知山林之乐，而不知人之乐；人知从太守游而乐，而不知太守之乐其乐也。醉能同其乐，醒能述以文者，太守也。太守谓谁？庐陵欧阳修也。

【译文】

环绕着滁州城的都是山。它西南方的山峰，树林和山谷格外秀美。远远望过去树木茂盛，又幽深又秀丽的，是琅琊山。沿着山上走六七里，渐渐听到潺潺的流水声，是一股水流从两峰之间飞泻而下，是酿泉。山势回环，路也跟着拐弯，有一个四角翘起，像鸟张开翅膀一样高踞于泉水之上的亭子，是醉翁亭。建造这个亭子的人是谁？是山里的和尚智仙。给它命名的人是谁？是太守用自己的别号给它命名的。太守和宾客来这里饮酒，喝了一点就醉了，而且年龄又是最大，所以给自己起了个别号叫"醉翁"。醉翁的情趣不在喝酒上，而在欣赏山水之间的美景。欣赏山水的乐趣，领会在心里，寄托在喝酒上。

又如太阳出来而树林的雾气消散了；烟云聚拢来，山谷就显得昏暗了。阴暗明亮交替变化的，是山间早晨和傍晚。野花开了，有一股清幽的香味；美好的树木繁茂滋长，形成一片浓郁的绿荫；天高气爽，霜色洁白，冬天溪水落下，露出石头，就是山里的四季景象。早晨进山，傍晚回城。四季的景色不同，乐趣也是无穷无尽的。

至于背负着东西的人在路上欢唱，走路的人在树下休息，前面的人呼喊，后面的人应答；老人弯着腰走，小孩子由大人领着走。来来往往络绎不绝的，是滁州人在出游。来到溪边捕鱼，溪水深，鱼儿肥；用酿泉的泉水来酿酒，泉水清，酒水甜；野味野菜，错杂地摆在面前的，那是太守在宴请宾客。宴会喝酒的乐趣，不在于弹琴奏乐；投壶的人中了，下棋的赢了，酒杯和酒筹交互错杂；人们时坐时起，大声喧哗，是宾客在尽情欢乐。容颜苍老，头发花白，醉醺醺地坐在众人中间，是太守喝醉了。

不久，夕阳落到山顶，（于是）人的影子散乱一地，这是宾客们跟随着太守归去了。树林里的枝叶茂密成荫，鸟儿到处啼鸣，游人离开，鸟儿快乐。但是鸟儿只知道山林中的乐趣，却不知道人们的乐趣。而人们只知道跟随太守游玩的乐趣，却不知道太守以游人的快乐为快乐。醉了能够和大家一起欢乐，醒来能够用文章记叙这乐事的人，是太守。太守是谁？是庐陵的欧阳修。

【作品赏析】

《醉翁亭记》创作于宋仁宗庆历五年（1045年），当时欧阳修正任滁州太守。欧阳修是从庆历五年被贬官到滁州来的。被贬前曾任太常丞知谏院、右正言知制诰、河北都转运按察使等职。被贬官的原因是由于他一向支持韩琦、范仲淹、富弼、吕夷简等人参与推行新政的北宋革新运动，而反对保守的夏竦之流。韩范诸人早在庆历五年一月之前就已经被先后贬官，到这年的八月，欧阳修又被加了一个外甥女张氏犯罪，事情与之有牵连的罪名，落去朝职，贬放滁州。

欧阳修在滁州实行宽简政治，发展生产，使当地人过上了一种和平安定的生活，年丰物阜，而且又有一片令人陶醉的山水，这是使欧阳修感到无比快慰的。但是当时整个北宋王朝，虽然政治开明、风调雨顺，但却不思进取、沉溺于现状，一些有志改革图强的人纷纷受到打击,眼睁睁地看着国家的积弊不能消除,这又不能不使他感到沉重的忧虑和痛苦。这是他写作《醉翁亭记》时的心情,悲伤又有一分欢喜。这两方面是糅合一起表现在他的作品里的。

《醉翁亭记》是一篇优美的散文。这篇散文饶有诗情画意,别具清丽格调,在中国古代文学作品中确是不可多得的。庆历五年春,欧阳修由于声援范仲淹等人,再遭贬斥,出知滁州,本文作于到滁州的第二年。"庆历新政"的失败,使他感到苦闷;外放可以摆脱朝廷党争,对他也是一种安慰。文章表现了作者这种复杂的心情。本文以一个"乐"字贯穿全篇,并坦言"醉翁之意不在酒,在乎山水之间也。"把政治失意,仕途坎坷的内心抑郁和苦闷寄情于山水之间,消融于与民同乐之间,在描绘一幅幅变化多姿、秀丽妩媚的优美图画时,体现儒家的传统思想,正如《尚书》所言:"德惟善政,政在养民。"表现了他随遇而安、与民同乐的旷达情怀。

四、余秋雨《文化苦旅》(节选)

一

我以为,中国历史上最激动人心的工程不是长城,而是都江堰。

长城当然也非常伟大,不管孟姜女们如何痛哭流涕,站远了看,这个苦难的民族竟用人力在野山荒漠间修了一条万里屏障,为我们生存的星球留下了一种人类意志力的骄傲。长城到了八达岭一带已经没有什么味道,而在甘肃、陕西、山西、内蒙古一带,劲厉的寒风在时断时续的颓壁残垣间呼啸,淡淡的夕照、荒凉的旷野融成一气,让人全身心地投入对历史、对岁月、对民族的巨大惊悸,感觉就深厚得多了。

但是,就在秦始皇下令修长城的数十年前,四川平原上已经完成了一个了不起的工程。它的规模从表面上看远不如长城宏大,却注定要稳稳当当地造福千年。如果说,长城占据了辽阔的空间,那么,它却实实在在地占据了邈远的时间。长城的社会功用早已废弛,而它至今还在为无数民众输送汩汩清流。有了它,旱涝无常的四川平原成了天府之国,每当我们民族有了重大灾难,天府之国总是沉着地提供庇护和濡养。因此,可以毫不夸张地说,它永久性地灌溉了中华民族。有了它,才有诸葛亮、刘备的雄才大略,才有李白、杜甫、陆游的川行华章。说得近一点,有了它,抗日战争中的中国才有一个比较安定的后方。

它的水流不像万里长城那样突兀在外,而是细细浸润、节节延伸,延伸的距离并不比长城短。长城的文明是一种僵硬的雕塑,它的文明是一种灵动的生活。长城摆出一副老资格等待人们的修缮,它却卑处一隅,像一位绝不炫耀、毫无所求的乡间母亲,只知贡献。一查履历,长城还只是它的后辈。它,就是都江堰。

二

我去都江堰之前,以为它只是一个水利工程罢了,不会有太大的游观价值。连葛洲坝都看过了,它还能怎么样?只是要去青城山玩,得路过灌县县城,它就在近旁,就乘便看一眼吧。因此,在灌县下车,心绪懒懒的,脚步散散的,在街上胡逛,一心只想看青城山。

七转八弯,从简朴的街市走进了一个草木茂盛的所在。脸面渐觉滋润,眼前愈显清朗,也没有谁指路,只向更滋润、更清朗的去处走。忽然,天地间开始有些异常,一种隐隐然的骚动,一种还不太响却一定是非常响的声音,充斥周际。如地震前兆,如海啸将临,如山崩即至，浑身起一种莫名的紧张，又紧张得急于趋附。不知是自己走去的还是被它吸去的，终于陡然一惊，我已站在伏龙观前，眼前，急流浩荡，大地震颤。即便是站在海边礁石上，也没有像这里强烈地领受到水的魅力。海水是雍容大度的聚汇，聚汇得太多太深，茫茫一片，让人忘记它是切切实实的水、可掬可捧的水。这里的水却不同，要说多也不算太多，但股股叠叠都精神焕发，合在一起比赛着飞奔的力量，踊跃着喧嚣的生命。这种比赛又极有规矩，奔着奔着，遇到江心的分水堤，刷地一下裁割为二，直窜出去，两股水分别撞到了一道坚坝，立即乖乖地转身改向，再在另一道坚坝上撞一下，于是又根据筑坝者的指令来一番调整……也许水流对自己的驯顺有点恼怒了，突然撒起野来，猛地翻卷咆哮，但越是这样越是显现出一种更壮丽的驯顺。已经咆哮到让人心魄俱夺，也没有一滴水溅错了方位。阴气森森间，延续着一场千年的收伏战。水在这里吃够了苦头也出足了风头，就像一场千年的收伏战。就像一大拨翻越各种障碍的马拉松健儿，把最强悍的生命付之于规整，付之于企盼，付之于众目睽睽。看云看雾看日出各有胜地，要看水，万不可忘了都江堰。

三

这一切，首先要归功于遥远得看不出面影的李冰。

四川有幸，公元前251年出现过一项毫不惹人注目的任命：李冰任蜀郡守。

此后中国千年官场的惯例，是把一批批有所执持的学者遴选为无所专攻的官僚，而李冰，却因官位而成了一名实践科学家。这里明显地出现了两种判然不同的政治走向，在李冰看来，政治的含义是浚理，是消灾，是滋润，是濡养，它要实施的事儿，既具体又质朴。他领受了一个连孩童都能领悟的简单道理：既然四川最大的困扰是旱涝，那么四川的统治者必须成为水利学家。

前不久我曾接到一位极有作为的市长的名片，上面的头衔只印了"土木工程师"，我立即追想到了李冰。

没有证据可以说明李冰的政治才能，但因有过他，中国也就有过了一种冰清玉洁的政治纲领。

他是郡守，手握一把长锸，站在滔滔的江边，完成了一个"守"字的原始造型。那把长锸，千年来始终与金杖玉玺、铁戟钢锤反复辩论。他失败了，终究又胜利了。

他开始叫人绘制水系图谱。这图谱，可与今天的裁军数据、登月线路遥相呼应。

他当然没有在哪里学过水利。但是，以使命为学校，死钻几载，他总结出治水三字经"深淘滩，低作堰"、八字真言"遇湾截角，逢正抽心"，直到20世纪仍是水利工程的圭臬。他的这点学问，永远水气淋漓，而后于他不知多少年的厚厚典籍，却早已风干，松脆得无法翻阅。

他没有料到，他治水的韬略很快被替代成治人的计谋；他没有料到，他想灌溉的沃土将会时时成为战场，沃土上的稻谷将有大半充作军粮。他只知道，这个人要想不灭绝，就必须要有清泉和米粮。

他大愚，又大智。他大拙，又大巧。他以田间老农的思维，进入了最澄澈的人类学的思考。

他未曾留下什么生平资料，只留下硬扎扎的水坝一座，让人们去猜详。人们到这儿一次次纳闷：这是谁呢？死于两千年前，却明明还在指挥水流。站在江心的岗亭前，"你走这边,他走那边"的吆喝声、劝诫声、慰抚声声声入耳。没有一个人能活得这样长寿。

秦始皇筑长城的指令,雄壮、蛮吓、残忍;他筑堰的指令,智慧、仁慈、透明。

有什么样的起点就会有什么样的延续。长城半是壮胆半是排场,世世代代,大体是这样。直到今天,长城还常常成为排场。都江堰一开始就清朗可鉴,结果,它的历史也总显出超乎寻常的格调。李冰在世时已考虑事业的承续,命令自己的儿子做三个石人,镇于江间,测量水位。李冰逝世四百年后,也许三个石人已经损缺,汉代水官重造高及三米的"三神石人"测量水位。这"三神石人"其中一尊即是李冰雕像。这位汉代水官一定是承接了李冰的伟大精魂,竟敢于把自己尊敬的祖师,放在江中镇水测量。他懂得李冰的心意,唯有那里才是他最合适的岗位。这个设计竟然没有遭到反对而顺利实施,只能说都江堰为自己流泻出了一个独特的精神世界。

石像终于被岁月的淤泥掩埋,本世纪70年代出土时,有一尊石像头部已经残缺,手上还紧握着长锸。有人说,这是李冰的儿子。即使不是,我仍然把他看成是李冰的儿子。一位现代作家见到这尊塑像怦然心动,"没淤泥而蔼然含笑,断颈项而长锸在握",作家由此而向现代官场衮衮诸公诘问:活着或死了应站在哪里?出土的石像现正在伏龙观里展览。人们在轰鸣如雷的水声中向他们默默祭奠。在这里,我突然产生了对中国历史的某种乐观。只要都江堰不坍,李冰的精魂就不会消散,李冰的儿子会代代繁衍。轰鸣的江水便是至圣至善的遗言。

四

继续往前走,看到了一条横江索桥。桥很高,桥索由麻绳、竹篾编成。跨上去,桥身就猛烈摆动,越犹豫进退,摆动就越大。在这样高的地方偷看桥下会神志慌乱,但这是索桥,到处漏空,由不得你不看。一看之下,先是惊叹。脚下的江流,从那么遥远的地方奔来,一派义无反顾的决绝势头,挟着寒风,吐着白沫,凌厉锐进。我站得这么高还感觉到了它的砭肤冷气,估计它是从雪山赶来的吧。但是,再看桥的另一边,它硬是化作许多亮闪闪的河渠,改恶从善。人对自然力的驯服,干得多么爽利。如果人类干什么事都这么爽利,地球早已是另一副模样。

但是,人类总是缺乏自信,进进退退,走走停停,不断自我耗损,又不断地为耗损而再耗损。结果,仅仅多了一点自信的李冰,倒成了人们心中的神。离索桥东端不远的玉垒山麓,建有一座二王庙,祭祀李冰父子。人们在虔诚膜拜,膜拜自己同类中更像一点人的人。钟鼓钹磬,朝朝暮暮,重一声,轻一声,伴和着江涛轰鸣。

李冰这样的人,是应该找个安静的地方好好纪念一下的,造个二王庙,也合民众心意。

实实在在为民造福的人升格为神,神的世界也就会变得通情达理、平适可亲。中国宗教颇多世俗气息,因此,世俗人情也会染上宗教式的光斑。一来二去,都江堰倒成了连接两界的桥墩。

我到边远地区看傩戏,对许多内容不感兴趣,特别使我愉快的是,傩戏中的水神河伯,换成了灌县李冰。傩戏中的水神李冰比二王庙中的李冰活跃得多,民众围着他狂舞呐喊,祈求有无数个都江堰带来全国的风调雨顺、水土滋润。傩戏本来都以神话开头的,有了一个李冰,神话走向实际,幽深的精神天国,一下子贴近了大地,贴近了苍生。

【作品赏析】

《文化苦旅》是当代学者、作家余秋雨的一部散文集。于 1992 年首次出版，是余秋雨先生 20 世纪 80 年代末和 90 年代初在海内外讲学和考察途中写下的作品，是他的第一部文化散文集。全书主要包括四部分，分别为如梦起点、中国之旅、世界之旅、人生之旅。

《文化苦旅》由自序、后记和三十七篇文章组成，主要内容有：通过一个个古老的物象，描述大漠荒野、黄河文明的盛衰、历史的深邃苍凉；以柔丽凄迷的小桥流水为背景，形神俱佳地表现了清新婉约的江南文化和世态人情；通过文化人格、文化良知的描述和回忆，展示了中国文人艰难的心路历程以及文化的走向。

写作这本书首先是因为受了一位青春不老、童心难泯的美国老教授的激发。这位教授虽然年老但却冒险般地游历了中国西南许多少数民族地区，使作者萌发了重新认识祖国大地的愿景，并产生对中华文化的思索与追寻。其次，应该是作者对自己、对社会的一种慰藉。作者渴望在旅途中解放自己的心灵并对中国文化做出贡献。所以，余秋雨在不惑之年，毅然辞去官职走出书斋，开始了文化苦旅。

第六章

小说

第一节 小说的定义、特点和要素

小说，是以刻画人物形象为中心，通过完整的故事情节和环境描写来反映社会生活的文学体裁。人物、情节、环境是小说的"三要素"。情节一般包括开端、发展、高潮、结局四部分，有的包括序幕、尾声。环境包括自然环境和社会环境。小说按照篇幅及容量可分为长篇、中篇、短篇和微型小说（小小说）。按照表现的内容可分为神话、科幻、公案、传奇、武侠、言情、同人、官宦等。按照体制可分为章回体、日记体、书信体、自传体小说。按照语言形式可分为文言和白话小说。小说与诗歌、散文、戏剧，并称"四大文学体裁"。小说刻画人物的方法：心理描写、动作描写、语言描写、外貌描写、神态描写，同时，小说是一种写作方法。

一、特点

（一）价值性

小说的价值本质是以时间为序列、以某一人物或几个人物为主线，非常详细地、全面地反映社会生活中各种角色的价值关系（政治关系、经济关系和文化关系）的产生、发展与消亡过程，非常细致地、综合地展示各种价值关系的相互作用。

（二）容量性

与其他文学样式相比，小说的容量较大，它可以细致地展现人物性格和人物命运，可以表现错综复杂的矛盾冲突，同时还可以描述人物所处的社会生活环境。小说的优势是可以提供整体的、广阔的社会生活。

（三）情节性

小说主要是通过故事情节来展现人物性格、表现中心的。故事来源于生活，但它通过整理、提炼和安排，就比现实生活中发生的真实实例更加集中、更加完整、更具有代表性。

(四) 环境性

小说的环境描写和人物的塑造与中心思想有极其重要的关系。在环境描写中，社会环境是重点，它揭示了种种复杂的社会关系，如人物的身份、地位、成长的历史背景，等等。自然环境包括人物活动的地点、时间、季节、气候以及景物，等等。自然环境描写对表达人物的心情、渲染环境气氛都有不少的作用。

(五) 发展性

小说是随着时代的发展而发展的：魏晋南北朝，文人的笔记小说是中国古代小说的雏形；唐代传奇的出现，尤其是三大爱情传奇，标志着古典小说的正式形成；宋元两代，随着商品经济和市井文化的发展，出现了话本小说，为小说的成熟奠定了坚实的基础；明清小说是中国古代小说发展的高峰，至今在古典小说领域没有可超越者，四大名著皆发于此。

(六) 纯粹性

纯文学中的小说体裁讲究纯粹性。"谎言去尽之谓纯"（墨人钢《就是》创刊题词），便是所谓的"纯"。也就是说，小说在构思及写作的过程中能去尽政治谎言、道德谎言、商业谎言、维护权贵阶级的谎言、愚民谎言等谎言，使呈现出来的小说成品具备纯粹的艺术性。小说的纯粹性是阅读者最重要的审美期待之一。随着时代的发展，不光是小说，整个文学的纯粹性越来越成为整个世界对文学审美的一个重要核心。

二、小说的"三要素"

"三要素"是生动的人物形象、完整的故事情节和具体环境描写。

(一) 人物形象

人物的核心是思想性格，人物描写的角度有正面描写和侧面描写。正面描写包括外貌、语言、动作、神态、心理等，侧面描写通常以他人或事物来反映该人物，又叫侧面烘托。小说塑造人物，可以以某一真人为模特儿，综合其他人的一些事迹，如鲁迅所说："人物的模特儿，没有专用过一个人，往往嘴在浙江，脸在北京，衣服在山西，是一个拼凑起来的角色。"任何一部优秀的小说，总有使人难忘的典型人物。人们可以通过这些艺术典型的镜子，看到、理解许多人的面目。

(二) 故事情节

故事情节是指作品所描写的事件发展、演变的全过程。故事情节的一般结构：（序幕）—开端—发展—高潮—结局—（尾声）。故事情节来源于生活，它是现实生活的提炼，它比现实生活更集中、更有代表性。现实生活中的事件和矛盾是有始有终、有起有伏，并有一定发展过程的，因而小说情节的展开，也是有段落、有过程的。这个过程一般分为开端、发展、高潮、结局四个部分。有时还有序幕和尾声。在作品中，情节的安排决定于作者的艺术构思，并不一定按照现实生活中的事件发生、发展的自然顺序，有时可以省略某一部分，有时也可颠倒或交错。

(三) 环境描写

环境描写是指对人物活动的环境和事情发生的背景作描写。一部好的小说总能让人身临其境、感同身受，而不像科学报告那样枯燥乏味。作者总是能以优美的文笔、生动的描写和不可思议的想象把这个故事牢牢地刻印在读者的脑海里。环境描写分为自然环境和社会环境。自然环境描写是指对人物活动的时间、地点、季节、气候及花草鸟虫的描写，其作用是渲染故事气氛、烘托人物形象、推动情节发展、暗示社会环境、深化作品主题；社会环境描写是指对人物活动的具体背景、处所、氛围以及人际关系等作描写，作用是交代人物的生存环境、人物的社会关系、作品的时代背景。

第二节 作品赏析

一、曹雪芹《红楼梦》（节选）

第五回 游幻境指迷十二钗 饮仙醪曲演红楼梦

第四回中既将薛家母子在荣府内寄居等事略已表明，此回则暂不能写矣。

如今且说林黛玉自在荣府以来，贾母万般怜爱，寝食起居，一如宝玉，迎春、探春、惜春三个亲孙女倒且靠后，便是宝玉和黛玉二人之亲密友爱处，亦自较别个不同，日则同行同坐，夜则同息同止，真是言和意顺，略无参商。不想如今忽然来了一个薛宝钗，年岁虽大不多，然品格端方，容貌丰美，人多谓黛玉所不及。而且宝钗行为豁达，随分从时，不比黛玉孤高自许，目无下尘，故比黛玉大得下人之心。便是那些小丫头们，亦多喜与宝钗去顽。因此黛玉心中便有些悒郁不忿之意，宝钗却浑然不觉。

那宝玉亦在孩提之间，况自天性所禀来的一片愚拙偏僻，视姊妹弟兄皆如一体，并无亲疏远近之别。如今与黛玉同处贾母房中，故略比别个姊妹熟惯些。既熟惯，则更觉亲密；既亲密，便不免有些不虞之隙，求全之毁。这日不知为何，他二人言语有些不合起来，黛玉又气的独在房中垂泪，宝玉又自悔言语冒撞，前去俯就，那黛玉方渐渐的回转来。

因东边宁府中花园内梅花盛开，贾珍之妻尤氏乃治酒具，请贾母、邢夫人、王夫人等赏花；是日先携了贾蓉之妻，二人来面请。贾母等于早饭后过来，就在会芳园游顽，先茶后酒。不过皆是宁荣二府女眷家宴小集，并无别样新文趣事可记。

一时宝玉倦怠，欲睡中觉，贾母命人好生哄着歇一回再来。贾蓉之妻秦氏便忙笑回道："我们这里有给宝叔收拾下的屋子，老祖宗放心，只管交与我就是了。"又向宝玉的奶娘丫鬟等道："嬷嬷、姐姐们，请宝叔随我这里来。"贾母素知秦氏是个极妥当的人，生的袅娜纤巧，行事又温柔和平，乃重孙媳中第一个得意之人，见他去安置宝玉，自是安稳的。

当下秦氏引了一簇人来至上房内间。宝玉抬头看见一幅画贴在上面，画的人物固好，其故事乃是"燃藜图"，也不看系何人所画，心中便有些不快。又有一幅对联，写的是：

　　　　　　　世事洞明皆学问，人情练达即文章。

及看了这两句，纵然室宇精美，铺陈华丽，亦断断不肯在这里了，忙说："快出去！快出去！"秦氏听了笑道："这里还不好，可往那里去呢？不然往我屋里去吧。"宝玉点头微笑。有一个嬷嬷说道："那里有个叔叔往侄儿媳妇房里睡觉的礼呢？"秦氏笑道："不怕他恼。他能多大了，就忌讳这些个？上月你没看见我那个兄弟来了，虽然与宝二叔同年，两个人若站在一处，只怕那个还高些呢。"宝玉道："我怎么没见过？你带他来我瞧瞧。"众人笑道："隔着二三十里，往那里带去，见的日子有呢。"

说着大家来至秦氏房中。刚至房门，便有一股细细的甜香袭人而来。宝玉觉得眼饧骨软，连说"好香！"入房向壁上看时，有唐伯虎画的"海棠春睡图"，两边有宋学士秦太虚写的一副对联：

　　　　嫩寒锁梦因春冷，芳气笼人是酒香。

案上设着武则天当日镜室中设的宝镜，一边摆着飞燕立着舞过的金盘，盘内盛着安禄山掷过伤了太真乳的木瓜。上面设着寿昌公主于含章殿下卧的榻，悬的是同昌公主制的联珠帐。宝玉含笑连说："这里好！"秦氏笑道："我这屋子大约神仙也可以住得了。"说着亲自展开了西子浣过的纱衾，移了红娘抱过的鸳枕，于是众奶母伏侍宝玉卧好了，款款散去，只留袭人、晴雯、麝月、秋纹四个丫鬟为伴。秦氏便叫小丫鬟们好生在檐下看着猫儿打架。

那宝玉刚合上眼，便惚惚的睡去，犹似秦氏在前，遂悠悠荡荡，随了秦氏，至一所在。但见朱栏白石，绿树清溪，真是人迹希逢，飞尘不到。宝玉在梦中欢喜，想道："这个去处有趣，我就在这里过一生，纵然失了家也愿意，强如天天被父母师傅打呢。"正胡思之间，忽听山后有人作歌曰：

　　　　春梦随云散，飞花逐水流，
　　　　寄言众儿女，何必觅闲愁。

宝玉听了是个女孩儿的声气。歌音未息，早见那边走出一个美人来，蹁跹袅娜，与凡人大不同。有赋为证：

　　方离柳坞，乍出花房。但行处，鸟惊庭树，将到时，影度回廊。仙袂乍飘兮，闻麝兰之馥郁，荷衣欲动兮，听环佩之铿锵。靥笑春桃兮，云堆翠髻；唇绽樱颗兮，榴齿含香。纤腰之楚楚兮，回风舞雪；珠翠之辉辉兮，满额鹅黄。出没花间兮，宜嗔宜喜；徘徊池上兮，若飞若扬。蛾眉颦笑兮，将言而未语，莲步乍移兮，欲止而仍行。羡美人之良质兮，冰清玉润；羡美人之华服兮，闪砾文章。爱美人之貌容兮，香培玉篆；比美人之态度兮，凤翥龙翔。其素若何：春梅绽雪。其洁若何：秋蕙披霜。其静若何：松生空谷。其艳若何：霞映澄塘。其文若何：龙游曲沼。其神若何：月射寒江。——应远惭西子，近愧王嫱。生于孰地？来自何方？若非宴罢归来，瑶池不二；定应吹箫引去，紫府无双者也。

宝玉见是一个仙姑，喜的忙来作揖问道："神仙姐姐不知从那里来，如今要往那里去？也不知这是何处，望乞携带携带。"那仙姑笑道："吾居离恨天之上，灌愁海之中，乃放春山遣香洞太虚幻境警幻仙姑是也：司人间之风情月债，掌尘世之女怨男痴。因近来风流冤孽，缠绵于此处，是以前来访察机会，布散相思。今忽与尔相逢，亦非偶然。此离吾境不远，别无他物，仅有自采仙茗一盏，亲酿美酒一瓮，素练魔舞歌姬数人，新填'红楼梦'仙曲十二支，试随吾一游否？"宝玉听说，便忘了秦氏在何处，竟随了仙姑，至一所在，有石牌横建，上书"太虚幻境"四个大字，两边一副对联，乃是：

　　　　假作真时真亦假，无为有处有还无。

转过牌坊，便是一座宫门，上面横书四个大字，道是："孽海情天"。又有一副对联，大书云：

　　　　厚地高天，堪叹古今情不尽，
　　　　痴男怨女，可怜风月债难偿。

宝玉看了，心下自思道："原来如此。但不知何为'古今之情'，何为'风月之债'？从今倒要领略领略。"宝玉只顾如此一想，不料早把些邪魔招入膏肓了。当下随了仙姑进入二层门内，至两边配殿，皆有匾额对联，一时看不尽许多，惟见有几处写的是："痴情司"，"结怨司"，"朝啼司"，"夜怨司"，"春感司"，"秋悲司"。看了，因向仙姑道："敢烦仙姑引我到那各司中游玩游玩，不知可使得？"仙姑道："此各司中皆贮的是普天之下所有的女子过去未来的簿册，尔凡眼尘躯，未便先知的。"宝玉听了，那里肯依，复央之再四。仙姑无奈，说："也罢，就在此司内略随喜随喜罢了。"宝玉喜不自胜，抬头看这司的匾上，乃是"薄命司"三字，两边写着对联道：

　　　　春恨秋悲皆自惹，花容月貌为谁妍。

　　宝玉看了，便知感叹。进入门来，只见有十数个大橱，皆用封条封着。看那封条上，皆是各省的地名。宝玉一心只拣自己的家乡封条看，遂无心看别省的了。只见那边橱上封条上大书七字云："金陵十二钗正册"，宝玉问道："何为'金陵十二钗正册'？"警幻道："即贵省中十二冠首女子之册，故为正册。"宝玉道："常听人说，金陵极大，怎么只十二个女子？如今单我家里，上上下下，就有几百女孩儿。"警幻冷笑道："贵省女子固多，不过择其紧要者录之。下边二橱则又次之。余者庸常之辈，则无册可录矣。"宝玉听说，再看下首二橱上，果然写着"金陵十二钗副册"，又一橱上写着"金陵十二钗又副册"。宝玉便伸手先将"又副册"橱开了，拿出一本册来，揭开一看，只见这首页上画着一幅画，又非人物，也无山水，不过是水墨滃染的满纸乌云浊雾而已。后有几行字迹，写道是：

　　　　霁月难逢，彩云易散。心比天高，身为下贱。
　　　　风流灵巧招人怨。寿夭多因毁谤生，多情公子空牵念。

宝玉看了不甚明白。又见后面画着一簇鲜花，一床破席，也有几句言词，写道是：

　　　　枉自温柔和顺，空云似桂如兰，
　　　　堪羡优伶有福，谁知公子无缘。

宝玉看了不解。遂掷下这个，又去开了"副册"橱门，拿起一本册来，揭开看时，只见画着一株桂花，下面有一池沼，其中水涸泥干，莲枯藕败，后面书云：

　　　　根并荷花一茎香，平生遭际实堪伤；
　　　　自从两地生孤木，致使香魂返故乡。

宝玉看了仍不解。便又掷了，再去取"正册"看，只见头一页上便画着两株枯木，木上悬着一围玉带，又有一堆雪，雪下一股金簪。也有四句言词，道是：

　　　　可叹停机德，堪怜咏絮才！玉带林中挂，金簪雪里埋。

宝玉看了仍不解。待要问时，情知他必不肯泄漏，待要丢下，又不舍。遂又往后看时，只见画着一张弓，弓上挂着香橼。也有一首歌词云：

　　　　二十年来辨是非，榴花开处照宫闱；三春争及初春景，虎兔相逢大梦归。

后面又画着两人放风筝，一片大海，一只大船，船中有一女子掩面泣涕之状。也有四句写云：

　　　　才自精明志自高，生于末世运偏消；清明涕送江边望，千里东风一梦遥。

后面又画几缕飞云，一湾逝水。其词曰：

　　　　富贵又何为？襁褓之间父母违。展眼吊斜晖，湘江水逝楚云飞。

后面又画着一块美玉,落在泥垢之中。其断语云:
　　　　欲洁何曾洁,云空未必空;可怜金玉质,终陷淖泥中。
后面忽见画着个恶狼,追扑一美女,欲啖之意。其书云:
　　　　子系中山狼,得志便猖狂;金闺花柳质,一载赴黄粱。
后面便是一所古庙,里面有一美人,在内看经独坐。其判云:
　　　　勘破三春景不长,缁衣顿改昔年妆;可怜绣户侯门女,独卧青灯古佛旁。
后面便是一片冰山,上面有一只雌凤。其判云:
　　　　凡鸟偏从末世来,都知爱慕此生才;一从二令三人木,哭向金陵事更哀。
后面又是一座荒村野店,有一美人在那里纺绩。其判云:
　　　　势败休云贵,家亡莫论亲;偶因济村妇,巧得遇恩人。
诗后又画着一盆茂兰,旁有一位凤冠霞帔的美人。也有判云:
　　　　桃李春风结子完,到头谁似一盆兰;如冰水好空相妒,枉与他人作笑谈。
诗后又画着一座高楼,有一美人悬梁自尽。其判云:
　　　　情天情海幻情身,情既相逢必主淫;漫言不肖皆荣出,造衅开端实在宁。

　　宝玉还欲看时,那仙姑知他天分高明,性情颖慧,恐泄漏天机,遂掩了卷册,笑向宝玉道:"且随我去游玩奇景,何必在此打这闷葫芦!"

　　宝玉恍恍惚惚,不觉弃了卷册,又随了警幻来至后面。但见珠帘绣幕,画栋雕檐,说不尽那光摇朱户金铺地,雪照琼窗玉作宫。更见仙花馥郁,异草芬芳,真好个所在。又听警幻笑道:"你们快出来迎接贵客!"一语未了,只见房中又走出几个仙子来,皆是荷袂蹁跹,羽衣飘舞,姣若春花,媚如秋月。一见了宝玉,都怨谤警幻道:"我们不知系何'贵客',忙的接了出来!姐姐曾说今日今时必有绛珠妹子的生魂前来游玩,故我等久待。何故反引这浊物来污染这清净女儿之境?"

　　宝玉听如此说,便吓得欲退不能退,果觉自形污秽不堪。警幻忙携住宝玉的手,向众姊妹道:"你等不知原委:今日原欲往荣府去接绛珠,适从宁府所过,偶遇宁荣二公之灵,嘱吾云:'吾家自国朝定鼎以来,功名奕世,富贵传流,虽历百年,奈运终数尽,不可挽回者。故遗之子孙虽多,竟无可以继业。其中惟嫡孙宝玉一人,禀性乖张,生性怪谲,虽聪明灵慧,略可望成,无奈吾家运数合终,恐无人规引入正。幸仙姑偶来,万望先以情欲声色等事警其痴顽,或能使彼跳出迷人圈子,然后入于正路,亦吾兄弟之幸矣。'如此嘱吾,故发慈心,引彼至此。先以彼家上中下三等女子之终身册籍,令彼熟玩,尚未觉悟;故引彼再至此处,令其再历饮馔声色之幻,或冀将来一悟,亦未可知也。"

　　说毕,携了宝玉入室。但闻一缕幽香,竟不知其所焚何物。宝玉遂不禁相问。警幻冷笑道:"此香尘世中既无,尔何能知!此香乃系诸名山胜境内初生异卉之精,合各种宝林珠树之油所制,名'群芳髓'。"宝玉听了,自是羡慕而已。大家入座,小丫鬟捧上茶来。宝玉自觉清香异味,纯美非常,因又问何名。警幻道:"此茶出在放春山遣香洞,又以仙花灵叶上所带之宿露而烹,此茶名曰'千红一窟'。"宝玉听了,点头称赏。因看房内,瑶琴、宝鼎、古画、新诗,无所不有,更喜窗下亦有唾绒,奁间时渍粉污。壁上也见悬着一副对联,书云:

幽微灵秀地，无可奈何天。

宝玉看毕，无不羡慕。因又请问众仙姑姓名：一名痴梦仙姑，一名钟情大士，一名引愁金女，一名度恨菩提，各各道号不一。少刻，有小丫鬟来调桌安椅，设摆酒馔。真是：琼浆满泛玻璃盏，玉液浓斟琥珀杯。更不用再说那肴馔之盛。宝玉因闻得此酒清香甘冽，异乎寻常，又不禁相问。警幻道："此酒乃以百花之蕊，万木之汁，加以麟髓之醅，凤乳之曲酿成，因名为'万艳同杯'。"宝玉称赏不迭。

饮酒间，又有十二个舞女上来，请问演何词曲。警幻道："就将新制《红楼梦》十二支演上来。"舞女们答应了，便轻敲檀板，款按银筝，听他歌道是：

开辟鸿蒙……

方歌了一句，警幻便说道："此曲不比尘世中所填传奇之曲，必有生旦净末之则，又有南北九宫之限。此或咏叹一人，或感怀一事，偶成一曲，即可谱入管弦。若非个中人，不知其中之妙。料尔亦未必深明此调。若不先阅其稿，后听其歌，翻成嚼蜡矣。"说毕，回头命小丫鬟取了《红楼梦》原稿来，递与宝玉。宝玉接来，一面目视其文，一面耳聆其歌曰：

[红楼梦引子]

开辟鸿蒙，谁为情种？都只为风月情浓。趁着这奈何天，伤怀日，寂寥时，试遣愚衷。因此上，演出这怀金悼玉的"红楼梦"。

[终身误]

都道是金玉良姻，俺只念木石前盟。空对着，山中高士晶莹雪；终不忘，世外仙姝寂寞林。叹人间，美中不足今方信。纵然是齐眉举案，到底意难平。

[枉凝眉]

一个是阆苑仙葩，一个是美玉无瑕。若说没奇缘，今生偏又遇着他，若说有奇缘，如何心事终虚化？一个枉自嗟呀，一个空劳牵挂。一个是水中月，一个是镜中花。想眼中能有多少泪珠儿，怎经得秋流到冬尽，春流到夏！

宝玉听了此曲，散漫无稽，不见得好处，但其声韵凄惋，竟能销魂醉魄。因此也不察其原委，问其来历，就暂以此释闷而已。因又看下道：

[恨无常]

喜荣华正好，恨无常又到。眼睁睁，把万事全抛。荡悠悠，把芳魂消耗。望家乡，路远山高。故向爹娘梦里相寻告：儿命已入黄泉，天伦呵，须要退步抽身早！

[分骨肉]

一帆风雨路三千，把骨肉家园齐来抛闪。恐哭损残年，告爹娘，休把儿悬念。自古穷通皆有定，离合岂无缘？从今分两地，各自保平安。奴去也，莫牵连。

[乐中悲]

襁褓中，父母叹双亡。纵居那绮罗丛，谁知娇养？幸生来，英豪阔大宽宏量，从未将儿女私情略萦心上。好一似，霁月光风耀玉堂。厮配得才貌仙郎，博得个地久天长，准折得幼年时坎坷形状。终久是云散高唐，水涸湘江。这是尘寰中消长数应当，何必枉悲伤！

[世难容]

气质美如兰，才华阜比仙。天生成孤癖人皆罕。你道是啖肉食腥膻，视绮罗俗厌，却不知太高人愈妒，过洁世同嫌。可叹这，青灯古殿人将老，辜负了，红粉朱楼春色阃。到头来，依旧是风尘肮脏违心愿。好一似，无瑕白玉遭泥陷，又何须，王孙公子叹无缘。

[喜冤家]

中山狼，无情兽，全不念当日根由。一味的骄奢淫荡贪还构。觑着那，侯门艳质同蒲柳，作践的，公府千金似下流。叹芳魂艳魄，一载荡悠悠。

[虚花悟]

将那三春看破，桃红柳绿待如何？把这韶华打灭，觅那清淡天和。说什么，天上夭桃盛，云中杏蕊多。到头来，谁把秋捱过？则看那，白杨村里人呜咽，青枫林下鬼吟哦。更兼着，连天衰草遮坟墓。这的是，昨贫今富人劳碌，春荣秋谢花折磨。似这般，生关死劫谁能躲？闻说道，西方宝树唤婆娑，上结着长生果。

[聪明累]

机关算尽太聪明，反算了卿卿性命。生前心已碎，死后性空灵。家富人宁，终有个家亡人散各奔腾。枉费了，意悬悬半世心；好一似，荡悠悠三更梦。忽喇喇似大厦倾，昏惨惨似灯将尽。呀！一场欢喜忽悲辛。叹人世，终难定！

[留余庆]

留余庆，留余庆，忽遇恩人，幸娘亲，幸娘亲，积得阴功。劝人生，济困扶穷，休似俺那爱银钱忘骨肉的狠舅奸兄！正是乘除加减，上有苍穹。

[晚韶华]

镜里恩情，更那堪梦里功名！那美韶华去之何迅！再休提绣帐鸳衾。只这带珠冠，披凤袄，也抵不了无常性命。虽说是，人生莫受老来贫，也须要阴鸷积儿孙。气昂昂头戴簪缨；光灿灿胸悬金印；威赫赫爵禄高登；昏惨惨黄泉路近。问古来将相可还存？也只是虚名儿与后人钦敬。

[好事终]

画梁春尽落香尘。擅风情，秉月貌，便是败家的根本。箕裘颓堕皆从敬，家事消亡首罪宁。宿孽总因情。

[收尾·飞鸟各投林]

为官的，家业凋零；富贵的，金银散尽；有恩的，死里逃生；无情的，分明报应。欠命的，命已还；欠泪的，泪已尽。冤冤相报实非轻，分离聚合皆前定。欲知命短问前生，老来富贵也真侥幸。看破的，遁入空门；痴迷的，枉送了性命。好一似食尽鸟投林，落了片白茫茫大地真干净！

歌毕，还要歌副曲。警幻见宝玉甚无趣味，因叹："痴儿竟尚未悟！"那宝玉忙止歌姬不必再唱，自觉朦胧恍惚，告醉求卧。警幻便命撤去残席，送宝玉至一香闺绣阁之中，其间铺陈之盛，乃素所未见之物。更可骇者，早有一位女子在内，其鲜艳妩媚，有似乎宝钗，风流袅娜，则又如黛玉。正不知何意，忽警幻道："尘世中多少富贵之家，那些绿窗风月，绣阁烟霞，皆被淫污纨绔与那些流荡女子悉皆玷辱。更可恨者，自古来多少轻薄浪子，皆以'好色不淫'为饰，又以'情而不淫'作案，此皆饰非掩丑之语也。好色即淫，知情更淫。是以巫山之会，云雨之欢，皆由既悦其色，复恋其情所致也。吾所爱汝者，乃天下古今第一淫人也。"

宝玉听了,唬的忙答道:"仙姑差了。我因懒于读书,家父母尚每垂训饬,岂敢再冒'淫'字。况且年纪尚小,不知'淫'字为何物。"警幻道:"非也。淫虽一理,意则有别。如世之好淫者,不过悦容貌,喜歌舞,调笑无厌,云雨无时,恨不能尽天下之美女供我片时之趣兴,此皆皮肤淫滥之蠢物耳。如尔则天分中生成一段痴情,吾辈推之为'意淫'。'意淫'二字,惟心会而不可口传,可神通而不可语达。汝今独得此二字,在闺阁中,固可为良友;然于世道中未免迂阔怪诡,百口嘲谤,万目睚眦。今既遇令祖宁荣二公剖腹深嘱,吾不忍君独为我闺阁增光,见弃于世道,是以特引前来,醉以灵酒,沁以仙茗,警以妙曲,再将吾妹一人,乳名兼美字可卿者,许配于汝。今夕良时,即可成姻。不过令汝领略此仙闺幻境之风光尚如此,何况尘境之情景哉?而今后万万解释,改悟前情,留意于孔孟之间,委身于经济之道。"说毕便秘授以云雨之事,推宝玉入房,将门掩上自去。

那宝玉恍恍惚惚,依警幻所嘱之言,未免有儿女之事,难以尽述。至次日,便柔情缱绻,软语温存,与可卿难解难分。因二人携手出去游顽之时,忽至一个所在,但见荆榛遍地,狼虎同群,迎面一道黑溪阻路,并无桥梁可通。正在犹豫之间,忽见警幻后面追来,告道:"快休前进,作速回头要紧!"宝玉忙止步问道:"此系何处?"警幻道:"此即迷津也。深有万丈,遥亘千里,中无舟楫可通,只有一个木筏,乃木居士掌舵,灰侍者撑篙,不受金银之谢,但遇有缘者渡之。尔今偶游至此,设如堕落其中,则深负我从前谆谆警戒之语矣。"话犹未了,只听迷津内水响如雷,竟有许多夜叉海鬼将宝玉拖将下去。吓得宝玉汗下如雨,一面失声喊叫:"可卿救我!"吓得袭人辈众丫鬟忙上来搂住,叫:"宝玉别怕,我们在这里!"

却说秦氏正在房外嘱咐小丫头们好生看着猫儿狗儿打架,忽听宝玉在梦中唤他的小名,因纳闷道:"我的小名这里从没人知道的,他如何知道,在梦里叫出来?"正是:一场幽梦同谁近,千古情人独我痴。

【作者】

曹雪芹(约1715年5月28日—约1763年2月12日),名沾,字梦阮,号雪芹,又号芹溪、芹圃,关外祖籍辽宁铁岭,生于南京,约十三岁时迁回北京。曹雪芹出身于清代内务府正白旗包衣世家,他是江宁织造曹寅之孙、曹颙之子(一说曹頫之子)。

曹雪芹早年在南京江宁织造府亲历了一段锦衣纨绔、富贵风流的生活。至雍正六年(1728年),曹家因亏空获罪被抄家,曹雪芹随家人迁回北京老宅。后又移居北京西郊,靠卖字画和朋友救济为生。曹雪芹素性放达,爱好广泛,对金石、诗书、绘画、园林、中医、织补、工艺、饮食等均有所研究。他以坚韧不拔的毅力,历经多年艰辛,终于创作出极具思想性、艺术性的伟大作品——《红楼梦》。

【作品赏析】

《红楼梦》,中国古典四大名著之首,清代作家曹雪芹创作的章回体长篇小说,又名《石头记》《金玉缘》。此书分为一百二十回"程本"和八十回"脂本"两种版本系统。

红楼梦新版通行本前八十回据脂本汇校,后四十回据程本汇校,署名"曹雪芹"著,无名氏续,程伟元、高鹗整理"。后四十回作者尚有争议,但是对于矮化甚至腰斩后四十回的极端倾向也应保持警惕。

《红楼梦》是一部具有世界影响力的人情小说作品,是举世公认的中国古典小说巅峰之作，中国封建社会的百科全书，传统文化的集大成者。小说以贾、史、王、薛四大家族的兴衰为背景，以贾府的家庭琐事、闺阁闲情为脉络，以贾宝玉、林黛玉、薛宝钗的爱情婚姻故事为主线，刻画了以贾宝玉和金陵十二钗为中心的正邪两赋有情人的人性美和悲剧美。通过家族悲剧、女儿悲剧及主人公的人生悲剧，揭示出封建末世危机。

《红楼梦》以"大旨谈情，实录其事"自勉，只按自己的事体情理，按迹循踪，摆脱旧套，新鲜别致，取得了非凡的艺术成就。"真事隐去，假语村言"的特殊笔法更是令后世读者脑洞大开，揣测之说久而遂多。围绕《红楼梦》的品读研究形成了一门显学——红学。

二、雨果《巴黎圣母院》（节选）

第五卷

一　圣马丁修道院院长

堂·克洛德声名远扬，因而有人前来拜访，大约是在他不肯见德·博热夫人那个时期，此事他久久难忘。

那是一天晚上，他做完晚课，刚回到圣母院修院他那间禅房。房中有几个小玻璃瓶丢在角落里，装满了相当可疑的粉末，很像炸药，除此之外，恐怕再也没有什么怪异神秘的地方。当然，墙壁上还有一些文字，但那纯粹是科学或宗教的警句，全部引自正经的作家。主教代理刚坐到堆满手稿的书案前，借着三灯嘴的灯光，手臂支着摊开的洪诺留·德·欧坦所著的《论宿命和自由决定》，这是他不久前拿进房中唯一对开的印刷品，一边翻阅，一边陷入沉思。恰好这时候，有人敲门。"谁呀？"这位学者高声问道，声调就像饿狗啃骨头时被打扰一样。来人在门外回答："您的朋友，雅克·库瓦提埃。"

主教代理过去开门。

来客果然是御医，此人五旬左右，冷峭的面孔仅从狡狯的目光略得补益。还有一个人陪伴他前来。二人都穿着灰鼠皮里的青石色长袍，扎着腰带，各戴一顶同样质地和颜色的帽子，全身裹得严严实实，手缩进袖子里，脚由袍子下摆盖住，眼睛则掩藏在帽子下面。

"上帝保佑，先生们！"主教代理说着，让进客人，"真没想到，这般时分，还有大驾光临。"他说话很客气，但是不安而审视的目光，却看看御医，又看看他的同伴。

"拜访堂·克洛德·弗罗洛·德·蒂尔夏普这样的大学者，什么时候也不算太晚。"库瓦提埃博士答道，他那弗朗什一孔泰地方口音，每句话都拖得很长，听来极为庄严，犹如贵妇拖着的长裙。

就这样，御医和主教代理寒暄起来。这也是当年的习俗，学者相见交谈，总要先相互恭维一番，以极大的热情表示学者相轻。而且，这种习俗延续至今，任何学者恭维另一位学者，嘴巴甜如蜂蜜，而其实却寒过装满苦汁的坛子。

克洛德·弗罗洛向雅克·库瓦提埃道贺，主要说他医道高明，职位令人艳羡，每回为国王治病，都能得到许多实惠，这是更高超的炼金术，比寻找什么点金石更为可靠。

"确实如此！库瓦提埃博士先生，听说令侄当上了主教，我万分高兴，那位尊贵的彼尔·韦尔赛大人，不是荣任亚眠的主教吗？"

"是的，主教代理先生，这是大慈大悲的上帝的恩典。"

"要知道，圣诞节那天，您率领审计院全体官员，真是派头十足，对吧，院长先生？"

"是副院长，堂·克洛德。唉！仅仅是副的。""您建在拱门圣安德烈街的那座豪华宅第，现在怎么样啦？那真赛似卢浮宫。我非常喜欢雕刻在大门上的那棵杏树，以及俏皮的双关语'幸树菩提安'。"

"唉！克洛德先生，造价太高啦。房子渐渐造起来，我也快要破产了。"

"哪里！您不是还拿典狱和司法官典吏的俸禄吗？不是还有领地上那些房舍、货摊、客栈、店铺，每年都收租金吗？您的收益，就像挤一个涨满奶的乳头。"

"今年，我那普瓦西领地就没有什么进项。"

"可是，您在特里埃勒、圣雅各、拉伊河畔圣日耳曼各地征收的通行税，一向是很可观的。"

"不过一百二十利弗尔，还不是巴黎币。"

"您在御前任参事之职，领取固定的俸禄。"

"这倒是事实，克洛德教友，不过，波利尼那块该死的领地，传闻倒不少，其实不管丰年歉年，我也得不到六十金埃居。"

堂·克洛德对雅克·库瓦提埃讲这些奉承话，语气却隐含着奚落、尖刻和冷嘲热讽的意味，而面带的笑容既忧伤又残酷，表明这个出类拔萃而又不幸的人，一时寻寻开心，戏弄一下一个庸俗家伙的厚实家当。可是，对方却毫无觉察。

"凭我的灵魂起誓，"克洛德握着对方的手，终于说道，"看见您这么健朗，我由衷地高兴。"

"谢谢，克洛德先生。"

"顺便问一声，"堂·克洛德提高声音，"召您医病的国王怎么样？"

"他给御医的赏钱也不丰厚。"博士答道，同时朝旁边的同伴瞥了一眼。

"您这样认为吗，库瓦提埃伙计？"他的同伴说道。

陌生来客以惊讶和责备的口气讲这句话，便又把主教代理的注意力吸引过去，老实说，自从此人跨进禅房的门槛，他一刻也没有完全移开注意力。显然他有种种理由，必须照顾路易十一这位神通广大的御医的面子，才容忍雅克·库瓦提埃大夫带个生客来。因此，听到雅克·库瓦提埃介绍同伴，克洛德的脸上丝毫没有热情的表示。

"对了，堂·克洛德，我给您带来一位教友，他仰慕大名，定要前来拜访。"

"先生也是学术界人士吗？"主教代理问道，他那锐利的目光凝视库瓦提埃的同伴，看到陌生人双眉下的目光也同样逼人、同样多疑。

只能凭借微弱的灯光判断这个人，只见他是个老头，六旬上下，中等身材，体格相当衰弱，一副病态，相貌虽然很有市民的特点，但是仪态中却显露出几分威严气势。他的眉眶很高，深邃的目光炯炯有神，犹如从兽穴里射出的光芒，尽管拉低的帽檐一直遮住鼻子，但仍能感觉出他那天赋聪颖的宽阔额头在转动。他自己来回答主教代理的问话。

"尊敬的大师，"他声调庄重地说，"敝人得闻大名，特意前来请教。我不过是外地的一个乡绅，总要先脱掉鞋子，才敢踏进学者的门槛。我应该报上姓名。我叫屠狼肉伙计。"

"一位绅士取这种名字，实在奇特！"主教代理心中暗道。然而，他感到对方的威严，大有来头。他凭着高度的智慧，本能地猜出，屠狼肉伙计的皮帽下面有一颗智慧不在他之下的脑袋。他端详着这张严肃的面孔，而自己阴沉的脸上，由于雅克·库瓦提埃来访而焕发的嘲讽的笑容也就渐渐消失,就像天……

【作者】

维克多·雨果(Victor Hugo,1802年2月26日—1885年5月22日),法国作家,19世纪前期积极浪漫主义文学的代表作家,人道主义的代表人物,法国文学史上卓越的资产阶级民主作家,被人们称为"法兰西的莎士比亚"。一生写过多部诗歌、小说、剧本、各种散文和文艺评论及政论文章,在法国及世界有着广泛的影响。

1802年,雨果生于法国贝桑松,上有兄长二人。十三岁时与兄长进入寄读学校就学,兄弟均成为学生领袖。雨果在十六岁时已能创作杰出的诗句,二十一岁时出版诗集,声名大噪。1845年,法王路易·菲利普授予雨果上议院议员职位,自此专心从政。1848年法国二月革命爆发,法王路易逊位。雨果于此时期四出奔走鼓吹革命,为人民贡献良多,赢得新共和政体的尊敬,晋封伯爵,并当选国民代表及国会议员。三年后,拿破仑三世称帝,雨果对此大加攻击,因此被放逐国外。此后二十年间各处漂泊,此时期完成小说《悲惨世界》。1870年法国恢复共和政体(法兰西第三共和国),雨果亦结束流亡生涯,回到法国。1885年,雨果辞世,于潘德拉举行国葬。

雨果的创作历程超过六十年,其作品包括二十六卷诗歌、二十卷小说、十二卷剧本、二十一卷哲理论著,合计七十九卷。其代表作有长篇小说《巴黎圣母院》《九三年》和《悲惨世界》,短篇小说有《"诺曼底"号遇难记》(在小学生苏教版六年级上册第七课中称《船长》)。《"诺曼底"号遇难记》还被选入教材语文版语文A版五年级上册第九课、冀教版五年级下册第二十课、沪教版六年级下册第七课。

【作品赏析】

《巴黎圣母院》(港译《钟楼驼侠》,台译《钟楼怪人》)是法国文学家维克多·雨果所著,在1831年1月14日出版的小说。故事的场景设定在1482年的巴黎圣母院,内容围绕一名吉卜赛少女艾丝美拉达和由副主教克洛德·弗罗洛养大的圣母院驼背敲钟人卡西莫多展开。此故事曾多次被改编成电影、电视剧及音乐剧。

《巴黎圣母院》写于法国风云变幻、阶级斗争激烈的年代。1794年雅各宾政权被推翻后,代表大资产阶级利益的政权随之建立,人民群众的处境日益恶化。拿破仑以平息国内叛乱和击退国外封建联军而震动全欧洲,但随后就是波旁王朝的复辟。1824年,路易十八逝世,查理十世执政,是波旁王朝统治最黑暗的时期,极端保皇分子入内阁,天主教会势力更为猖獗。1830年七月革命后,掠夺革命果实的银行家统治着法国,金融资产阶级进入全面胜利和巩固时期,但同时,无产阶级也开始登上历史舞台。这一时期法国社会正处于急剧转折之中,各种斗争十分激烈尖锐。而《巴黎圣母院》这一经典名著就是在这一背景下写成的。

《巴黎圣母院》是法国作家维克多·雨果的第一部大型浪漫主义小说。小说以15世纪路易十一时代的巴黎为背景。雨果在谈到《巴黎圣母院》时说:这本书"如果有什么优点,是在想象、多变、幻想方面。"丰富的想象,怪诞的情节,奇特的结构,就成为这部小说的重要特色。这本书是为了叙说"命运"而写作的,伟大的人道主义者雨果寻求的是命运的真实内涵。无论是克洛德,还是卡西莫多,他们归根到底是社会的人,他们内心的分裂、冲突,反映的是他们那个时代神权与人权、愚昧与求知之间,庞大沉重的黑暗制度与挣扎着的脆弱个人之间的分裂、冲突，终于导致悲剧中一切人物统统牺牲的惨烈结局。

小说艺术地再现了四百多年前法王路易十一统治时期的真实历史，宫廷与教会如何狼狈为奸压迫人民群众，人民群众怎样同两股势力英勇斗争。小说中的反叛者吉卜赛女郎艾丝美拉达和面容丑陋的残疾人卡西莫多是作为真正的美的化身展现在读者面前的，而人们在副主教弗罗洛和贵族军人弗比斯身上看到的则是残酷、空虚的心灵和罪恶的情欲。作者将可歌可泣的故事和生动丰富的戏剧性场面有机地连缀起来，使这部小说具有很强的可读性。

《巴黎圣母院》作为一部浪漫主义代表作，正是由于作者力求符合自然原貌，将中世纪的法国社会真实生活，以卓越的手法和浪漫的形式，依据动人的情节发展，凝聚在这部名著中，因而呈现出它们的生动面貌和丰富蕴涵，赢得了继《艾那尼》之后浪漫主义打破古典主义死板模式的又一胜利。这是一部愤怒而悲壮的命运交响曲。

第三部分
应用写作

第七章

应用写作概述

第一节 应用文的起源与演变

一、应用文的起源

应用文是机关团体、企事业单位及人民群众用于处理各项公务或个人事务、交流情况、传递信息、沟通联系，具有实用价值和惯用格式的文体的总称。

在漫长的社会发展过程中，随着社会生产的发展，人们的交际日益复杂和频繁。为了弥补有声语言的局限性，人类社会逐渐产生了文字。文字一出现，就开始记录语言，于是逐渐产生、发展和完善了具有广泛实用价值和为人们所熟知惯用的应用文。

应用文的起源最早可以追溯到殷商社会的晚期，也就是说距今三千多年前我国已有了初步定型的文字，同时也有了文字记载的书面文献。殷墟（河南安阳小屯村）出土的甲骨卜辞，则是我国最早用文字记录的语言资料。如："癸卯卜，今日雨。其自西来雨？其自东来雨？其自北来雨？其自南来雨？"（见郭沫若《卜辞通纂》）甲骨卜辞是商代王室占卜时镌刻在龟甲兽骨上的简短记录。这些卜辞少则几个字，多则百余字，记录了当时占卜的内容和结果，多为卜问国家大事和商王疑难，也是巫师鬼神发言，指导国君发布命令。如："王大令众人，曰协田！其协年。"意思是说，殷王命令奴隶们努力耕田，那样就能获得好收成。这与现行公文中的"命令、令"很类似。殷商时期镌刻在甲骨上的兆、祝辞、神告、占卜文书，虽然形式简单、语言概约，尚处在应用文的原始阶段，但其内容已涉及天文、地理、气象、历法、农业、牧业、手工业、宗教、王事、战争、田猎等方面，并开始显示出应用文特别是公文在管理国家中的作用。

在甲骨卜辞之后出现的商周时期的钟鼎铭文，不仅进一步证实了文字与应用文的关系，而且以实物向我们提供了那个时代应用文的具体模式。商周以青铜器作为礼器和乐器，是奴隶主贵族的传家之宝。礼器和乐器上铸的铭文称为"钟鼎文"或"金文"，其中有很多是歌功颂德的文字，有不少已具有公文的性质和作用。《周易》中的卦、爻辞大约也产生于商末周初。卦、爻辞中的记事，虽然也很简短，但比起甲骨卜辞更趋完整，并具有某些生动的记述，有的还用简洁洗练的句子表达了某种生活经验乃至哲理，是我国古代应用文萌芽发展中的一个重要阶段。

《尚书》是我国第一部比较完整的文集（"尚书"即上古之书的意思），分虞书、夏书、商书、周书四部分。作为奴隶制国家的商朝和周朝，当时已有史官的设置。《尚书》中的商、周文字，大都是由史官执笔记载的官方文告，其中有誓辞、诏令、诰言、训辞和政事语录，也有用以登记土地和财务的会计文书，还有反映各诸侯国之间关系的盟约文书，这些纯属应用文范畴的文章体例均在《尚书》中得到了充分而具体的表现，所以又有《尚书》是周初至春秋前期的"文件汇编"之说。

甲骨卜辞，钟鼎铭文，《周易》中的卦、爻辞等，都应该看作应用文的原始形态。"上古结绳而治，后世圣人易之以书契，百官以治，万民以察，盖取诸夬。"（《易·系辞下》）"古者伏羲之王天下也，始画八卦，造书契，以代结绳之政，由是文籍生焉。"（《尚书·序》）"书契"即文字，"百官以治"指百官用文字管理国家，"夬"为决断、应用、解决问题之意，"八卦"是八种书写符号，"文籍生焉"指应用文的产生。显然，应用文的产生与文字、阶级、国家的出现是紧密联系在一起的。正如斯大林在《马克思主义与语言学问题》一书中所指出的："生产往前发展，出现了阶级，出现了文字，出现了国家的萌芽。国家进行工作，需要比较有条理的文书；商业发展了，更需要有条理的来往书信。"

秦统一中国，封建专制主义中央集权国家的建立，是应用文成熟的时期。秦王朝实行"车同轨，书同文"，并明确规定："命曰制，令曰诏，陈事曰表，谢恩曰章，勤俭政事曰奏，推覆平论曰驳。"不难看出，应用文特别是公文发展到这一时期显然已定型化了，而大量涌现出来的简牍署书、图籍表册、碑碣志铭、条法律例，乃至于民间往来的铺天盖地、浩如烟海的书信、条据、颂辞、祭文等等，都是应用文古已有之、客观存在的例证。

最早提出"应用文"这一名称的，当是宋朝张侃："骈四俪六，特应用文耳，前辈直谓世间一种苛礼，过为谨细。"（《拙轩集·跋·陈后山再任教官谢启》）清代学者刘熙载则更是具体地指出："辞命休，推之既可为一切应用之文。应用文有上行、平行、下行。重其辞乃所以重其实也。"（《艺赋·文概》）

总之，应用文古已有之，它和国家的管理及人们的生活、生产、工作、学习是息息相关的。

二、应用文的演变

应用文随着文字的发明而产生，也随着历史的演变而发展，并随着社会的进步而不断完善。殷商时期，甲骨卜辞中出现了我国早期应用文体的萌芽，但还没有明显的文体分类。西周时期，随着国家机器的强化和典章制度的完备，统治阶级开始自觉地使用应用文这一工具，并有了具体的文种名称。如周天子和诸侯王用于训诫、任命、赏赐、勉励的"诰""命"，兴师作战时用来誓告军旅的"誓"等等。这类文体与公文中的下行文类似，流传下来的大部分保留在《尚书》之中。《尚书》把上古的应用文统称为"书"。

在漫长的封建社会里，随着工商事务日繁、封建礼法日隆，应用声就日趋繁文缛节了。

统治阶级压迫、剥削的手段高明诡谲，社会风气虚伪浮夸，它也就花样百出，染上了愚弄欺诈、媚上压下的恶习。以封建帝王示下的公文为例，首先在分类上，每一公文大类又被分成若干小类，例如"册书"，就细分为封册、赠册、赐册、立册、祝册、玉册、谥册、赠谥册、哀册、祭册、免册等十余种。区区"册书"，竟划分得如此琐细，主要是为了显示封建帝王的威严和气派，在实际使用中其实是很难完全区分清楚的。其次在写作上，示下的公文必须淋漓尽致地渲染封建帝王的恩威。如果是授官选贤的诏令，要写得冠冕堂皇、饱含正气，即"授官选贤，则义炳重离之辉"；如果是封土封侯的诏令，要写出有风雨润泽的气势，即"优文封策，则气含风雨之润"；如果是敕戒百官的诰文，要写出笔吐银河的光辉，即"敕戒恒诰，则笔吐星汉之华"；如果是发布用兵打仗的诏令，要写得有雷霆万钧的声势，即"治戎燮伐，则声音有洊雷之威"；如果是发布赦免重罪人犯的诏令，要写得像春风露雨一样滋润，即"眚（shěng）灾肆赦，则文有春露之滋"；如果是发布整饬法纪的诏令，要写出饱含秋霜的凛冽，即"明罚敕法，则辞有秋霜之烈"。

纵观历史，可以说历朝历代在应用文的变革上，也多多少少有所动作，但无非是分类上的增删取舍，格式上的改头换面。值得指出的是，应用文尤其是公文，历来被封建统治者视为奴役人民的"囊中之物"，因此，名虽不存，实尚延用。当然，历史上也曾有过暴风骤雨式的应用文大变革。如太平天国提出了"弃伪从真，去浮存实"的公文改革方针，并相应提出了一系列改革措施；又如辛亥革命后的南京临时府颁布了公文程式条例，废除了几千年来封建王朝所使用的制、诏、诰、敕、题、奏、表等公文名称，规定了新公文的名称和使用范围，还规定公文中不准用"老爷""大人"一类词语。但是，这些改革都是不完全、不彻底的。只有在新中国成立后，应用文的发展才趋于统一和完善。

随着时代的发展、社会的进步，应用文也已经或正在"破旧立新"。特别是在改革开放的大潮中，面对瞬息万变的社会和激烈竞争的市场，应用文也以其极高的使用率、极大的普遍性和极强的实效性发挥出固有的功能和实现自身的价值。同时，应用文在内容、形式、语言诸方面也都发生了巨大的变化和进步：一是在内容上破旧立新，具有鲜明的时代特色，它反映了社会主义物质文明和精神文明的新内容。例如，对联由古代用来驱鬼避邪升华为当今我国人民喜庆的装饰品、高雅的交际手段和喜闻乐道的一种民族文化形式。特别是在大力发展社会主义市场经济的今天，对联更是成为我国人民群众抒情表意的一种重要文体。二是在形式上删繁就简，易呆板为灵活，化虚伪为求实，摒弃反映旧统治的形式主义的僵化模式，消除散发旧社会腐臭的避讳、抬头、移行、套语的陈规陋习，而代之以简便、灵活、晓畅、实用的书写体式。如在我国古代群众性的哀悼文体中，无论是诔辞、哀辞，还是吊文、祭文，都与封建礼教、鬼神迷信关系密切，表现形式比较单一。五四新文化运动时，出现了具有各种表现形式与表现手法的现代白话悼词，反映了当时的新思想和新风俗，一直沿用至今。三是在语言上推陈出新，具有准确性、鲜明性和生动性，倡导语言的规范、严谨、简明、得体，淘汰了大量不纯洁、不健康的词语，补充了众多为群众所喜闻乐见的新鲜词汇。以商品广告为例，最原始的商品广告语言是单一的"吆喝式"，而今天的商品广告语言却丰富多彩。单是广告的文字标题，就有宣告式、夸耀式、对比式、成语式、幽默式、对联式、诗歌式、悬念式、标语式等多种类型。

当然，旧时代的应用文毕竟是我国传统文化的遗产，既可作为研究当时社会状况的史料,又可作为我们今天写作的借鉴。因此,我们在学习和写作应用文时,要持批判、继承的态度,取其精华,弃其糟粕,达到"古为今用"的目的。对其中某些古板的程式、陈腐的俗套、虚伪的辞令,我们不要生搬硬套。在撰写应用文时,我们也要注意格式,这是为了遵守约定俗成的习惯,使大家都能看得懂;我们也要讲究词令,以表示单位之间、人与人之间应有的尊重和礼貌;我们也要重视写法,使之更有利于解决问题、提高办事效率。

第二节　应用文的种类、特点和作用

一、应用文的种类

应用文的实用价值,决定了其使用范围十分广泛,种类自然也很多。如何给应用文分类,历来意见不一。为便于学习与写作,我们以内容和使用范围为标准,把应用文大致分为以下九大类。

（一）日常文书类

人们用于日常生活、工作、生产、学习、交往方面的应用文,称为日常文书。日常文书包括条据、书信、电报稿、启事、讲演稿、对联、日记、读书笔记等。

（二）公务文书类

国家机关、社会团体和企事业单位用于处理公务的应用文,称为公务文书,简称公文。公文包括命令（令）、指令、决定、决议、指示、布告、公告、通告、通知、通报、报告、请示、批复、函、会议纪要等。

（三）事务文书类

人们在机关工作中除公务文书外,用于日常公务并具有惯用格式的应用文,称为事务文书。事务文书包括计划、总结、调查报告、简报、会议记录、述职报告、规章制度等。

（四）礼仪文书类

礼仪文书是指人们在社会交际和社会活动中用于礼节和仪式方面的应用文。礼仪文书包括祝词、贺信、贺电、请柬、欢迎词、欢送词、答谢词、仪式程序、贺幛题词、挽幛题词、讣告、唁电、悼词等。

（五）司法文书类

司法文书是指司法机关在实施法律的过程中,以及有关机关、组织和公民在处理法律事务中依法制作的具有法律效力的文书。司法文书包括诉状、答辩状、仲裁申请书、仲裁决定书、调解书、授权委托书、笔录等。

（六）涉外文书类

涉外文书是指涉外经济部门和企业用于外贸业务、商情、经济合同方面的,具有特定格式的应用文。涉外文书包括外贸业务函电、涉外商情调研报告、涉外经济合同、索赔书、理赔书和索、理赔协议书等。

（七）经济文书类

经济文书指的是在经济工作中经常使用的一种具有明显实用目的和相对固定书写格式的应用文书。经济文书包括商品说明书、商品广告、经济合同、经济活动分析报告、市场调查报告、市场决策方案、招标书、投标书、审计报告等。

（八）科技文书类

人们用于科学技术方面的应用文，称为科技文书。科技文书包括实验报告、科研报告、学术论文、科技动态等。

（九）新闻报道类

人们用于报道或述评最近发生的新鲜而又重要的信息、事件方面的应用文，称为新闻报道类。新闻报道类包括消息、通讯、评论、特写等。

二、应用文的特点

应用文同别的文章体裁一样，都需要有条理性、逻辑性，都要求遣词造句，正确使用标点符号。复杂的应用文还要求讲究布局，也允许采用记叙、说明、议论等表现手法，并要求有准确、鲜明、生动的文风。但应用文和其他文章体裁又有区别。概括来说，应用文具有以下四个方面的显著特点。

（一）广泛的实用性

我们在接洽事务、处理问题、沟通情况、交流经验、开展协作、记录信息时都离不开应用文这一载体。可以说，在各种文体中应用文使用范围最广、使用频率最高，这是其他文体所不能比的。应用文既重在应用，还贵在实用。应用文广泛的实用性集中表现在办理公务、处理事务和解决实际问题的写作目的上。在应用文种类的产生和确立上，就是"随事立体"，根据需要解决的问题，采用适当的表达方式，而不是脱离实际、无的放矢。一张条据，则是一个凭证；一纸合同，则是一个协定；一封书信，可以传递具体信息；一项规章制度，可以维护正常秩序；一份总结或调查报告，常常作为机关单位制定政策、处理问题的依据；一篇祝词或欢迎词，又可用于调整人与人之间的关系……总之，这种目的明确，据以办理实事、解决实际问题，讲究现实效用的实用性，是应用文特有的属性。

（二）惯用的程式性

应用文广泛的实用性，决定了应用文的种类繁多。绝大多数应用文在长期使用过程中，各自形成了一套为其内容服务的相对固定的惯用程式。惯用程式主要是指内在结构和外观样式，这些程式已经约定俗成，在一个相当长的时期内保持相对稳定。有的格式是国家权威部门统一规定的，要的就是规范化，不容改变。如公文的格式，一般均由文件名称、发文字号、秘密等级、紧急程度、文件标题、主送机关、正文、附件、发文时间、印章、主题词、抄报（送）机关等部分组成，以体现公文的政治性、权威性和法规性。又如书写信封，必须按约定俗成的格式写上收信人的邮政编码、地址、姓名，写明寄信人的地址、姓名和邮政编码；否则就难以通邮。再如，撰写公文中的复函，开头都要写明"×月×日×字第×号函悉"一类的话；写请示、报告，正文末尾都要写上"特此报告"或"以上请示妥否，请批示"一类的话；写批复，在结尾处往往以"此复""特此批复"作为结束语。而这些因素安排有各自的程式，叙述有特定的先后次序，习惯用语也有约定俗成的规定。如果对其惯用格式视而不见，或随意杜撰，或标新立异，其结果往往适得其反，达不到办事目的。当然应用文也允许创新，但这种创新要符合逻辑，创新后的应用文要更便于应用。

（三）严格的时限性

严格的时限性是应用文的又一个显著特点。这里所说的"时限性"有两层含义：一是内容的时限性；二是办文的时限性。既然应用文是为解决实际问题而写作的文书，那么在当今十分讲究效率的信息时代，必然要求应用文具有严格的时限性。一份会议通知，如果不在会议召开之前下达，那岂不成了一纸空文？有的应用文如公文、诉状、合同、仲裁书和规章制度等一般都要标明生效或执行的具体日期。有的应用文虽不一定标明其具体时间，但同样也有很强的时限性，过期则无效或作用不大。如工厂各车间生产计划，都严格受时效限制，时限性极强。即使是总结也有明显的时限性。写作应用文，应做到既快又好，公文"大旅行"，不仅降低了办事效率，甚至可能会导致严重后果。如请示，是向上级机关请求指示或批准的公务文书，必须在采取措施和进行工作之前呈送，绝不能先斩后奏；而批复，则是上级针对下级提出的请求事项作出的答复，应快办快发，不能拖延时日。应用文的撰写和承办，都必须讲求时效；否则就会贻误工作，造成人为的损失。

（四）鲜明的针对性

应用文针对性的特点集中表现为：对象明确，指事明确。一般而言，记叙文体和议论文体的阅读对象非常广泛，任何人都可阅读、欣赏、评论。而应用文则有特定的阅读对象，只有直接办理公务、处理事务、解决问题的人，才有权和有必要去阅读。如条据、书信、请柬、贺电、经济合同等。发送的对象是特定的个人或单位，无关的对象无权也没必要去阅读。公文中的各个文种，它们的"对象"和"指事"则更为直接，一目了然。应用文的内容也有针对性，如商品广告，必须针对不同的市场、国度、地域、时令、人种、性别、年龄、心理、需求等多种因素确定与之相适应的宣传内容，唯其如此才能够促销。此外，对同一事件，针对不同阅读对象可以写成数种应用文。如 1998 年 5 月 23 日，中国女子羽毛球队在香港举行的第十七届尤伯杯羽毛球赛中，以 4:1 击败印尼队，重夺阔别四年的尤伯杯。次日《中国体育报》刊登了不同种类的应用文，有国家体育总局、全国体育总会、中国奥委会联名向中国羽毛球代表团发出的贺电，有新闻报道《阔别四载　尤伯杯回来了》，有评论《留给读者的悬念》，有新闻特写《壮怀激烈的一幕——中国队勇夺尤伯杯纪实》等。可见，应用文目的明确，从内容范围到阅读对象都有鲜明的针对性。

三、应用文的作用

在漫长的历史长河中，任何应用文都有其独特的社会作用。在新时期，应用文直接为社会主义建设事业和人民服务，其重要作用也就更加突出了。人们正是通过应用文这种文字载体，实现各种信息的传递与反馈，提高各级领导和职能部门的办事效能和质量，加快改革开放的步伐，加大法制建设的力度，保障各项工作的顺利进行，促进整个国民经济的繁荣振兴。具体地说，应用文的作用突出表现在以下四个方面。

（一）宣传贯彻党和国家的方针政策

切实有效地进行社会主义现代化建设，必须靠正确的方针政策来指导，而应用文就常常充当宣传、贯彻和执行党和国家路线、方针、政策的重要媒介和手段。如公务文书、事务文书类应用文，其内容往往是直接向党政机关、社会团体、企事业单位和人民群众传达贯彻党和国家的大政方针；新闻报道类应用文一般是用来反映宣传贯彻执行党和国家方针政策的情况。又如，商业部门是国家机构的重要组成部分，党和国家以及地方各级政府部门对商业工作指示很多，我们要将这些指示及时地宣传、贯彻和落实，都少不了要用应用文做媒介。当然，应用文除了直接宣传外，从某种意义上讲，反馈情况、反映问题、提供依据等也是宣传。

（二）总结经验，指导工作

经验是可贵的，教训同样是可贵的，经验教训都需要总结，其目的是更有效地指导今后的各项工作。新中国成立以来，由于应用文的内容乃至形式上的变化，其指导作用愈加突出，有的甚至成为贯彻执行党和国家的路线、方针、政策必不可少的工具。如《毛泽东选集》里有近六十篇应用文，其中包括命令、决定、指示、通知、布告、总结、调查报告、通报、电报、书信等，有力地指导了当时的革命斗争。又如1997年9月12日，江泽民同志在党的十五大上所作的《高举邓小平理论伟大旗帜，把建设有中国特色社会主义事业全面推向二十一世纪》的报告，科学地总结历史、规划未来，对我国改革开放和现代化建设的跨世纪发展作出了全面部署，是统一全党、全军、全国各族人民迈向新世纪的政治宣言和行动纲领，报告对于动员全党和全国人民同心同德，艰苦奋斗，开创未来，必将产生重要的指导作用。

由于应用文具有指导工作的作用，所以下级机关必须严格执行上级机关发出的指示、批复、通知一类公文所传达的方针、政策、决议或任务，作为开展工作的依据，使其得到落实和兑现。上级机关则根据下级机关呈送的上行文掌握情况，以指导下级机关的工作。可见，从某种意义上讲，没有应用文特别是公文为依据，各级机关就很难正常开展工作。

（三）通报情况，加强协作

在社会主义现代化建设中，各种信息日益增多，单位之间、人与人之间的交往和联系愈加频繁。因此，应用文的通报情况作用也就更加明显和突出。我们可以通过应用文来交流思想、探讨问题、改进工作，也可以通过应用文来交换情报、互通有无、协作分工。如上级机关以函、决定、布告等应用文形式下达指示，下级机关通过总结、报告、请示等应用文形式汇报工作、反映情况、请求指示，以沟通上下联系。书信、简报、述职报告、讲演稿等应用文对交流思想、密切联系、反映情况、交流经验、促进团结、推动工作等，也有十分明显的作用。那些抄送范围较为广泛的公文，其沟通作用就更为突出了。

现代行政管理很重视发挥公文这一信息流的作用。这一信息流（包括信息的产生、传递、办理，情况的汇报、交流，决定、决策的下达，执行情况的总结、报告等）如果某一环节脱节，整个管理机制就不能正常运转，工作就将陷入孤掌难鸣的局面，从而造成不必要的损失。

（四）积累和提供资料

应用文反映了各行各业、党政机关、企事业单位、社会团体和个人的各种活动，记载着不同时期政治、军事、经济、科学、文化、宗教等方面的大量情况，为党和国家积累和提供了许多有重要价值的资料，这对我们进行社会主义现代化建设、搞好搞活经济工作具有十分重要的参考价值。自党的十一届三中全会以来，我国已实现了历史性的伟大转折，这个判断是如何得来的呢？是来自资料的积累。党的十五大提出到21世纪中叶中华人民共和国成立一百年时，"基本实现现代化，建成富强、民主、文明的社会主义国家"的奋斗目标，提出的依据是什么呢？无疑，也是凭借大量的调查研究和资料的积累。搞经济工作也要积累资料，既要注意积累各种有关的现实资料，又要注意积累各种有关的历史资料。

应用文的实用性有严格的时效限制，应用文的时效过了，它的实用价值也逐渐消失。应用文的时效完全消失后，一般就应作为资料予以积累。积累时，可根据应用文的内容和本机关工作的需要确定一定的保管期限，以备查考。对有研究和参考价值的应用文则应永久或长期保存。至于那些在工作或任务完成后即丧失实际价值的应用文，自然不在积累和保存的资料之列。

第三节 应用文的写作要求和学习

一、应用文的写作要求

任何一种文章体裁对主题、材料、结构、语言都有一定的要求，应用文也不例外，它对主题、材料、结构、语言和格式也有特殊要求。

（一）主旨要突出

应用文和其他文章体裁一样，也有它的主题。应用文的主题，一般称为"主旨"，是指文章内容所反映出来的观点或目的，即作者在文章中通过具体材料所表达的中心思想。一般来说，应用文特别是公文的主旨，在表达上应做到突出、单一。

1. 突出

就是说要开门见山，开卷见旨。在应用文中，写作章法一般是"先论后说"。"先论"是指先把公文的篇旨、段旨写在前面，也就是首先提出全文要点、全段要点，然后再加以说明和必要的解释，而不是平铺直叙，"篇终旨显"。对此，中央在关于文书工作的多次指示中都做了明确的规定。如《中共中央关于纠正电报、报告、指示、决定等文字缺点的指示》里要求："一切较长的文电，均应开门见山，首先提出要点，即于开端处，先用简要文句说明全文的目的或结论（现在新闻学上称为'导语'，即中国古人所谓'立片言以居要，乃一篇之警策'），唤起读者注意，使阅读者脑子里首先得到一个总概念，不得不继续看下去，然后再作必要的解释。长的文电分为几段时，每段亦采取此方法。"后来《政务院公文处理暂行办法》对上述要求又作了重申。由此可见，应用文的主旨既要简明扼要，又要把其置于突出、醒目的地位。

2. 单一

就是要主旨单一，一篇文章只能有一个中心。大多数应用文，应遵循"一文一事"的原则，一篇应用文只能有一个内容（即只有一个主旨），不能把无关的两件事放在一篇文章中。如一封"贺信"，应是针对某一件值得庆贺之事而写；一份"请示"，只能请示一件事，不能把性质不同或内容不相关的两件或以上的事写在一份"请示"中。一文一事，则能主旨单一；主旨单一，则能一目了然。如果文章表现的内容多了，就会形成多中心，使文章失去重心和主脑。刘勰在《文心雕龙》中说："一意两出，义之骈枝也。"意思是说，一篇文章再现两种思想观点，就会形成"骈拇枝指"，好像拇指上又生出手指来。只有主旨单一，文章才会有好的效果，才容易被读者理解，才能便于处理问题和执行有关规定；只有主旨单一，文章才能写得深刻，重点才会突出、鲜明。而面面俱到，主次不分，或者节外生枝，就会影响文章的表达效果，应用文就不能更好地发挥直接解决问题的作用。

（二）材料要真实

应用文的材料是作者为某一写作目的和意图，从现实生活和文献资料中搜集、摄取并写入文章中的一系列事实和论据，如具体情况、数字、引语等。材料是写作的基础。没有材料，写不成文章；只有具备丰富的材料，写起文章来才能够左右逢源、得心应手。

材料的绝对真实，是撰写应用文的基本要求。文学作品不受真人真事的限制，可以在真实生活的基础上，把多个人和事、多种环境集中起来，进行艺术再加工，创造出典型人物、典型事件、典型环境。而应用文不能这样，就其所运用的材料而言，和新闻报道一样，必须绝对真实，符合客观实际。

应用文的力量在于真实。为了保证材料的绝对真实，就要在材料占有后，对材料进行分析鉴别，然后选取最能表现主旨的真实材料，除此之外，还要做到"三不"：一是不凭空编造、无中生有。东拼西凑，胡编乱造，是撰写应用文的大忌。二是不张冠李戴、移花接木，不能把不同单位或个人的事硬捏在一个单位或一个人身上，东拼西凑成"四不像"。三是不马虎，不粗心大意。引用情况不实，引用数字不准，或者引经据典时断章取义、斩头去尾、改头换面、丢词落字，也应该看作撰写应用文的大忌。总之，只有保证材料的真实性，才能使应用文真正富有生命力、科学性和严肃性。

（三）结构要平实、完整

应用文的结构是指根据主旨的要求对材料的处理和安排，即为应用文的内在主体内容搭建框架。一般来说，应用文总体结构大致由三部分组成，即行文根据或目的；具体事情或事理；对事情或事理的态度和要求。这三个组成部分实质上就是提出问题—分析问题—解决问题"三段式"的具体化。由此可见，应用文对结构的要求是平实、完整。

应用文的结构安排，不像文艺作品那样自由。它不追求情节的波澜起伏、曲折跌宕，更不能进行合理想象和构思，而是要根据主旨的要求，如实反映事物的本来面貌，做到平实完整、上下贯通、简明清晰，让人一眼就看出布局、了解主旨、掌握全貌。具体地说，应用文开头应开门见山，总括全文，点明主旨；中间应事实清楚，道理明白，表述晓畅；结尾应切切实实，简略明了，或表明态度、立场，或提出意见、要求，或说明效能、期限等等。总之，我们在写作应用文时，应按照应用文对框架结构的特殊要求安排主体内容，不要别出心裁。当然，有些应用文在内容的安排上并无严格的规定，如调查报告、新闻特写、通讯等，结构允许不受固有框架结构的束缚限制。

（四）格式要规范

应用文一般都有约定俗成的特定格式。应用文的格式是特指应用文（不含主体内容结构）呈现在人们面前的外观式样。应用文对格式的要求是规范化。

古人说"文无定式"，这只是对文学艺术作品的形式而言。文学艺术作品不但在主题内容上提倡"百家争鸣"、龙吟虎啸、各唱各调，而且在表现形式上也完全允许"百花齐放"、桃红李白、各领风骚。然而，许多应用文在格式方面却有着一定的"清规戒律"。应用文的表现形式大体分为三种情况：一是有关权威部门规定的统一格式，如公文、简报、司法文件、经济合同等。这类应用文都有特定的格式，标记清楚、准确，体例规范、完整，充分体现了应用文具有的严肃性和约束力。二是民间约定俗成的惯用格式，如书信、条据、请柬讣告、贺（挽）幛题词等。这类应用文的格式在人们长期使用过程中逐渐形成，自然而然被人们认同和接受。三是可以灵活变化的格式，如计划、总结、调查报告、学术论文等。这类应用文在格式规范性方面要求不那么严格，可以有所变化，但变化要适度。只有正确掌握各种应用文的格式，撰写时才能够合乎规范。如公文的格式是法定的，必须严格按照法定的规范去写，切不可猎奇求变，随意更改；请柬的格式是惯用的，必须按约定俗成的格式去写；演讲稿、调查报告等虽无法定惯用的格式，但也有人们已经接受或承认的、具有一定规律的布局结构，如果变化得面目全非，就会不伦不类。但是，其主体部分都应预先谋划好重点与非重点，考虑好哪些先写、哪些后写，以使全文条理清楚、结构完整、严谨而又清晰。

（五）语言要简明

如果说主旨是应用文的"灵魂"，材料就是应用文的"血肉"，结构是应用文的"骨骼"，格式是应用文的"形体"，那么语言则是应用文的"细胞"。有了语言，才能使"灵魂"得以昭著，使"血肉"得以丰润，使"骨骼"得以支撑，使"形体"得以呈现。熟练地运用语言这个工具，是应用文写作最重要的基本功。

无论记叙文、说明文、议论文还是应用文，语言运用的基本原则（准确、鲜明、生动）都是相同的。不过，既然有了文体的区别，不同文体的语言总还有一些差异。应用文语言最大的特点是简明、精确、得体。

1. 简明

应用文要求语言简明，就是要简练、明白。我们写作应用文时，应当用最少的文字表达内涵丰富而深刻的内容，也就是要言不烦，竭力把可有可无的字、句、段删去，并适当选用文言词语，做到"文约而事丰"。而那些一句句套话、一串串流行口号、一段段时髦提法，或一连几个"在……上"，或又是几个"在……下"，或再几个"为了……"，穿靴戴帽、枝蔓芜杂，当然不符合简洁的要求。应用文语言还要语出明快、旗帜鲜明、是非清楚，提倡什么直截了当、干净利索，而不能模棱两可、含混不清、转弯抹角、吞吞吐吐。

2. 精确

语言精确是写作的基本要求之一。所谓精确，就是客观如实地反映事物，恰如其分地剖析道理，明白无误地表达态度。在这一点上，应用文比其他文体更为严格。因为往往一字之差、一语之偏，就可能造成很大的影响，引起不应有的混乱。如"参照执行"同"遵照执行"，"原则同意"同"完全同意"，"试行"同"施行"，"希复函"同"特函复"，尽管字面上只有少许差异，但其表达的内涵却大相径庭。又如把"集体婚礼"写成"集体结婚"，"遇险"写成"遇难"，"期中"写成"期终"，"免职"写成"解职"，不仅带来麻烦，而且会贻笑大方。

要使应用文语言做到精确，我们必须做到如下几点：

（1）尽量少使用意义不肯定的词，如大约、估计、假如、大概、左右等。

（2）使用数字要精确。

（3）运用时间概念要明确。

（4）统一使用标准化的计量单位。

（5）名称的使用要规范，不能够滥用简称。

3. 得体

"得体"就是要求语言符合文体的规范。应用文不是文学艺术作品，不必也不允许追求想象的奇特、情节的曲折、词藻的华丽。应正确使用书面语言，少用方言口语；应擅长使用专门术语，忌用冷言僻语；应慎重使用修饰词语，勿用比喻夸张，因为应用文的严肃性、权威性和约束力常常是借助庄重得体的语言来实现的。该用请示语气的，绝不能以命令的口气来表达，否则就是越权和失体；该使用命令语气的，也绝不能用请求的语气去写。即使是日常应用文，如书信，在运用语言上也有讲究。如收信人是长辈，所用的语气应用敬重的色彩，否则会令收信人不悦，甚至会伤害感情。语言要庄重，但绝不是不要生动，"言之无文，行而不远"。如果语言无味、死板、俗套，即使有新鲜深刻的内容，也会使读者感到索然寡味，因而影响预期效果。

二、应用写作的学习

由于应用文特有的社会功能和实用价值，这一文体已成为当今社会不同职业、不同层次从事社会主义建设事业的广大劳动者所必备的技能。应用文的内容涉及范围广，种类和格式繁多，我们不仅要学习、掌握应用文的一般知识，还要具备写好应用文的能力。学习应用文的基本要求如下：

（一）提高政策理论水平

应用文是传达贯彻党和国家方针、政策，解决具体问题的工具之一，所以多数应用文的政策性、思想性很强。要写好应用文，写作者首先要有较高的政治思想水平、政策理论水平和分析问题、认识问题的能力。有了正确的理论指导和正确的思想方法，就能从各种错综复杂的现象中，抓住事物的本质，辨别是非，做到观点鲜明、立场坚定；就能用辩证的、唯物的观点统率纷纭复杂的材料，写出思想内容深刻，符合方针、政策的应用文。尤其是经济工作，政策性较强，要做好经济工作，更要加强对有关方针、政策的学习，提高政策理论水平。如果不认真学习党和国家的方针、政策和法规，或对有关政策掌握不好，往往一字之差，就会影响工作的顺利开展，或造成不良后果，甚至还会犯大错。

（二）掌握专业技术知识

应用文写作往往涉及某一方面的业务。应用文必须符合本部门的工作实际，不能只讲所有部门、所有单位都可套用的"通用语""共性语"，更不能说外行话。如果撰写者熟悉行业规律，精通业务知识，就能准确使用行业用语，正确表述业务内容，使应用文起到指导工作、通报情况、宣传政策的作用。其实拟文本身就是一种政治与业务同时处理的过程，不懂政策不行，不懂业务也不行。如撰写公文，往往牵涉党和政府的方针、政策和法律、法令，体现公文制发机关的法定权威，事关国计民生的方方面面，内容的表述稍有疏忽，就可能给党和国家带来严重的后果，甚至是不可估量的损失；编制商业财务计划，就要明确编制财务计划的原则、依据和应包括的基本内容，不仅要领会上级指示精神，还要对本单位的财务具体情况，包括历史情况，有较为全面的了解，否则就无从着手，即使编制出来也是脱离实际和作用不大的。

（三）打好语文基础，提高应用文写作水平

具备基本写作能力，是应用文写作的先决条件。要使一篇应用文有中心，写作者就要具

备观察、构思、选材、遣词造句、谋篇布局等能力。这就需要有一定的语文知识和写作能力做基础。因此，学好文字、词汇、语法、修辞、逻辑，掌握遣词造句、布局谋篇的基本技能，进行观察、分析、综合能力的基本训练，对学好、写好应用文都是必不可少的。仅满足于熟悉一些应用文的格式，认为用格式一套就成，而不从打好语文基础着手，是写不好应用文的。

（四）端正学习态度，注意学习方法

我们在学习和写作应用文时，要正确认识应用文的使用价值和广泛的实用性，正确认识应用文在当今经济建设中的地位、作用。我们要纠正当前学习应用文的两种错误看法：一是认为应用文简单，平板无味，自己又有一定文化基础，没有什么可学的；二是觉得应用文种类繁多，难以掌握，从而丧失学习信心。

叶圣陶先生在《认真学习语文》（参见《叶圣陶语文教育论集》）一文中说："不断学，不断练，才能养成好习惯，才能真正得到本领。"只要我们充分理解应用文的意义和作用，明确学习目的，端正学习态度，注意学习方法，理论联系实际，勤学苦练，潜心钻研，并在修改上多下功夫，应用文是不难学好写好的。

第八章

日常文书

我们把工作和个人生活与学习中常用的一些文体归为日常文书。这类应用文多用于单位之间或个人之间的日常交往，文种很多，应用范围广，几乎人人都用得着，应引起足够的重视。

第一节 便条 单据

便条和单据统称为条据，是公务或私务活动中，把要告知的某件事或办理签收手续时根据规定履行一定手续而形成的书面文字。

一、便条

便条是一种简单的办事信件，其应用范围很广，常用的有留言条、请假条、托事条等。

便条一般不用标题，需要加标题的，只写上便条性质即可，如"请假条"三字即是标题。

（一）留言条

留言条常是访人、等人、接人未遇时写的，内容应简明。例如：

曾昭：

请您见条后速去滨河旅馆（××大街×号）218房间找我，或打电话联系（7754××—218）。如您两天不到，我就去沈阳了。

李明
2月7日

（二）请假条

请假条一是要写明请假原因，不能仅写"因病""因有事"，要说明病情或事由；二是写明请假时间，不能仅写"需请假，请批准"。例如：

王主任：

　　下班得知我姨父明天上午9时从美国回国探亲，我父母年迈无法接站，所以我明天上午请假半天到机场接人，望批准。

　　此致
敬礼

李源

2008年3月5日晚

（三）托事条

　　托事条是书面托请他人帮助办事，一定要写清办什么事、怎么办，话语应恳切，内容应留有余地，不能强求必成。例如：

晓燕：

　　你去北京，若有时间，请上和平门外琉璃厂文化街帮我买"李福寿牌"大白云毛笔5支，多谢！

红菊

2月5日

二、单据

　　单据主要是财务、保管工作中的一种凭证，是有关部门收入、支出的根据，可供事后存查。常用的有收条、借条、领条、欠条等。

　　写作时应注意，首先要写明单位性质，即是借条还是收条，或其他；其次要写明内容，数字用汉字大写，如"壹""贰""叁""肆""佰""仟"等，数字后要写一"整"字，防止添加篡改；最后还要写清日期、签名，慎重一点的还得加写单位、地址，盖章。

（一）收条

　　收到钱物时，要给对方写收条。例如：

今收到

李锋同志归还互助会储金壹佰元整。

经手人　汪红

2008年12月20日

（二）借条

　　借钱物时要给对方写借条，归还时应收回销毁。借公家的钱物一般要写明用途，还要写明归还日期。例如：

今借到

东城区成人教育局党史教学录像带拾盘，于两周内归还。

　　此据

东城区职工中专

经手人　周山

2008年4月21日

（三）领条

　　领到钱物时写给发放单位的凭证叫领条。如系代领，落款写代领人。例如：

今领到

备课用活页本伍本、圆珠笔叁支。

此据

专业教研组
经手人　吕伟
2011 年 3 月 1 日

（四）欠条

一般是借钱物预期未还或未全部归还时向对方出具的字据。例如：

原借东城区成人教育局党史教学录像带拾盘，现已归还陆盘，尚欠肆盘，三天后归还。

此据

东城区职工中专
经手人　周山
2008 年 5 月 5 日

第二节　启事　海报

一、启事

（一）启事的概念

启事是集体或个人向公众说明有关事项或需要大家帮助的某件事用文字简明扼要地公布于众的公告性文体。

（二）启事的特点

1. 广泛的实用性

启示在各行各业、各个系统和领域都可以使用，而且告知的对象也不受限制。

2. 告知的回应性

启事不同于只是向社会"告知"的声明，只要求让公众知道即可，启事还要求通过告知得到社会上的广泛回应，以求得别人的帮助和配合。

（三）启事的格式和写法

启事的格式一般包括标题、正文和落款三部分。

1. 标题

一般应包括事由和文种两项内容，如"寻人启事"；也可以只写文种"启事"二字；还可以三要素齐全，如"××学校春季招生启事"。

2. 正文

正义即启事的主体，要写启事的事项，要写得明确、具体、简练。

3. 落款

落款即署名和日期，在正文结束的右下角写明。以单位名义写的启事还要加盖公章。署名在上，时间在下，各占一行。另外，在正文里已经写明联系人的，在这里只需要写明日期即可。

（四）写作要求

（1）内容要实事求是，切不可夸大，更不能弄虚作假，以免给自己的工作带来不便。

（2）内容单一，文字简明扼要，篇幅短小。

（五）启事的分类及例文

1. 寻人启事

寻人启事是为寻找丢失或走失的人而写的启事，这类启事的正文要把丢失或走失者的姓名、年龄、体貌特征，以及丢失或走失时的衣着打扮等交代清楚，必要时也可以附上照片，最后还要注明联系单位、联系人、联系电话等，以便知情者提供线索。

例文：

寻人启事

×××，女，18岁，身高1.6米，瓜子脸，肤色较白，大眼睛，气质高雅，身穿浅红色连衣裙，脚穿白色皮凉鞋。于××××年×月×日因和家人赌气离家出走至今未归。有知其下落者，请与××市××区××路××号联系，电话：××××××××。定重谢。

联系人：×××

××××年×月×日

2. 寻物启事

寻物启事是为了寻找丢失物品的启事。这类启事的正文内容，应写明遗失物的名称、特征、规格、数量、遗失时间、地点，及联系人的姓名、单位、联系方式等。

例文：

寻物启事

因本人不慎于××××年×月×日上午在本市长途汽车站候车时，将一手提包丢失，内装驾驶证、工作证及单位介绍信。恳请拾到者与长途汽车站失物招领处张女士联系，也可与失主直接联系。定重谢。联系电话：××××××××。

联系人：×××

××××年×月×日

3. 招领启事

招领启事是请人认领失物的启事。这类启事的正文内容一般只写拾到何物及拾物者的联系方式，该物的其他详细信息则不必写，以防别人冒领。

例文

招领启事

我在本校园操场拾到钱包一个，内有身份证、银行卡等物及人民币若干，请失主到××学院学生会认领。

×××

××××年×月×日

4. 迁移启事

迁移启事是单位因为某些原因搬迁到新址的启事。这类启事的正文内容要写明迁移的目的、日期，迁往何处，新址的联系方式等。

例文：

××公司迁址启事

因公司扩大规模，同时也为了更好地服务广大客户，我公司现已迁至××路××号。在新址已正常营业，欢迎新老客户前来办理业务。

新址电话：×××××××

××公司
××××年×月×日

6. 租赁启事

租赁启事是企业单位或个人出租物品时所使用的应用文体，常见的是出租房屋、仓库的启事。这类启事的内容要写明房屋或仓库的地点、规格、设施、周围的状况以及出租联系人和联系方式等。

例文1：

出租库房启事

我公司有100平方米和220平方米库房各一间，准备长期出租给国有或集体单位。该库房有通风设备，适合存放日用百货、土杂产品及药材、干果等。地点在××路东段，交通方便，附设电话一部。有意租赁者，请来人、来函或来电话联系。

联系人：×××

联系电话：×××××××

×××公司
××××年×月×日

例文2：

出租启事

现有六层楼一幢，地处全市最繁华的商业街——××街××号，欲出租一楼店面和二楼住房，面积为×××平方米，水电、通信设备齐全，实为经商宝地，欢迎单位和个人前来租用。

联系人：×××

电话：×××××××

联系地址：××路××号

×××年×月×日

二、海报

（一）海报的概念和特点

海报是向公众发布有关电影、电视节目、戏剧、体育比赛、报告会、展览会等消息的招贴，是广告的一种。它可以张贴在公共场所，也可以通过各种媒体来传播。

(二) 海报的格式和写法

海报的写法没有很严格的格式。一般是先在纸的上方正中写上"海报"二字，字体要稍大。下面写明是什么活动，然后写清举行活动的时间、地点、参加方式即可。

如果是售票或发票，还要写明买票、领票的时间及地点。如果是文艺表演、体育比赛，要注明表演或比赛单位。

(三) 海报的写作要求

海报的宣传号召性很强，是希望大家参加，没有约束性，所以用语既要有鼓动性，又要实事求是；形式上要尽量活泼些，如用彩纸书写，还可配上与活动内容有关的宣传画、漫画等，以吸引受众。

例文：

海报

3月20日晚8点河北省京剧院在文化官剧场公开演出京剧

赵氏孤儿

敬请本场职工光临！

×××厂工会
××××年×月×日

第三节　介绍信　证明信

一、介绍信

介绍信是制发单位向有关单位介绍派遣的人员情况、事由使用的专用文书。就内容讲，有的是介绍联系工作的，有的是介绍分配派遣人员的；就形式讲，有简易制式介绍信和专门事项介绍信之分。

1. 简易制式介绍信

介　绍　信

编号 003521

现介绍　　　　　　　　　　　等同志前来

　　　　　　　　　　　　　　　　　　　　请接洽。

此致

敬礼

年　月　日
(有效期至　　　年　月　日)

2. 专门事项介绍信

介 绍 信

×××公司：

现介绍我校×××（高级讲师）、×××（讲师）两位教师前往贵公司联系我校汽车专业应届毕业生毕业实习事宜。本届毕业生多数为贵公司定向培养生，故希望贵公司能为之提供方便，共力完成培养人才之事业。具体事宜由×××等同志与贵方面谈，请予接洽是荷。

此致

敬礼

×××职业技术学校（印章）
××××年×月×日

二、证明信

证明信是向有关方面提供某件事情或某个人身份、经历、职务、职称、工作等真实状况的专用文书。例如：

证 明

李××同志曾于1988年2月至1993年2月在我校文秘专业任专职教师，讲授过"管理心理学""人际心理学"等专业课程。该同志工作认真、讲课系统、严谨、生动，曾于1990年至1992年连续三年被评为市级先进教师。特此证明。

×××职业技术学校（印章）
××××年×月×日

注意事项：

专门事项介绍信和证明信一般以手写成文，字迹须工整，不得涂改；如有更改，应盖更正章。简易制式介绍信一般打印成固定格式，随机填写有关事项即可。介绍信使用期限一般不超过半个月。介绍信和证明信都应有印鉴。

第四节 感谢信 祝贺信

一、感谢信

（一）感谢信的概念

感谢信是得到过帮助的单位或个人为感谢帮助过自己的单位或个人表示感谢的书信。

（二）感谢信的特点

感谢信不仅要有感激之情，还要有表扬之意。内容要显示对方的好思想、好作风、好行为。

（三）感谢信的格式和写法

感谢信的格式和一般书信相同，一般包括标题、称呼、正文和落款四个部分。

1. 标题

第一行的正中用较大的字体写上"感谢信"三个字。如果写给个人，也可以写成"致×××同志的感谢信"。

2. 称呼

第二行顶格写感谢对象的名称，如是个人也可以在姓名后面加上适当的称呼，如"同志""师傅""先生"等，称呼后用冒号。如果感谢对象比较多，可以把感谢对象放在正文里。

3. 正文

第三行空两格起写感谢信的正文，一般包括三个部分。

（1）要简述事情发生的背景。这一部分要写清楚对方在什么时间、地点，由于什么原因做了什么好事，要侧重叙述做好事的人或单位的言行和产生的效果。

（2）还要热情赞颂做好事者可贵的精神，从这件事中表现了对方哪些好思想、好品德、好风格等内容都要写清楚。

（3）表示自己或所在单位向对方学习的态度和决心。

正文写好了，另起一行空两格（也可以紧接正文）写上"此致"，换一行顶格写上"敬礼"。

4. 落款

正文结束后，在正文的右下方署上单位名称或者个人姓名。在署名的下边写上发信的日期即可。

（四）写作要求

（1）叙事要线索清楚，突出主要内容，表扬做好事者的可贵行为和精神，便于组织了解和群众学习。

（2）感谢信语言要简短精练，内容既要有叙事，又要有真挚的抒情和恰当的议论。

（3）写表示谢意的话要得体，既要符合被感谢者的身份，也要符合感谢者的身份。

（4）语言要朴实、亲切，用事实说话，以单位名义发的感谢信要加盖公章。

例文：

章本荣同志致简兴冬同志的感谢信

《鹿城晚报》的编辑同志：

10月20日贵报第一版以"在刀锋威胁下挺身而出，简兴冬同志勇擒凶犯"为题，表彰了第三公共汽车公司稽查员、共青团员简兴冬同志在同行凶者的搏斗中，勇擒凶手，保护了被刺伤昏倒的一位男青年的生命，其英勇行为令人钦佩。那个受伤的男青年就是我儿子章阳，是地质大学的学生。

事情的发生经过是这样的：今年9月上旬，章阳到鹿城实习，10日下午5时许，在光源路王城旅店前的街道上，为了保护刚从渭南来的两名女青年免遭行凶者及其同伙的侮辱，被刺倒在地，就在章阳被行凶者置于死地之际，幸遇简兴冬同志及时搭救并送往医院。

市中心医院在没有交费的情况下，及时给予了抢救和住院治疗。还有花河派出所的董建同志也速到医院探望，并主动与我取得了联系。这些勇于斗凶扶危的人们，来自社会的不同行业、不同部门，他们与我们素不相识，这体现了社会主义的新型人际关系，我在这里衷心感谢他们，是这些见义勇为的好人救了我的儿子。

致以最真诚的谢意！

章本荣
××××年××月××日

二、祝贺信

(一) 祝贺信的概念

祝贺信是表示祝贺、赞颂的言辞、文章或讲话稿。它一般用于国家领导人、国家机关、团体对取得巨大成绩、作出卓越贡献的集体或个人表示祝贺,或者对国际、国内发生的重大喜事、重要会议、知名人士的寿辰表示祝贺。在亲朋好友间,也可以以贺信来祝贺一些值得庆贺的事情。在现代社会中,祝贺信已成为社会交往不可缺少的礼仪文书。

(二) 祝贺信的格式和写法

祝贺信一般包括标题、称呼、正文、落款四个部分。

1. 标题

祝贺信的标题一般直接在第一行居中位置,可以直接写上"祝贺信""贺信",也可以采用"×××致×××的贺信"的形式。

2. 称呼

在标题的下一行顶格直接写被祝贺单位或个人的名称或姓名。写给个人的,要在姓名后加上相应的礼仪称呼,如"女士""先生"等。

3. 正文

祝贺信的正文一般包含以下几项内容:

(1) 首先结合当前的形势,说明对方取得成绩的背景,或者某个重要会议召开的历史条件。

(2) 其次概括说明对方都在哪些方面取得了成绩,分析其成功的主观、客观原因;贺寿的贺信要概括说明对方的贡献及其他的宝贵品质。总之,这部分是贺信的中心部分,一定要交代清楚祝贺的原因。

(3) 接着表示热烈的祝贺,要写出自己祝贺的心情,由衷地表达自己真诚的慰问和祝福。

(4) 最后,要写上祝愿的话。常见的是"此致 敬礼",也可以根据实际情况写上"祝取得更大成绩""祝您健康长寿"等。

4. 落款

写明发文的单位或个人的名称或姓名,并署上成文的时间。

(三) 祝贺信的写作要求

(1) 主题明确,内容实在。

(2) 感情要真挚饱满,对对方的评价要恰如其分。

(3) 篇幅短小,语言简练、流畅,不堆砌华丽词藻。

例文:

贺　信

读者杂志社:

我们怀着十分欣喜与钦佩的心情通知您,贵刊在刚刚结束的"中国期刊奖暨第二届全国百种重点社科期刊"评选中,荣获"中国期刊奖"暨"第二届全国百种重点社科期刊"

称号。在此，向贵刊表示衷心的祝贺与诚挚的敬意。

处于世纪之交的"中国期刊奖暨第二届全国百种重点社科期刊"评选，是20世纪最后一次对全国期刊界的检阅，承先启后，继往开来，预示着新世纪中国期刊业进一步繁荣、腾飞的灿烂前景。吮吸着悠久历史的芬芳，代表着时代奋进的精神，祝愿贵刊早日成长为中国期刊之林中的一棵参天大树。

中国出版杂志社敬贺

2005 年 5 月 15 日

第九章

行政公文

第一节 行政公文概述

一、行政公文的概念、类别和特点

（一）什么是行政公文

行政公文即国家行政机关的公文，是行政机关在行政管理过程中所形成的具有法定效力和规范体式的公务文书，是传达贯彻党和国家的方针、政策，发布行政法规和规章，施行行政措施，请示和答复问题，指导、布置和商洽工作，报告情况，交流经验的重要工具。它是应用文的重要组成部分。

（二）行政公文的类别

按照人们常用的类别划分方法，即按行文关系，行政公文可分为上行文、下行文、平行文。这种类别划分是以行政公文的制发、接收机关（受文机关）的隶属关系及传递方向为标准的。上行文是下级机关、基层单位向上级机关呈送的行政公文，主要有"报告""请示"。下行文是上级机关向下级机关、所属单位下发的行政公文，主要有"命令（令）""决定""通知""通报""批复""指示"。平行文是同一组织系统中的同级机关或不相隶属的非同一组织系统中的有关机关之间发送的行政公文，主要有"函"。这种划分标准不够严格，因为有些文种具有兼类现象，例如通知、通告主要为下行文，有时也具有平行文性质；再如，函除了主要作为平行文文种外，有时也兼有上行文性质。尽管如此，这种划分仍为人们所接受，因为在实际应用中清楚地表明了传递方向。

（三）行政公文的特点

行政公文作为国家机关管理、运行的重要工具之一，有四个突出的特点：①鲜明的政策性；②法定的权威性；③严格的时间性；④格式的规范性。行政公文作为国家机关的重要喉舌，必须忠实体现国家的方针政策、法律法规，这就要求行政公文应具有鲜明的政策性；行政公文是通过法律程序和行政手续产生的，体现着国家的意志，故具有法定的权威性和约束力；处理公务要争分夺秒，不能节奏缓慢，否则会给工作带来严重损失；为提高办公效率，行政公文在写法上有相对固定的格式和统一要求，不允许随意书写，以此维护行政公文的严肃性。随着社会的发展和办公现代化，行政公文以计算机表格化写作的设想也将会逐渐成为现实。

二、行政公文的常规格式

行政公文各文种都有其相对固定的组成部分，我们先对行政公文结构形式中具有共通性的常规格式加以介绍，以便大家对行政公文的一般情况有较为全面的整体性了解。

（一）行政公文的标题

行政公文的标题一般由三部分组成：发文单位＋事由＋文种。例如：《国务院关于禁止印制、发售、购买和使用各种代币购物券的通知》。

标题中的"发文单位"不可缺少，但是，如果行政公文的最后有落款，为避免重复，标题中的"发文单位"这一部分可以省去；同样道理，如果标题中写有"发文单位"，在行政公文的最后可不必再加落款了。上述两种情况中，在标题中省去"发文单位"较之在行政公文最后省去落款更为多见，因为这样可以避免给人以头重脚轻之感。

标题中"事由"的撰写，通常采用介词词组"关于……"的形式。撰写"事由"应当概括公文的主要内容，必须准确、简要，力戒冗长。一份行政公文在传递过程中，要由许许多多文秘人员、管理人员经手，标题中"事由"概括得是否精练，直接关系到办公效率的高低。

"事由"之后要准确标明公文种类。

标题中除涉及法规、规章名称加书名号外，一般不用标点符号。

（二）发文字号

发文字号又叫公文编号或文号，行政公文有了发文字号在工作中称呼或检索起来十分方便。发文字号由三部分组成：机关代字＋年号＋顺序号。例如：市财工字〔1992〕8号。

机关代字指该文为发文机关某项工作内容方面的公文，在上面的例子中，"市财工字"指某市财政局工资方面的文件。机关代字，一般以两三个字为宜，不必太多，编列单位的代字不要重复。机关代字一旦确定，不宜随意变更。

年号应用六角括号括起来，位于机关代字和顺序号之间，年号的数字要写全，例如不能把〔2018〕略写成〔18〕。

顺序号指这份行政公文在本年度按先后顺序排在第几位。

联合行文只标明主办机关发文字号，写在标题右下方。

（三）签发人

上报的行政公文，都应在首页注明签发人姓名。签发人应是撰写机关的领导人，重要的或涉及面广的公文，必须由正职或者主持日常工作的副职领导人签发；经授权，有的公文可由秘书长或办公厅（室）主任签发。

（四）密级与紧急程度

行政公文的内容大多和国家的一些重要决策紧密相关，所以有些公文必须根据文件涉密程度不同标注不同的保密等级，并采取相应的保密措施。密级一般分为绝密、机密、秘密。密级用汉字标在公文首页左上角，以引起受文者的警觉，杜绝失密现象发生。传递秘密公文，必须采取保密措施，确保安全。利用计算机、传真机等传输秘密公文，必须采用加密装置。绝密级公文不得利用计算机、传真机传输。机密和绝密级的公文还应当标明份数序号。

有些公文内容关系重大、十万火急，必须保证优先迅速传递，一般用"特急""急件"字样在公文首页左或右上角标出。

（五）对受文机关的称谓

行政公文传递，有发文方，有受文方，公文必须称呼受文机关的名称，一般又叫作抬头。受文机关的称谓的书写位置，一般是在标题之下，正文之前，要顶格写，后面加冒号，接下来的正文内容要另起一行书写，不能紧接在抬头之后。

对于上行文来说，有些基层单位的上级领导为双重领导，为防止出现推诿拖延现象，受文机关就有主送机关和抄报机关之别。作为上行文，只能主送给一个上级机关，由该机关负责答复、处理、解决基层单位提出的问题和要求，公文的抬头只称呼主送机关的称谓。主送机关是行文的主要对象，一定要准确无误，不得随意使用简称。基层单位的另一上级机关也需要了解公文内容，但不承担答复、处理、解决问题的责任，所以，基层单位要把同样内容的公文"抄报"给另一上级机关。抄报机关的名称在公文最后注明，不出现在抬头中。

对于下行文来说，若是普发性下行文，如命令、指示、通知、通报等文种，为使所属各单位共同办理或周知，根据需要可以有几个受文单位的称谓；若是特指性下行文，受文单位的称谓只有一个。

有些公文是面向全体公民的，没有明确特指的受文对象，如决定、公告、通告等，不必写抬头。

（六）行政公文的正文

行政公文的正文一般可以分为开头、主体、结尾三个组成部分，下面分别介绍一下。

1. 开头的一般写法

在写作实践中，归纳出了几种常见的开头方法：

（1）根据开头法。在公文开头首先表明此公文的撰写是以某种精神、有关指示为依据的，常使用介词"根据""按照""遵照"来开头。

（2）目的开头法。公文都有明确的撰写目的，有的是为了保证领导的决策顺利实施，有的是为了保护人民群众的利益，有的是为了开展某项活动……公文的开头首先指明发文目的也是一种常见的方法，常使用介词"为了""为""为使"等来开头。

（3）原因开头法。凡事皆有起因：或有教训需深刻汲取；或条件、环境发生变化，需采取相应措施以减少损失，如此等等。在公文开头处也常见使用介词"基于""鉴于""因为""由于"等，表明此份公文撰写的缘由。

（4）时间开头法。即在公文开头部分首先叙述有关事实，叙述的六要素之一是时间，常放在首位表述，所以有不少公文在开头就指明所叙事件发生的准确或大致的时间。常常以"××××年×月×日"或"最近一个时期以来"等表示时间的短语来开头。

上述几种开头方法，在写作实践中往往综合运用。有时一份公文在开头部分不仅要涉及目的，还要涉及根据、原因或时间等，所以要灵活掌握，千万不可胶柱鼓瑟。

2. 正文主体的撰写

行政公文的正文主体应直接给出公文的主题,体现出行政机关的意志和主张,忌含蓄隐晦,忌用间隔、点染、反复等文艺性写作手法。正文主体应严谨、实在、层次清楚、条理整饬少变化。为鲜明地突出主题,主体内容要求单一、一文一事,内容不庞杂。语言要求具有公文语感,庄重、严肃,不要使用口语化或带有风趣调侃意味的语言。

3. 结尾的一般写法

有些公文有较为固定的结尾习惯用语,如通知的"特此通知",批复的"此复",函的"特此函达"等。

有些公文没有固定的结尾用语,而是根据具体情况,在结尾处或提出有关要求,或总结全文,或说明未尽事宜等。

(七) 行政公文的附件

行政公文内容要求简洁精练,不能把统计报表、鉴定意见、调查材料的说明等写入公文正文之中,要把以上材料作为公文附件。附件名称应在公文正文之后、成文时间之前按顺序注明。如附件较多,应设附件表,列出序号、附件名称、页数等,依次把附件排列装订好,以便于查阅,防止遗失。

(八) 制发机关名称、成文时间、印章

制发机关名称即撰写公文的机关名称,其位置在公文正文之后右下方,与正文结尾起码要间隔两行。带有制发机关名称的公文,在标题中通常把"发文单位"这一部分省去。若是带有"文头"的行政公文,因在"文头"中已标明此公文为某行政机关的公文,公文最后可不加制发机关名称。

成文时间以领导人签发的日期为准,其位置在公文右下方制发机关名称之下,成文时间与制发机关名称之间应稍有间隔,以便于盖印。成文时间要写汉字数字,年、月、日三字不可用圆点代替。年份要写全,不可略为两位数。通常在上下级机关之间频繁使用的公文,如通知、通报、报告、请示、批复、函等,成文时间一般都放在正文之后,而有些权威性公文,制发机关级别较高者,如命令(令)、决定、会议纪要等成文时间位于标题之下。

盖印是证明公文生效的标志,表明制发机关对所发公文完全负责。行政公文除会议纪要外都应加盖印章。联合上报的非法规性文件,由主办机关加盖印章。联合下发的公文,联合发文的机关都应当加盖印章。印章位置在成文时间之上,被文秘人员称之为"齐年盖月"。有些重要文件除加盖印章外,还要由机关领导人亲笔签字,称为签署。

(九) 抄报、抄送机关

根据公文内容的具体情况,有些公文须注明抄报、抄送机关。

抄报机关一般指撰写上行文的基层单位若有多重领导,除主送机关名称已写在抬头之外,须把该公文报知的其他上级机关。抄报的书写位置在正文的发文日期之下左侧起向右排列。

抄送机关指与公文内容有关系,须了解情况但不负责办理的机关,一般为同级机关或不同系统的机关。抄送机关的书写位置在抄报机关之后,另起一行,从左至右书写。

(十) 主题词

主题词是揭示公文主要内容的经过规范化处理的词、词组,1986 年国务院第 1 号文件

率先使用。主题词的位置是在公文尾部最后的横线上,横线左端用黑体印出"主题词"三字,后加冒号,一份公文的主题词一般选择 3~5 个词,太多太少皆不宜。选好的主题词从左向右排列,词与词之间有空格,不加标点,不必考虑词与词之间语法结构和词义搭配,它们不形成完整的句子。

主题词的作用主要是便于用计算机管理公文,加强人机系统的联系,对文书档案起到标引、检索作用。

国务院以及所属部门都编有"主题词表",可供制发公文的机关使用。选词原则是选在公文中意义重大、词义清晰的词或词组,以方便检索工作。如所选主题词不在"主题词表"之内,则应加星号(*)以示区别。

三、行政公文的写作原则及注意事项

(一)坚持准确、简练、可行的写作原则

1. 准确

行政公文的内容和形式都要求准确,讲求科学性。公文内容应做到"事实要准确、道理要准确、引用要准确"。尤其注重对事物的量的确定,因为量决定着事物的性质。对于公文形式,应选对文种,不要出现用函代替通知,或请示、报告混用等情况,语言表述不可含糊其词、模棱两可,对问题的提法要恰当,不宜滥造新词。

2. 简练

言简意赅是关系到提高办公效率的大问题,公文撰写不能冗赘拖沓,应删掉公文内容中一切可有可无的词语。提倡使用公文语汇,恰当地运用公文语汇可以以简驭繁,用少而精的词语表达相应丰富的内容。

3. 可行

注重公文的可行性是撰写时应自觉遵循的原则之一。行政公文必须立足于行,讲求实效。一份公文在运行过程中要由许许多多的机关单位做出相应举措,甚至花费可观的人力、物力、财力,所以必须克服官僚主义,做到切实可行、不放空炮。

(二)在草拟、审核、定稿时应注意的问题

1. 草拟

草拟是形成公文最初步的工作。撰写人要充分理解领导的意图,要熟悉客观现实情况,发扬深入实际、联系群众、调查研究、认真负责的工作作风,积极准备丰富有价值的资料,在立足于实、立足于法、立足于行的前提下,以反复推敲提纲为基础,草拟成最初的文稿。草拟的文稿要观点鲜明突出,内容真实准确,行文条理清晰,文种选用恰当,符合写作要领,正确、规范。

2. 审核

公文草稿还不是正式的公文,必须经过一系列严格的审核手续才能最终定稿,重点为内容审核和文字审核。内容审核包括有无必要行文,公文内容与现行政策法规有无相悖之处,内容是否应与有关部门、地区协商会签,内容表述是否清楚准确,有无产生歧义之处,文种

使用、公文格式是否符合规定，等等。文字审核十分重要，必须谨慎对待，保证公文质量的关键在于杜绝出现文字差错。有时仅一字一词之差，就会产生难以挽回的不良后果。要仔细审核语言是否通顺、准确、规范。审核之后的文稿经领导批准后可以定稿。

3. 定稿

撰写行政公文的机关领导人对审核后的文稿加以最后的核定，同意后进行签发。签发是领导人履行职权、承担责任的一种表现。经过签发的文稿即为定稿，这是公文进入印发、分装、传递、签收、分办、立卷等收文程序的关键环节。

（三）提倡积累、运用公文语汇

行政公文的语言直接关系着公文的质量，应使用规范化的书面用语，排斥口语化词语。在长期公文写作的实践应用中，经自然的淘汰、筛选、鉴别、保留，形成了许多利于办公、为人认可的公文专用词语，亦称公文语汇。

公文语汇的格调含义郑重、严肃，能显示出行政的权威性；公文语汇词义简洁明确，无歧义，不含混，含义确切。提倡积累、运用公文语汇，正是因为公文语汇与公文文体追求的整体效果相一致。

常用的公文语汇可分为称谓词、领叙词、追叙词、祈请词、询洽词、办理词、见解词、时态词等。这些词语仅在公文中出现，在办公之外的日常生活中很少接触到，所以，从事文秘工作的人员在最初撰写的公文往往不像公文，需要经过较长的自觉的积累过程，熟练地掌握运用公文语汇后，才能得心应手写出符合要求的公文。

（四）书写规则及公文用纸

1. 关于字、词

行政公文要求用字、用词准确规范，正所谓"一字入公文，九牛拽不出"。草拟、修改和签批公文要做到书写工整、字迹清晰，忌潦草，忌用错别字、异体字和不规范的简化字。不宜滥用简称，若使用简称，应先用全称，同时注明简称。文字应从左至右横写、横排。大小标题居中书写，每段起首空两格，回行顶格，不得在文稿装订线外书写。书写所用的笔、墨应符合存档要求。

2. 关于标点

标点符号是书面语言的有机组成部分，分为点号（7种）顿号、逗号、分号、句号、冒号、问号、感叹号；标号（7种）：引号、省略号、圆括号、破折号、书名号、着重号、间隔号。在公文中时常出现的用错标点符号的现象有："五六十年代"加顿号写成"五、六十年代"，省略号之后再加句号等；也有因为错用标点而影响行文内容的表达，以致产生歧义。这必须引起我们的重视，我们应熟悉每一种标点符号的使用范围，力求准确规范，切忌在行政公文中乱用标点符号。

3. 关于数字

行政公文中的数字，除成文时间、部分结构层次序数和词、词组、惯用语、缩略语、具有修辞色彩语句中作为词素的数字必须使用汉字之外，应当使用阿拉伯数字。在同一份文件中，前后数字表示方法应一致。表示结构层次的序数按级依次使用数字为：

第一层：一、二、三、……

第二层：（一）（二）（三）……
第三层：1. 2. 3. ……
第四层：（1）（2）（3）……
以上序数次第不得反用，以防眉目不清。

4. 关于翻印

上级行政机关的秘密公文，除绝密和注明不准翻印的以外，经下一级机关负责人或者办公厅（室）主任批准，可以翻印。翻印时，应当注明翻印的机关、时间、份数和印发范围。公文复制件作为正式文件使用时，应加盖复制机关证明章，视同正式文件妥善保管。

5. 关于用纸

公文用纸一般采用 16 开型（长 260 毫米、宽 184 毫米），也推荐采用国际标准 A4 型用纸（长 297 毫米、宽 210 毫米），以便于使用计算机管理公文。

公文纸不准接长、截短、粘贴，应左侧装订。若前页最后一行正好正文书写完，下一页应在写落款、成文日期等项目之前，标注"（此页无正文）"。

四、常用的公文语汇

（1）称谓词：本、贵、该，等。

（2）领叙词：根据、遵照、依照、本着、现接、鉴于、已悉、收悉、倾奉、按照，等。

（3）追叙词：业经、前经、即经、复经、迭经，等。

（4）承转词：为此、故此、据此、有鉴于此、综上所述，等。

（5）祈请词：敬请、谨请、恳请、务请、希即、尚望、敬希、以期，等

（6）商洽词：妥否、当否、可否、能否，等。

（7）受事词：承蒙、承、是荷、为荷，等。

（8）令知词：着即、特命、责成、务须、切勿、切实、严禁、毋庸、不得，等。

（9）见解词：理应、确应、应予、应将、应即、均应、准予、照准、拟于、定于、缓议，等。

（10）办理词：报请、经报、报批、送达、提请、备查、查询、查复、知照、裁定、仲裁、申诉、重申、接洽、接办、补正、核定、核发、核拨、核销、审定、颁布、参照、恪守、援用、酌情、经与、试行、暂行，等。

（11）时态词：兹、俟时、行将、定期、如期、逾期、届时、延期、亟待，等

第二节　通知　通报

一、通知

（一）通知的概念

通知是知照性公文，是向有关机关、人员告知或布置工作事项和应与之共同执行事项的公文，适用于上级机关批转下级机关的公文、转发上级机关和不相隶属机关的公文，发布规

章，向下级机关和有关单位传达需要周知或者共同执行的事项，也可以用来任免人员。

（二）通知的分类

通知按内容和性质可以分为以下几种：

（1）批示性通知。

（2）指示性通知。

（3）事务性通知。

（4）会议通知。

（5）任免通知。

（三）通知的格式和写法

通知一般由以下几个部分组成：

1. 标题

通知的标题有多种写法：

（1）发文机关+事由+文种。如：《××大学关于××、×××等几位同志人事任免的通知》

（2）事由+文种。如：《关于开展学习"八荣八耻"精神活动的通知》

（3）发文机关+文种。如：《中共中央紧急通知》

（4）复式标题，用于转发或批转文件。如：《××省人民政府关于转发国发〔1994〕8号文件的通知》

一般来讲，如果转发或批转的文件不是法规性文件，被转发或批转的文件的名称不用书名号，只有转发法规性文件时才用书名号。如：《关于颁发〈外国人在中国就业管理规定〉的通知》。

2. 主送机关

通知的主送机关可以是一个，也可以是几个，还可以是所有的下属机关、单位、部门，需要几个就写几个。如果是普发性通知，或者是机关、单位内部的通知，可以不写主送机关，直接写正文内容。

3. 正文

通知的正文一般由通知原因、事项、要求三部分构成。但是，不同类型的通知，在正文的内容上也有一些差异。

批示性通知是上级机关批转下级机关的公文，或转发上级机关、平级机关及不相隶属机关的公文时使用。一般由批示意见和被批示、批转、转发文件的名称构成，主要的是批示意见，在这一部分不仅要表示态度、发表意见和看法，还可以写上要求和希望。

指示性通知是上级机关对下级机关的工作有某项指示和安排，且不适合使用"命令"或"指示"时使用。其缘由部分，可以写上发布通知的原因、目的、根据等，然后用"特通知如下"等语句过渡到通知事项这一部分。通知事项这一部分一般采用分条列项的方式，提出具体的要求和措施、方法。结尾可写可不写，最后用"特此通知"结束全文。

事务性通知是上级机关要求下级机关知道或办理某事而发的通知，因此，这类通知涉及的事项比较简单具体，写作时应开门见山，直接说明在什么时间、什么地点、办理什么事情即可，简洁明了，具体明确。

会议通知是为了召集会议而发布的通知，一般第一部分说明召开会议的原因和目的，第二部分写明召开会议的名称、时间、地点，会议的主要内容和任务，参加会议的相关人员以及一些注意事项。要求内容清晰准确。

任免通知是上级机关任免干部职务时发布的通知，一般不需要交代任免的原因，只需写清楚任免的根据、时间以及任免人员的姓名和职务即可。

4. 落款

在正文结束后，注明发布通知的机关名称以及发布通知的日期。

（四）通知的写作要求

（1）要有针对性。制发通知的目的是回答问题和解决一些实际问题，因此撰写通知一定要从实际出发，有具体的受文对象，所涉及的问题要有典型性和普遍性，并对存在的问题进行深入分析，提出切实可行的意见，不说大话、空话。

（2）要事项明确。不管是哪一种类型的通知，对做什么事、怎么做、做到何种程度、有何要求，都应当具体明确，不能含含糊糊、模棱两可。

（3）要撰写及时。因为通知的现实性和针对性都很强，要及时回答和解决实际问题，所以，制发必须迅速及时，如果延误就会造成不必要的麻烦，甚至严重的后果。

例文：

××市人民政府办公厅关于加快调整城镇
供水、防汛工作业务分工的通知

（一九九六年十二月十一日）

根据《××省人民政府办公厅关于调整城镇供水、防汛工作业务分工的通知》（×政办发〔1996〕81号）精神，市政府要求认真做好我市的调整工作，现就有关问题通知如下：

一、充分认识调整城镇供水、防汛工作业务分工的作用。多年来，我市城乡供水和防汛工作体制一直是城镇区域内由城建部门管理，区域外由水利部门管理。这种管理权限上的分割，已经不能适应我市经济、社会发展和人民生活的需要。随着"甘露工程"的实施和防洪保安专项资金的征收，水利部门用于供水工程和防洪工程建设的投入将有较大的增加。鉴于此，省人民政府决定将城镇供水和防汛业务划归水利部门管理。这不仅有利于实现城乡供水、城乡防汛工作的统一管理，也有利于资源的综合开发和有效保护，而且必将有力地推动城镇供水和防汛基础设施建设，增强供水、防汛能力，对于方便人民生活、保障和推动县域经济发展，都具有十分重要的意义。

二、按照省政府通知精神，我市调整的范围是六县和××区。上述区县负责城镇供水、防汛工作机构的人员、资产、债权、债务、技术档案等整体移交水利部门管理。移交后，城镇供水建设、生产经营管理以及防汛工程建设、维护，统一由水利部门负责。

各级政府要将城镇供水设施建设、防汛工程建设纳入城镇建设的总体规划。城市建设部门对水利部门实施水源工程建设、供水管网建设、防汛工程建设的新建、改建和扩建等工程项目应给予大力协助，积极扶持城镇防汛和供水事业的发展。财政及城市建设部门原来用于县城供水建设、防汛工程建设的城市建设配套费和政策性补贴等资金，继续用于县城供水和防汛工程建设，并随财力的增长和防汛、供水工程建设规模的增大，每年应有所增加。

三、城镇供水、防汛工作业务分工移交由区县政府牵头，成立移交工作领导小组，由政府办、水利局、城建局、审计局、国有资产管理局、劳动人事局及相关银行等部门参加，具体负责移交工作的实施。

四、为了确保城镇供水、防汛工作业务分工调整平稳有序地进行，人员的移交由劳动人事部门牵头，以1996年4月8日（省政府第六次常务会议作出移交决定之日）报表数为准。移交程序按国有资产移交办法执行。

五、城镇供水、防汛工作业务调整后，水利部门要加强管理，合理调整供水水价，不断提高效益，把供水产业尽快推向市场。同时，还要搞好城镇供水、防汛工程规划、设计工作，全面促进城镇供水、防汛工程的建设和管理。

二、通报

（一）通报的概念

通报是国家机关、社会团体、企事业单位用于表彰先进、批评错误、传达重要精神或情况时使用的一种公文，适用的范围比较广泛，各级各类机关、单位，只要有一定典型意义的好的或坏的事情、情况，以及重要精神都可以用"通报"来传达。

（二）通报的种类

根据内容的性质，通报可分为以下三种：

（1）表彰性通报。

（2）批评性通报。

（3）情况通报。

（三）通报的格式和写法

1. 标题

通报的标题也有多种写法：

（1）发文机关＋事由＋文种。如：《××省税务局关于税务经费清理检查情况的通报》。

（2）事由＋文种。如：《关于对×××同志处分的通报》。

（3）发文机关＋文种。如：《××县水利局通报》。

（4）只写"通报"两个字，适用于机关、单位内部，不需要对外公布的情况。

2. 主送机关

如果是普发性通报，或者是机关、单位内部的通报，可以不写主送机关，直接写正文内容。如果是一般性通报，就应标明限定范围内有关机关、单位的名称。

3. 正文

表彰性通报是对先进人物或事件进行表扬的通报。一般首先简单介绍被表彰的先进单位或个人的事迹，其次对事迹进行概括性的评价并提出学习的主要内容，然后写出予以表彰的决定，最后号召大家学习先进人物或先进单位，提出要求和希望。

批评性通报是用来批评错误、公布惩戒决定、教育所属人员的通报。首先应简要介绍被批评机关、单位或个人所犯的错误以及所犯错误的原因等，其次写出从错误中得出的教训，然后写明对所犯错误的处理决定,最后写出告诫性要求,提出希望,引以为戒。

情况通报是用来传达重大情况或重要事件、要求下级机关了解情况的通报。内容相对来说较为简单,首先写明通报的原因或者依据,然后写清楚通报的事情,也可对事情进行简单的分析,最后提出希望和要求。

4. 落款

落款写在正文下方靠右,发文机关名称在上,成文日期在下。如果标题中已经有发文机关的名称,那么结尾处可以省略,只注明日期即可,日期也可写在标题的正下方,结尾处省略不写。

(四) 通报的写作要求

(1) 事例的典型性。通报所反映和传达的事情必须具有典型性,这样才具有普遍意义和指导作用,为以后的工作提供经验,为政策措施的制定提供依据。

(2) 评价的中肯性。分析要实事求是,抓住本质,不要停留在表面,也不能随意扩大或缩小事情的影响,既要掌握分寸又要揭示实质问题。

(3) 要掌握时效性。通报应迅速及时地反映最近发生的事情,不能拖延,否则就会失去其作用。

例文:

××市人民政府
关于表彰计划生育先进集体和先进工作者的通报

各县(市、区)人民政府,市属各部门:

"九五"计划期间,我市各级党委、政府和有关部门高度重视计划生育工作,认真贯彻省计划生育条例,切实加强对计划生育工作的领导,全面完成了省下达的"九五"人口计划和各项计划生育指标任务。五年来,全市人口出生率降到×,平均生育率为×,低于全国、全省水平。这是全市各级干部、计划生育工作者和全市人民共同努力的结果。为了进一步推动我市计划生育工作的深入开展,市人民政府决定授予××县等三十五个单位"全市计划生育先进集体"光荣称号,授予×××等四十五位同志"全市计划生育先进工作者"光荣称号。希望受到表彰的单位和个人,要戒骄戒躁,继续努力,为我市计划生育工作向深层次、高质量发展作出新的贡献。

二〇〇一年,是"十五"计划的第一年,各级政府和广大干部要全面贯彻落实好党的十五届四中全会精神,继续把计划生育工作放在更加重要的地位,坚持不懈地抓下去,切实加强领导,坚持按"条例"规定依法管理,大力加强基层基础工作,力争我市"十五"期间人口出生率控制在××以内,为20世纪末实现我市人口控制在四百万以下的目标而努力奋斗。

附:市计划生育先进集体、先进工作者名单。(略)

××市人民政府(盖章)

二〇〇一年二月五日

第三节　报告　请示

一、报告

（一）报告的概念

报告是向上级机关汇报工作、反映情况、提出意见或建议，以及答复上级机关询问的陈述性公文。

报告是上行文，是下级机关用于向上级机关反映情况、汇报工作、反馈信息、取得帮助、获得指导的一种重要文书，它是上级获得下级信息和情况的重要渠道。上级机关可以根据下级机关的报告制定相应的政策，采取相应的措施，给下级机关以建议和指导。通过这种相互关系，做到下情上达，加强上下级之间的联系，有利于工作的顺利进行。

（二）报告的分类

根据不同的标准，报告可以有不同的分类方法：

按照性质的不同，报告可分为综合报告和专题报告两种。

按照时间期限的不同，报告可分为定期报告和不定期报告两种。

根据内容不同，报告可分为工作报告、情况报告、建议报告、答复报告和递送报告等。

（三）报告的格式和写法

报告一般分为以下几个部分：

1. 标题

报告的标题有两种写作方法：

（1）发文机关＋事由＋文种。如：《铁道部关于××次列车发生重大颠覆事故的报告》《××市政府关于创建国家卫生城市的报告》。

（2）事由＋文种。如：《关于进一步开展学习吴玲同志精神活动的报告》《关于加强全市消防安全工作的报告》。

2. 主送机关

报告的主送机关可以是一个，也可以是几个。顶格写于标题下一行，后面用冒号。

3. 正文

报告的正文大致可以分为三部分，即开头、主体和结尾。

（1）开头。这一部分主要交代报告的原因，简要说明报告的目的、意义或根据，也可以交代写作的背景材料，然后用"现将××情况报告如下"一个过渡句，转入下文。

（2）主体。这一部分是全文的中心部分，主要阐述报告的具体内容，交代详细情况。不同类型的报告，主体写作内容也会有所差别。

工作报告是把本部门的日常工作情况向上级机关进行汇报，主要内容应该是把工作情况进行全面的总结，在总结情况的基础上，重点提出下一步的工作安排建议。一般都采用分条列项的形式，结构简单，条理清晰。

建议报告是下级机关就某项工作向上级机关提出建议性意见时所写的报告。重点应放在提出的建议上，也应采用分条列项的形式。

答复报告是下级机关根据真实、全面的情况，按照上级机关的询问和要求回答问题、陈述理由或汇报所交办事情的结果的报告。开头应写明是对哪一件公文的答复，然后根据询问的内容进行一一答复。

递送报告是下级机关向上级机关报送材料时写的简要说明，因此写作时只需要写清楚报送的材料（文件、物件）的名称、数量即可。

（3）结尾。报告的种类不同，结语也不尽相同，一般应另起一段来写。工作报告和情况报告的结语常用"特此报告""以上报告请审阅"等；建议报告常用"以上报告如无不妥，请批转各地、各部门贯彻执行"等；答复报告多用"专此报告"等；递送报告则用"请审阅""请审批"等。

4. 落款

正文结束后，在正文的右下方注明发文机关，成文时间写在发文机关的下方。

（四）报告的写作要求

（1）严格使用文种。报告不得夹带请示事项，否则会因"报告"不需批复而影响请示事项的处理和解决。

（2）材料要真实。向上级机关汇报工作应该本着实事求是的态度，如实汇报。无论是成绩还是失误，都应该全面、真实地反映，不能只报喜不报忧，也不能夸大和虚构。

（3）主旨鲜明。报告的内容一般涉及的面宽而且复杂，很容易写得篇幅较长而重点又不够突出，形成泛泛而谈。这就要求在撰写时，力求观点鲜明、条理清楚、简洁深刻。

例文：

关于加强工商行政管理工作的报告

国务院：

为深化改革，促进社会主义市场经济持续稳定发展，根据国务院赋予工商行政管理机关的职能，进一步拓宽监督管理的广度，增加监督管理的深度，强化监督管理的力度，为此，今年全国工商行政管理局长会议进行了专门研究，对下一步工作提出以下意见：

一、进一步依法加强对生产资料市场的监督管理，不断提高集贸市场的管理水平。（略）

二、加强对国有和集体企业的监督管理，积极支持企业集团的建立和发展。（略）

三、切实加强对个体、私营经济的监督管理，引导它们健康发展。（略）

四、严肃查处制造、经营伪劣商品和刊播虚假广告的行为，切实维护国家和人民群众的利益。（略）

五、依法保护注册商标专用权，加强商标领域中的国际合作。（略）

六、加强廉政建设，提高工商行政管理队伍的素质。（略）

以上报告如无不妥，请批转各地区、各部门执行。

国家工商行政管理局（盖章）

××××年×月×日

二、请示

(一) 请示的概念

请示是下级机关向上级机关请求决断、指示、批示或批准事项时使用的呈批性公文。请示属于上行公文,凡是下级机关自己无力解决的问题,或超出自己职权范围的问题,以及有关政策方针的解释等问题都需要向上级请示,请求上级给予帮助和解决。

(二) 请示的分类

根据内容、性质的不同,请示可以分为以下三种:

(1) 请求指示性请示。

(2) 请求批准性请示。

(3) 请求批转性请示。

(三) 请示的格式和写法

请示一般分为以下几个部分:

1. 标题

请示的标题一般有两种写作方法:

(1) 发文机关+事由+文种。如:《××市人民政府关于××××××的请示》《××县食品公司关于请拨购买加工设备资金的请示》。

(2) 事由+文种。如:《关于开展春节拥军优属工作的请示》《关于妥善解决当前粮食仓库管理问题的请示》。

2. 主送机关

请示的主送机关是指负责受理和答复该文件的机关。每件请示只能写一个主送机关,不能多头请示。如果需要同时报送其他上级机关,可以用抄送的形式。

3. 正文

请示的正文一般由开头、主体和结尾三部分组成。

(1) 开头。这一部分主要交代请示的缘由。它是请示事项能否成立的前提条件,也是上级机关批复的根据。请示的缘由应紧紧围绕要求解决的事项或问题,开门见山,理由既客观具体、简洁明确,又充分透彻,具有说服力,这样才能让上级机关及时决断,给予有针对性的批复。

(2) 主体。这一部分主要说明请求的事项。它是向上级机关提出的具体请求,也是陈述缘由的目的所在。这部分要求内容单一,只宜请示一件事,而且请示的事项要写得具体、明确、条理清楚,也可以提出自己的看法和处理意见,以便上级机关参考并给予明确的批复。

(3) 结尾。请示的结尾应另起一段,习惯用语一般有"当否,请批示""妥否,请批复""以上请示,请予审批"或"以上请示如无不妥,请批转各地区、各部门研究执行"等。这是对上级机关的尊重,要求用语恳切。

4. 落款

在正文的右下方注明发文机关并加盖印章,在发文机关下方注明成文日期。如果标题中已有发文机关，则此处可以省略，直接写上成文日期即可。

（四）请示的写作要求

（1）一文一事。请示事项要单一，一个请示件不能请示数件事情，只能请示一件事情。

（2）理由充分。为了让上级领导充分了解情况，认同所请示问题的必要性，一定要充分阐释原因，理由合情合理，富有说服力，才能达到目的。

（3）事项明确。请示的事项必须具体明确，不能模糊不清，也不能太笼统，否则上级无法答复。

（4）语气恳切。撰写请示的语气一定要诚恳，以引起上级的重视，既不能出言生硬，也不要低声下气、客客套套。

例文：

关于暂缓调高旅游专项资金在交通建设附加费中分配比例的请示

市人民政府：

今年4月7日，××市委、市政府《关于加快发展旅游业的决定》（×字〔××××〕8号）同意建立旅游建设发展专项资金，其部分资金来源于交通建设附加费的分配，并将此分配比例从原来的5%调高到10%。对此，我委认为该措施无疑有利于筹集资金，促进旅游业发展。但当初决定征收旅游业交通建设附加费的目的，主要是筹集地铁资金，现要提高旅游专项资金在交通建设附加费中的分配比例，必然减少资金的来源。地铁工程建设年度投资高达30亿元，筹资任务十分艰巨，而今年地铁资金缺口更大，需开拓更多的资金来源。因此，任何减少筹集地铁资金的做法都会导致工期拖长和投资增大，不利于工程建设。

鉴此，我委建议在地铁建设期内，暂缓调高旅游专项资金在交通建设附加费中的分配比例，仍执行旅游专项资金在交通建设附加费中占5%的分配比例不变。

专此请示，请批复。

××市计委
××××年×月×日

第四节 函 会议纪要

一、函

（一）函的概念

函是信件的意思，作为一种公文，它适用于平级机关或不相隶属的机关之间相互商洽工作、询问和答复问题，或者向有关主管部门请求批准事项，属于商洽性公文。

（二）函的分类

函根据其内容可以划分为以下几种：

（1）询问答复函。

（2）请求审批函。

（3）商洽性函。

（4）告知性函。

(三) 函的格式和写法

1. 标题

函的标题分为两类：

（1）发文机关＋事由＋文种，也可省略发文机关。如：《××省教育厅关于委托××大学举办成人高等教育专业证书班的函》。

（2）复函的标题与发函的标题基本相同，只不过复函的标题以来函的标题作为事由部分，或者以来函的主要内容作为事由。如：《××省人民政府关于经济技术开发区内合资企业享受免税待遇有关问题的函》。

2. 发文字号

不管是哪一种类型的函，都必须有发文字号，函的发文字号一般单独编列，位于标题的下方右侧。

3. 主送机关

去函的主送机关根据实际情况而定，可以是一个，也可以是几个，但是复函的主送机关一般为一个，发往原来的来函机关。

4. 正文

（1）开头。主要说明发函的缘由，交代发函的目的、根据、原因等内容，然后用"现将有关问题说明如下"或"现将有关事项函复如下"等过渡语转入下文。复函的缘由部分，一般首先引述来文的标题、发文字号，然后再交代根据，以说明发文的缘由。

（2）主体。这是函的核心部分，主要说明致函事项。函的事项部分内容单一，一函一事，行文要开门见山，直陈其事。无论是商洽工作、询问和答复问题，还是向有关主管部门请求批准事项，都要用简洁得体的语言把需要告诉对方的问题、意见叙写清楚。如果属于复函，还要注意答复事项的针对性和明确性。

（3）结尾。一般用礼貌性语言向对方提出希望，或请对方协助解决某一问题，或请对方及时复函，或请对方提出意见，或请主管部门批准等。最后应根据不同类型的函，选择运用不同的结束语，如"特此函询（商）""请即复函""特此函告""特此函复"等。有的函也可以不用结束语，例如便函，可以像普通信件一样，使用"此致""敬礼"等结束语。

5. 落款

正文结束后，在正文右下方注明发函机关名称，在机关名称下方注明发函日期。

（四）函的写作要求

（1）开门见山。不论是哪种类型的函，写作时都应该直接入题，不能绕弯子，要使人一目了然。

（2）一函一事。要避免一函数事，做到专函专事，这样可以提高工作效率及工作质量。

（3）中心突出。不同类型的函，其内容重心也不同，应根据函的类型，突出重点、中心明确、详略得当。

（4）用语得体。询问答复函用语谦和，请求审批函用语敬重，商洽性函用语平和，告知性函用语庄重。

例文：

国务院办公厅关于羊毛产销和质量等问题的函

国家计委、经贸办、农业部、商业部、经贸部、纺织部、技术监督局：

为进一步发展我国羊毛生产，搞活羊毛流通，提高羊毛质量，根据国务院领导同志的批示，现就有关问题通知如下：

一、要切实抓紧抓好草场改造和羊种改良工作。（略）

二、技术监督局要加强羊毛的质量监督和检验工作。（略）

三、要尽快组织直接进入国际羊毛拍卖市场。（略）

四、为了促进国内养羊业的发展，支持纺织工业生产和扩大出口创汇。（略）

上述有关政策，请有关部门、各地区特别是羊毛生产区认真研究落实，执行中的问题，由国家计委和经贸办协调，并督促落实。

国务院办公厅（盖章）
××××年×月×日

二、会议纪要

（一）会议纪要的概念

会议纪要是记载、反映和传达会议情况和议定事项的公文。但是并不是所有的会议都需要用"会议纪要"来记载和传达，只有会议的情况、议定事项具有重大意义时，才用"会议纪要"。

（二）会议纪要的分类

根据不同的标准，会议纪要可以分为综合性会议纪要和专题性会议纪要，也可以分为议决性会议纪要和周知性会议纪要。

（三）会议纪要的格式和写法

1. 标题

会议纪要的标题一般有以下两种：

（1）会议名称＋纪要。如：《××县人民政府关于切实减轻农民负担会议纪要》。

（2）事由＋会议纪要。如：《关于改革××局管理体制的会议纪要》。

2. 正文

（1）开头。介绍会议纪要的基本情况。首先要交代会议召开的目的或指导思想，然后写出会议的名称、时间、地点、主持人、主要议程、参加人员、会议形式、会议的主要成果以及会议的意义。最后用"现将这次会议研究的几个问题纪要如下"或"现将会议主要精神纪要如下"等语句转入下文。

（2）主体。这一部分是会议纪要的核心内容，主要记载会议情况、会议结果及会议精神等。应写出会议讨论的主要问题、讨论的意见、最后的决定，或者会议上提出的问题、确定的措施等，要求如实反映会议的全过程。

（3）结尾。这一部分一般是提出希望和号召，展望未来。有的会议纪要在正文中已经提出了要求，也可以不要结尾，自然结束即可，切勿画蛇添足。

3. 落款

落款只用于办公会议纪要，写明召开会议的机关单位名称。一般会议纪要则不需要署名，不加盖公章。日期即召开会议的时间，可以写在标题正下方，也可以写在正文下方，如果标题下已经注明日期，结尾则可以省略。

（四）会议纪要的写作要求

（1）概括要全面，如实反映会议精神，不得随意取舍，不得以偏概全，不能自己赞同的就多写，不赞同的就略写或不写。

（2）撰写会议纪要的人员要具备一定的分析、综合和表达能力，这样才能做到重点突出、条理清晰、文字简练。

例文：

××县人民政府第六次常务会议纪要

时间：××××年×月×日上午八点半至十二点

地点：县政府第一会议室

主持：县长×××

出席：副县长×××、××、××，×××办公室主任×××

请假：×××（出差）

列席：×××、×××、×××

记录：×××

现将会议讨论及决定的主要事项纪要如下：

一、会议听取了副县长×××关于召开经济工作会议准备的情况汇报，讨论了扩大县属企业自主权的十条规定。会议同意县经济工作会准备情况汇报，并决定于×月×日召开全县经济工作会议。今年各项经济工作指标，要以市经委下达的为准，不再调整县原各公司的主要经济指标。在县经济工作会议上，由县经委与县原各公司签订经济责任书。

二、会议原则同意县民政局关于民政事业费管理使用办法的修订意见。

三、会议同意将县政府办公室提出的转变机关工作作风的意见（讨论方案）印发各部门，广泛征求意见，作进一步修改后，以县政府文件印发。

××县人民政府办公室
××××年×月×日印发

第十章

事务文书

第一节 计划

一、计划的概念

计划是根据党和国家的有关方针、政策以及上级的指示要求，依据本部门的实际情况，对未来一定时期内的工作、生产、学习等拟定目标、内容、步骤、措施和完成期限的一种文书。在日常工作中，"安排""要点""设想""方案""规划""打算"等，都是人们对今后的工作或活动做出的部署和安排，因而也都属于计划这个范畴。

二、计划的作用

制订计划是日常工作中不可缺少的环节，也是一种科学的工作方法。有了计划，工作就有了明确的目标和具体的步骤，就可以协调大家的行动，增强工作的主动性，减少盲目性，使工作有条不紊地进行。同时，计划本身又是对工作进度和质量的考核标准，对大家有较强的约束和督促作用，所以计划对工作既有指导作用，又有推动作用，搞好工作计划是建立正常的工作秩序、提高工作效率的重要手段。

三、计划的分类

按照不同的分类标准，计划可分为多种类型。按性质分类，有生产计划、工作计划和学习计划等；按范围分类，有个人计划和组织计划等；按时间分类，有短期计划和长期计划等。除了以上分类，实际工作中运用的计划种类还有很多。

四、计划的格式和写法

计划按外观形式不同可分为条文式计划和表格式计划。

(一) 条文式计划

1. 计划的标题

计划的标题又叫计划的名称,写在第一行的居中位置。通常有以下几种写法:

第一种是由制订计划的单位名称、计划期限、计划内容、文种四个要素组成。如《××大学 2005—2006 学年第一学期教学工作计划》。

第二种是由计划期限、计划内容、文种组成。如《关于 2004 年农村小学教育工作的安排》。

第三种是由单位名称、计划内容、文种组成。如《××大学教学工作计划》。

第四种是由计划内容和文种组成。如《关于进行公务员考核的初步设想》。

如果计划尚未正式确定,或是征求意见稿、讨论稿,须在标题后用括号注明"草案""初稿""讨论稿""征求意见稿"等字样。

2. 计划的正文

计划的正文一般包括前言、主体和结尾。

前言是计划的开头部分,作用是简要地说明制订计划的依据和理由,宏观概括今后总的工作任务。如果是普通的、简要的计划,前言部分可以省略。

主体一般包括制订计划的目的和任务、措施和步骤、其他事项。即要明确写出计划要达到的目标、指标和要求,要做哪些事,数量、质量和时间上的具体要求等;要详细说明完成任务的具体措施,行动步骤,时间分配,人力、物力和财力安排等;如有还需注意的问题,可以放入"其他事项"加以明确,或分条列项加以表述。

结尾一般用来提出希望、发出号召、展望前景、明确执行要求等,也可以在条款之后就结束全文,不写专门的结尾部分。

3. 计划的落款

在正文的右下方写上单位名称和订立计划的日期。如果单位名称已在标题中注明,这里只写日期即可。如果以文件的形式下发,还要加盖公章。

此外,与计划有关的材料,如在正文不易表达,可以在正文之后附文、附表或附图说明。

(二) 表格式计划

表格式计划一般由标题、表格、文字说明三部分组成。

1. 标题

其写法与条文式计划标题相同。

2. 表格

表格实际上是计划的主体。它通过在表格中填报数据反映出计划的主要事项。经常性的专项工作都是由上级部门或本单位统一设计、印制成表格,逐项填报即可;新计划如果用惯用表格不足以反映其内容,则应根据计划内容设计新的表格。

3. 文字说明

这是计划的辅助部分,用以补充说明表格无法表达的事项。如制订计划的依据、实施办法、具体要求或其他事项。文字说明应分条陈述，语言简明。

五、计划的写作要求

（1）把握方向，贯彻政策。
（2）实事求是，调查研究。
（3）积极稳妥，切实可行。
（4）全面兼顾，突出中心。
（5）分工落实，留有余地。
（6）明确要求，便于检查。

例文：

团总支宣传部2005—2006学年第二学期工作计划

会计系团总支宣传部是团总支的宣传机构，是团总支的喉舌，主要负责宣传党和国家的重大事件、路线、方针、政策，宣传学校的各种大型活动，宣传我系的各项活动，宣传团总支的各项工作。为保障宣传部工作的正常开展，充分发挥"上情下达""下情上达"的作用，特制订本计划。计划具体如下：

一、定期出板报，内容主要有党和国家重大的事件、路线、方针、政策，各种重大事件和纪念日的专题宣传，以及各种和青年学生息息相关的文化宣传等。

二、积极调动2004、2005级各班宣传委员的作用，要求其积极参与本部工作，参与板报的制作和投稿工作。

三、充分发挥本部有写作特长的同学的积极性，向校"三报两台"投稿，报道我系各项工作。

四、在即将到来的80周年校庆中，立足"积极宣传我系活动，积极配合学校工作"两个基本点，做好宣传报道工作。

五、协调团总支其他各部做好其活动的宣传通知和海报。

六、加强同"两会"宣传部的联系，促进人才交流和共同协作。

团总支宣传部
××××年×月××日

第二节 总结

一、总结的概念

总结是单位或个人对前一阶段的工作、学习或思想情况等进行分析研究，从中找出经验教训，引出规律性认识，用以指导今后实践的书面材料。

二、总结的作用

（一）获取经验，汲取教训

一个阶段的工作或学习，总蕴含着人们一定的脑力和体力消耗，因此，及时有效地总结经验供今后参考是十分必要的。通过总结，可以为后来者提供借鉴。

（二）交流信息，推广经验

在网络技术日益普及的今天，全球一体化已成为世界发展的总趋势，在许多领域里，不同国家、地区、民族、组织的人们需要及时交流信息，借鉴成功的经验，避免在无知盲目中走弯路。

（三）上情下达，加强管理

有时总结既要上报，又要下发，有时还要通过各种渠道加以传播，因此，它能起到上情下达、互通情况的作用。

三、总结的分类

总结可按时间、内容、范围等进行分类。按时间可分为年度总结、季度总结和月度总结；按内容可分为综合性总结和专题性总结；按范围可分为单位总结和个人总结。

四、总结的写作和格式

总结一般由标题、正文、落款三部分组成。

（一）标题

常见的标题有三种写法：

（1）单位名称＋时间期限＋主要内容＋文种。如：《××市财政局2005年工作总结》。有的标题中不出现单位名称，如《创先争优活动总结》。

（2）如一般文章的标题。这类标题多用于经验总结，如：《加强管理监督，防范金融风险》。

（3）双标题。正标题点明文章的主旨或中心，副标题标明单位名称、时间期限、总结种类等内容。这类标题多用于专题性总结，如《严肃党纪国法，推进反腐倡廉——××市海关党委专项整风总结》。

（二）正文

正文分为前言、主体、结尾三部分。

1. 前言

前言又称导语，一般应简单概述总结的内容和目的。常见的开头方式有：概述式，即概括介绍基本情况，如工作背景、时间、地点等；结论式，即根据总结的结论，使读者明白总结的核心所在；提示式，即对工作的主要内容进行提示性的简要概括；提问式，即开头提出问题以引起读者对该文的关注，明确总结的重点。

2. 主体

主体是总结的重点，一般包括过程、做法、成绩、问题、经验、教训等，即要写明在什么思想指导下，做什么事，怎样做的，结果怎样，有什么经验、教训或体会等。这部分要做到层次分明、条理清楚。

主体的结构安排应视总结性质、内容不同而定，通常有以下三种方式：

一是通篇式，即按工作情况（含做法）、主要成绩（或经验）、存在问题（或教训）依次表述。

二是条文式,即如同记流水账,一项工作(包括做法、结果)自成一段,并在每段文字前标上序号。

三是标题式,即按内容排列组合分成几个方面,每方面冠以醒目的小标题。

主体结构安排不受上述三种方式的限制。内容决定形式,形式服务内容,凡是能够充分揭示主体内容的结构形式都应该采纳。

3. 结尾

结尾是正文的收束,应在总结经验教训的基础上,提出今后的努力方向、任务和措施,表明决心,展望前景。有些总结在主体部分已将这些内容表达过了,就不必再写结尾。

(三)落款

落款写在正文右下方,署名在上,日期在下。多数总结,单位名称(或个人姓名)往往署在标题下方。有的把单位名称写入标题里,篇末的署名可以省略。

五、总结的写作要求

(一)态度诚恳,思想端正

总结的目的是要从对过去的回顾中汲取经验教训以指导今后的工作,因此,应当客观、全面、辩证地分析事物,从中得出科学的结论。

(二)占有充足的材料

没有充足的实际材料作为叙述、归纳与评判的基础,总结的内容很难做到准确、全面、客观、公正。因此,拥有充足的材料是写好总结的前提。

(三)实事求是地评价过去

如实评价过去,既要总结成功的经验,也要分析失败的教训,不可对成绩夸大其词,也不能对缺点避而不谈。只有具备科学性和可信性的总结,才会对今后的工作有实际的指导意义。

(四)兼顾全面,突出重点

写总结时,视野应当开阔远大,不拘泥于一个部门、一件事情,要根据写作的目的和总结的不同性质,突出重点内容,切忌主次不分、详略不当、面面俱到却又处处浮光掠影。

(五)层次清晰,文字简洁

总结可以有上行、平行、下行三种去向,三种阅读对象都要求总结的行文必须层次清晰明了,文字不求华美,以准确简洁为好,以便让读者在尽可能短的时间内抓住要领、用于实务。

例文:

××市纺织品交易团××××年春季交易会调研工作总结

在今年春季交易会上,我纺织品交易团重视调研工作,组成了工贸结合的调研组。调研人员通过业务洽谈和召开专题座谈会进行调研,取得了一些成绩。

一、本届交易会调研工作取得的成绩

(一)通过调研,基本上弄清了当前纺织品市场情况、供求关系、价格水平。对促进本届交易会的业务成交起了良好的作用。

（二）通过调研，对当前和今年下半年纺织品供求关系和价格趋势较前有更为明确的认识，有利于完成全年的经营计划，为领导确定经营决策、制定措施提供了参考。

（三）对一些重点城市和重点商品的产、销、存等情况及趋势进行了调研，积累了资料，有利于今后进行系统研究。

（四）调查了解国外纺织品和服装的品种、花色、款式、后处理等方面的流行趋势及用户对我产品的反映，提供给我生产部门以便进行生产，使我产品适合国外市场的需要，扩大纺织品的出口。

二、本届交易会调研工作的经验和体会

（一）领导重视，不断强调和宣传搞好调研工作的重要性，调动调研员的积极性，是搞好调研工作的保证。

（二）本届交易会采用工贸结合的调研组织形式，是可行的较好的形式。只要加强统一领导，互相通气配合，工贸双方既可分头活动，也可合作活动。

（三）调研中要注意不断提高调研工作的质量，不仅要及时反映情况，还要在一定时间内进行分析研究，提出意见和看法。

（四）调研会是进行调研的好方法，今后可多搞一些专题性的商人座谈会和业务员座谈会。

三、存在的问题和建议

（一）工作中调查多，分析研究少。在编印的简报中，介绍商人的反映多，而经过分析拿出我们的看法、建议少。调查偏重商品，对地区市场情况缺乏系统归纳分析，拿不出有参考价值的意见。

（二）建议今后在交易会前，各有关公司都应提出本公司的调研提纲，以便调研组及时制定反映实际要求的调研方案。

××市纺织品交易团
××××年××月××日

第三节　调查报告

一、调查报告的概念

调查报告就是根据特定需要，运用科学的方法，对某一事物、问题、事件进行调查研究之后，写成的有事实、有观点、有分析、有结论的书面报告。

二、调查报告的分类

调查报告按照不同的分类标准，可以分为不同的类型。

按性质不同，可分为新生事物调查报告、典型经验调查报告、反映情况调查报告、揭露问题调查报告。

按所反映的基本内容不同，可分为综合调查报告和专题调查报告。

三、调查报告的作用

调查报告是各级领导制定方针政策，进行科学决策，正确处理问题，适时指导工作的重要依据；是单位之间交流经验、吸取教训、推动工作的重要手段，也是用来昭示某个问题或事件的真相与实质，分清是非，教育和鼓舞群众的重要形式。学好调查报告的写作，还有利于提高思想水平和工作水平。

四、调查报告的写法和格式

调查报告行文灵活，写法多样，没有固定格式，内容一般由标题、正文、落款三部分组成。

（一）标题

调查报告的标题一般有单标题和双标题两种。

（1）单标题由"调查对象＋调查内容＋文种"组成。如《一个富裕居委会的财务调查》。

（2）双标题由正副标题组成，其中正标题揭示报告的主旨或表明主要观点，副标题标明调查的对象和内容。如《放开经营、一举四得——郑州市实行蔬菜购销体制改革的调查》。

（二）正文

调查报告的正文分为前言、主体和结尾三部分。

1. 前言

这一部分主要简明扼要地介绍基本情况，如介绍调查的目的、对象、经过等。前言常用的写作方法有叙述式、设问式、承转式、议论式等。

2. 主体

主体也称正文，是调查报告的核心部分，主要是对调查过程和结果作具体叙述和说明，并通过阐述剖析、揭示规律，将文章的中心归纳、提炼成几个观点，以典型事例和确凿数据对这几个观点进行论述。内容安排应该做到先后有序，主次分明，详略得当，联系密切，层层深入。有些调查报告常把具体内容分成几个小部分，每个小部分加上一个小标题或序号。调查报告主体部分的写法不是固定不变的，应根据不同类型和写作目的精心安排内容顺序和结构形式。

（1）内容安排。

新生事物的调查报告要按其产生、发展的过程，揭示其成长的规律，说明其意义和作用。其内容表达顺序是"产生过程——具体做法——意义作用"。

典型经验的调查报告的重点是介绍有代表性、科学性以及能对工作起推动和指导作用的典型经验。其内容表达顺序是"成果——做法——经验"或"做法——经验——成果"。

反映情况的调查报告的内容比较广泛、全面，篇幅较长，叙述较详细。其内容表达顺序是"情况——成果——问题——建议"。

揭露问题的调查报告要具体阐明问题的真实情况，分析产生的原因，揭露问题的实质，以引起人们的重视,从而提高认识、吸取教训、推动工作,同时也为领导机关了解情况、解决问题提供依据。其内容表达顺序是"问题——原因——意见和建议"。

(2) 行文结构。

调查报告可以分为纵式、横式、纵横式三种。纵式包括按照时间或方位顺序或事物发展的内部联系安排材料的连贯式结构和按问题逐步深入来阐述的递进式结构。横式是指从几个方面阐述一个问题的并列式结构。纵横式是指纵式和横式交错使用的总分式结构。

3. 结尾

调查报告的结尾多为结论和建议。有的调查报告已在每个部分进行了小结,主体一完,全文自然结束,没有必要再写结尾;有的虽在每个部分作了小结,但如果需要,也可以在结尾部分表示决心,或提出意见和建议,或点拨深化主题和展望发展远景;有的介绍典型经验的调查报告的结尾,可以补充说明存在的问题和不足之处;有的调查报告的结尾意味深长,充满热情和信心,能给人以鼓舞力量;还有的调查报告在结尾提出新问题,指明努力方向,启迪人们进一步探索和开拓。总之,调查报告的结尾要简短有力、干净利落。

(三)落款

署名既可写在标题或副标题的正下方,也可写在正文后面的右下方。日期应写在正文的右下方。

五、调查报告的写作要求

(1) 要深入细致,做好调查研究工作。

(2) 要实事求是,详尽地占有材料。

(3) 要认真分析,揭示事物的本质规律。

(4) 要精心筛选,做到材料与观点统一。

例文:

职工的归属感从何而来
——××皮鞋厂关心职工生活福利的调查

在××皮鞋厂,无论正式职工还是合同工、临时工,对企业都有一种归属感。在这里,企业关心职工福利,职工关心集体生产,许多合同工、临时工也积极钻研技术,成为厂里的技术骨干,使企业的发展得到保障。

××皮鞋厂现有职工450人,其中合同工、临时工374人。企业领导人深深地懂得,职工是企业生存和发展之本。因此稳定职工队伍,调动他们的积极性,便成为企业管理的首要课题。皮鞋生产手工技艺性较强,如果职工流动性大,就会直接影响产品的质量。该厂针对合同工、临时工多的情况,决定从兴办职工集体福利入手,不断改善职工的物质文化生活,使大家安心生产,对皮鞋厂产生归属感。

该厂几年来办的职工福利有:

一、住宅方面。皮鞋厂距离市中心较远,该厂利用厂区空地,建造了1 350平方米的职工宿舍,解决了360人的住宿问题,每人每月房租水电费平均不到50元。

二、办好食堂,让职工吃得好、吃得省。该厂职工每月平均工资只有1 350元,在伙食上不可能花费太多。该厂组织食堂人员到市内办得好的食堂学习,因经营得法,职工每人每天的伙食费平均仅 3.5 元左右。

三、办起了卫生所、托儿所。(略)

四、建球场,办文化室,开展业余文化活动。(略)

五、注意做好女工"五期"保护工作,使全厂 350 名女工能安心生产。(略)

此外,工厂对合同工、临时工不但从生活上关心照顾,在政治、经济上亦一视同仁。该厂临时工与正式工同酬,临时工技术水平高、工作表现好,同样被重用、提拔。现在厂里的科室、部门主管,质量验收员和班组长中,有 22 人是合同工、临时工,全厂 30 多名技术骨干,40% 是合同工、临时工。正是包括合同工、临时工在内的全体职工辛勤工作,对工厂有归属感,企业才得以很好地发展。该厂去年创汇 500 万港元,比前年增长八成,皮鞋产品已销往美国市场。今年又获生产外销皮鞋 30 万双、来料加工鞋面 70 万双的外商订单,生产局面展现出可喜的前景。

××县政策研究办公室

××××年××月××日

第四节　简报

一、简报的概念

简报是党政机关、企事业单位、人民团体等组织用于汇报工作、反映问题、沟通情况、指导工作、交流经验、传递信息的一种简短的有一定新闻性质的文书材料。在实际的工作中,它常常以"动态""简讯""情况反映""内部参考""信息快报""会议简报"等名称出现。

二、简报的分类

从不同的角度、用不同的方法对简报可以作出不同的分类。常用的简报有工作简报、会议简报、科技简报、动态简报。

三、简报的格式和写作

(一) 报头

报头一般占首页三分之一的上方版面,用间隔红线与正文部分隔开,报头内容有:

报名:"××简报""××××简讯",一般用大字套红,醒目大方。

期号:排在报名的正下方,按顺序编号,有的注明总期数,总期数用括号括入。

编号:排在报头右上方位置。

编发单位:排在横隔线上的左侧位置。

印发日期:写在期号之下,在间隔横线上的右侧位置。

密级:如:"机密""绝密""内部刊物"等排在报头左上方位置。

(二) 按语

简报的按语就是简报的编者针对简报的某些内容写的说明性或评论性的文字。按语一般写在标题之前,并在这段文字的开头处写上"编者按""按语"或"按"等字样。转发式的简报一般都要加上编者按语,其他重要的简报也要加上编者按语。简报的按语常常是根据领导的意见起草的,但按语不是指示、命令,没有指令性公文的作用。按语的特点是把简报的内容和现实工作联系起来,表明领导的意见,帮助人们加深认识,正确把握工作方向,对下级的工作起到督促、指导的作用。简报的按语一般有两类:一类是说明性按语,它常常是对简报的内容、作用和现实意义等作一些说明。这类按语一般文字很短,有时就一句话,另一类是批示性按语,它常常是针对一些有典型意义的事件和当前工作存在的问题作出评论,表达领导机关的看法、意见或对下级的要求。

（三）标题

编写简报十分讲究标题的写法。好的简报标题能准确、简要、生动、醒目地概括全文的内容。一般来说,简报标题的写法类似于新闻标题的写法,但又不像某些新闻标题那样引题、正题、副题一应俱全。简报的标题可以采用正副标题的写法,正标题揭示文章的思想意义,副标题写出事件与范围,对正标题起补充说明作用。

（四）正文

正文是简报的中心部分,通常由开头、主体和结尾三部分组成。

1. 开头

简报的开头,通常有三种形式:一是叙述式,即开门见山地把要反映的事件的时间、地点、人物、起因和结果直接写出,使读者一目了然;二是结论式,先写出结果或因此而得出的结论,然后再作具体说明或写出得出结论的理由;三是提问式,即一开始就用一个或数个问题把主体事实提出来,引起读者的注意,然后再用回答的语气在主体部分作具体的叙述。

2. 主体

主体是简报最主要的部分,一定要写得充实、有力,要用有说服力的事实、数据、情况、问题等典型材料,支持简报的结论或让读者了解真实情况,作出自己的判断。

主体部分常用的写法主要有三种:按时间顺序写,即按照事件发生、发展和结束的自然顺序来写,这种写法比较适合报道一个完整的事件;按空间变换的顺序写,这种写法适于报道一个事情的多个场面,或者用于围绕一个中心,综合报道几个方面的情况;归纳分类表述,即把所有的材料归纳成几个部分、几条经验、几种做法,分别标上序号或小标题,逐一写出。

3. 结尾

简报的结尾有两种:一种是把主体部分的情况、事实叙述完后,干净利落地结束全文;另一种是用一句话或一段话收束全文。收束全文的句子,或总括全文内容,或提出今后打算。对于未完成事件或连续性事件,通常以"事情正在处理中"或"事件发展情况将随时给予通报"等语句结尾,以加强简报的连续性。

（五）报尾

报尾在简报末页的下方,用横线与正文部分隔开。它有两个内容:一是发送范围,写在报尾的左侧;二是印发的份数,写在报尾的右下方。

四、简报的写作要求

（一）要抓住时机

简报具有很强的新闻性。因此，必须对当前中心工作的重要情况、领导十分关心的问题、对推动工作起积极作用的新事物、新经验不失时机地迅速报道。

（二）要实事求是

简报的生命力就在于真实。凡是写入简报的材料，都必须反复核实，做到真实可靠。

（三）要认真斟酌

简报具有上情下达、下情上达的重要作用。因此，对动态的估计、问题的分析、趋势的预测、思想的评判等都要认真斟酌，把握分寸。

（四）要简明扼要

简报就是简要的报道，它基本上是一事一文。文字要简洁精当，不拖泥带水，这样才会深受读者欢迎。

例文：

（内部刊物） （编号）

政务简报
第 4 期

××市人民政府办公厅　　　　　　　　　　　　　　　××××年×月×日

关于采煤沉陷治理区域农民动迁后
办理农转非有关问题办公会议的简报

　　××××年×月××日上午，副市长张××在市政府505室主持召开专题工作会议，研究采煤沉陷治理区域农民动迁后要求办理农转非的有关问题。参加会议的有市城乡规划建设委员会、国土资源局、财政局、民政局、公安局、社会保险事业管理局、治沉办、××区政府等单位有关负责同志。

　　会议决定：

　　一、关于采煤沉陷治理区域农民动迁后要求农转非问题，坚持自愿办理的原则，按照市政府〔2004〕第23号令执行。

　　二、动迁农户转非后，变户者所涉及相关待遇问题，要按照有关政策规定进行办理。

　　三、动迁农户转非后，凡持有××市采煤沉陷区综合治理办公室核发的征地动迁安置补偿协议书者，公安部门可视同有城区住宅，给予办理相关手续。

　　抄报：市政府领导、市政府有关委办局、直属机构。

　　抄送：市委、市人大、市政协、市纪委办公厅。

（共印××份）

第四部分
礼仪训练

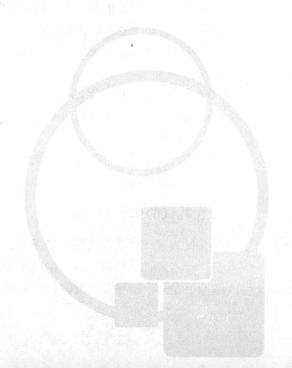

礼仪是人类为维系社会正常生活而要求人们共同遵守的最起码的道德规范，它在人们在长期共同生活和相互交往中逐渐形成，并以风俗习惯和传统等方式固定下来。对一个人来说，礼仪是一个人的道德水平、文化修养、交际能力的外在表现，对一个社会来说，礼仪是一个国家社会文明程度、道德风尚和生活习惯的反映。

一、礼仪的概念

礼：指人们发自内心的一种崇敬的感情，具体表现为礼貌和礼节。

礼貌：指人们在社会交往过程中良好的言谈和行为。礼貌侧重表现人的品质和修养，是一个人在待人接物时的外在表现。分为礼貌语言和礼貌行动。

礼节：指人在交际场合相互表示尊重、友好的惯用形式，是礼貌的具体表现方式。

礼貌与礼节相辅相成，礼是礼貌和礼节的统一体。没有礼节，就无所谓礼貌。有了礼貌，就必然伴随着具体的礼节行为。

仪：指一个人的外在形象，具体表现为仪表、仪态、仪容、仪式等；也指一件事情的分寸、度量，具体表现为仪式。

礼俗：即民俗礼仪，是指各种风俗习惯，是礼仪的一种特殊形式。礼俗是由历史形成的，普及于社会群体并根植于人们心中，在一定的环境下经常重复出现的行为方式。"十里不同风，百里不同俗"，每一个民族、每一个地区都有自己的风俗习惯。

礼仪：指人们在社会交往活动过程中形成的应共同遵守的行为规范和准则，具体表现为礼节、礼貌、仪式、仪表等；或者说用以美化自身、敬重他人的约定俗成的行为规范和程序。它是文明道德修养程度的标志。其表现形式为谦虚而恭敬的态度，优雅而得体的举止，文明而礼貌的语言，大方而高雅的装束等。

二、现代礼仪分类

现代礼仪可分成以下五个方面。

政务礼仪：是国家机关工作人员在执行国家公务时的礼仪。

商务礼仪：是企业人员在商务交往中的礼仪。

服务礼仪：是酒店、餐厅、旅行社、银行、保险公司、医院等服务行业的从业人员工作中的礼仪。

社交礼仪：是人们社会交际的礼仪。

国际礼仪：是与外国人打交道时的礼仪。

在上述礼仪中，政务礼仪、商务礼仪、服务礼仪是按照行业划分的，是人们在工作岗位上应遵守的，故可称为行业礼仪或职业礼仪。而社交礼仪、国际礼仪，则是按照交往范围划分的，所以二者均可以称为交往礼仪。

三、礼仪的作用和功能

中华民族素有"礼仪之邦"的美誉，我国历史上第一位礼仪学专家孔子认为，礼仪是一个人"修身养性、持家立业、治国平天下"的基础，即礼仪是普通人修身养性、持家立业的基础，是一个领导者治理国家的基础。

生活中最重要的是以礼待人,有时候礼的作用不可估量,从某种意义上讲,礼仪比智慧和学问都重要。美国著名的成功学家卡耐基认为,一个人事业的成功,只有15%取决于他的专业知识,而70%则要靠人际关系和为人处世能力(品质和社交能力、社交技巧和原则,非庸俗关系)。

学习礼仪有以下作用。

(一)弘扬礼仪传统

中华民族素以礼仪之邦著称于世,几千年来创造了一整套独具特色的礼节、仪式、风尚、习俗、节令、规章和典制等,为广大人民所喜爱和沿袭,这些礼仪习俗,反映了中华民族的传统美德与优良品质,勾画了中华民族的历史风貌。

《仪礼》《周礼》《礼记》合称为"三礼"。"三礼"是我国最早最重要的礼仪论著。

《三字经》是我国流传时间最长、范围最广、影响最大的一本启蒙教材,相传为南宋学者王应麟所著,它被人们誉为"古今奇书"。《三字经》已经被翻译成英、法、俄等多种文字在国外流传,还被联合国教科文组织选作儿童道德教育丛书。在我国的历史上还流传着许多讲究礼仪的佳话。比如"廉蔺交欢"(讲究礼让)、"张良纳履"(尊老敬贤)、"程门立雪"(尊敬老师)、"管鲍之交"(交友之道)、"三顾茅庐"(待人以诚),这些故事脍炙人口、妇孺皆知,对今人仍有很大的教育意义。

可见,讲究礼仪,按照礼仪要求规范我们的行为,对继承我国礼仪传统、弘扬我国优良的礼仪风范,具有十分重要的作用。

(二)提高自身修养

礼仪是一种高尚、美好的行为方式,它可以净化人的心灵,陶冶人的情操,提高人的品位,完善人生。一个人讲究礼仪,会使自己心胸豁达、谦虚诚恳、遵守纪律、乐于助人。在礼仪的熏陶下,人们会自觉提高修养、匡正缺点,成为一个道德高尚的人。

(三)完善个人形象

讲究礼仪关系到个人的形象。人人都希望自己在公众面前有一个良好的形象,以受到别人的信任和尊重,使人际关系和谐、融洽。而礼仪是塑造形象的重要手段。一个人讲究礼仪,就可以变得充满魅力。

(四)增进交往、改善人际关系

亚里士多德说,一个人不和别人打交道,不是一个神就是一个兽。不管你是什么人,都要和别人交往,既然要和别人交往,就要有交往的艺术,所以学习礼仪有助于交往,改善人际关系。

(五)塑造组织形象

每个组织都希望有一个良好的形象,而组织形象的塑造处处都需要礼仪,通过员工的仪容仪表、言谈举止、礼貌礼节、仪式及活动过程表现出来,是塑造组织形象的基础工程。任何不讲究礼仪的组织,都不可能获得良好的社会形象认知。

(六)建设社会主义精神文明

古人说"礼义廉耻,国之四维",礼仪是立国的精神要素之本。在社会主义精神文明建设中,讲究礼节礼仪、注重礼貌是最基本的要求,它对建设精神文明起着基础作用。倡导符合现代文明的礼仪礼节、有利于促进社会主义精神文明建设,提高中华民族整体的文明素质，有利于形成和谐的社会环境。

四、交际礼仪的原则

（一）遵守的原则

礼仪规范是为维护社会生活稳定而形成和存在的，实际上反映了人们的共同利益要求。社会上的每个成员不论身份高低、财富多少，都有自觉遵守、应用礼仪的义务，都要以礼仪去规范自己的一言一行、一举一动。如果违背了礼仪规范，会受到社会舆论的谴责，交际也就难以成功。

（二）敬人的原则

孔子说："礼者，敬人也。"敬人是礼仪的一个基本原则，礼最重要的要求就是尊重，尊重上级是一种天职，尊重同事是一种本分，尊重下级是一种美德，尊重客人是一种常识，尊重对手是一种风度，尊重所有人是一种教养，当然，我们强调的尊重不仅仅是尊重他人，也包括自尊。

（三）宽容的原则

宽容就是要求人们既要严于律己，又要宽以待人，要多容忍他人，多体谅他人，多理解他人，不能求全责备、斤斤计较、过分苛求、咄咄逼人。唯有宽容才能排除人际交往中的各种障碍。

（四）适度的原则

凡事过犹不及，人际交往要因人而异，要考虑时间、地点、环境等条件。施礼过度或不足，都是失礼的表现。比如见面时握手时间过长，或是见谁都主动伸手，不讲究主次、长幼、性别。礼仪的施行是内心情感的表露，只要内心情感表达出来，就完成了礼仪的使命。

（五）真诚的原则

交际礼仪的运用基于对他人的态度，如果能抱着诚意与对方交往，那么你的行为自然而然地便显示出对对方的关切与爱心。唯有真诚，才能使你的行为举止自然得体。与此相反，倘若仅把运用礼仪作为一种道具和伪装，在具体操作礼仪规范时口是心非、言行不一、弄虚作假、投机取巧，或是当面一个样、背后一个样，有求于人时一个样、被人所求时又一个样，将礼仪等同于"厚黑学"，是违背交际礼仪的基本原则的。

第十一章

个人礼仪

本章导读

个人是社交的基本参与者，离开了个人的参与，社交将难以进行，甚至无从谈起。

社交礼仪的核心，在于以适当之法敬人，即所谓"礼者，敬人也"。然而，作为社交的参与者，每个人在以礼对待社交对象同时，也有必要对个人形象加以关注，以免非礼或失仪。个人礼仪，就是有关个人形象的构建、塑造与维护的具体规范，它是社交参与者在社交之前必须注意的。因此，个人礼仪被视为社交礼仪的基础。有时，个人礼仪又称私人礼仪，因为它所处理的大体上都是私人之事。

导入案例

案例1　请另谋高位

一次某公司招聘文秘人员，由于待遇优厚，应者如云。中文系毕业的小节同学前往面试，她的背景材料可能是最棒的：大学四年中，在各类刊物上发表了三万字的作品，内容有小说、诗歌、散文、评论、政论等，还为六家公司策划过周年庆典，一口英语也极为流利，书法也堪称佳作。小节五官端正，身材高挑匀称。面试时，招聘者拿着她的材料等她进来。小李穿着迷你裙，露出藕段似的大腿，上身是露脐装，涂着鲜红的唇膏，轻盈地走到一位考官面前，不请自坐，随后跷起了二郎腿，笑眯眯地等着问话，孰料，三位招聘者互相交换了一下眼色，主考官说："李小姐，请下去等通知吧。"她喜形于色："好！"挎起小包飞跑出门。

讨论题：

(1) 李小姐应聘为什么会失败？
(2) 服装美的最高境界是外在美和内在美的统一，你对这个问题是怎样理解的？

案例2 浓妆淡抹总相宜

王芳，某高校文秘专业高才生，毕业后就职于一家公司做文员。为适应工作需要，上班时，她毅然放弃了"清纯少女妆"，化起了整洁、漂亮、端庄的"白领丽人妆"：不脱色粉底液，修饰自然、稍带棱角的眉毛，与服装色系搭配的灰度高偏浅色的眼影，紧贴上睫毛根部描画的灰棕色眼线，黑色自然型睫毛，再加上自然的唇型和略显浓艳的唇色，虽化了妆，却好似没有化妆，整个妆容清爽自然，尽显自信、成熟、干练的气质。但在公休日，她又给自己来了一个大变脸，化起了久违的"青春少女妆"：粉蓝或粉绿、粉红、粉黄、粉白等颜色的眼影，彩色系列的睫毛膏和眼线，粉红或粉橘的腮红，自然系的唇彩或唇油，看上去娇嫩欲滴，鲜亮淡雅，整个身心都备感轻松。心情好，自然工作效率就高。一年来，王芳以自己得体的外在形象、勤奋的工作态度和骄人的业绩，赢得了公司同人的好评。

【分析】俗话说，穿衣打扮，各有所爱。自己喜欢穿什么样的衣服是个人的事情，与别人没有关系，但是作为职场中的人来说，你的衣着却不仅仅是个人的事。因为你的衣着要和你的职业身份相符合，身上穿的衣服不仅代表了自己的品位，还代表着单位的形象，代表着对别人的尊重。在社交场合，从某种意义上说，你的衣着就是一封无言的介绍信，向你的交往对象传递着各种信息，别人可以从你的衣着上看出你的品位、你的个性，甚至可以看出你的职业状况。著名影星索菲亚·罗兰就深有感触地说过："你的服装往往表明你是哪一类人物，它们代表着你的个性。一个和你会面的人往往自觉不自觉地根据你的衣着来判断你的为人。"莎士比亚也说过："服装往往可以表现人格。"总之，穿衣是"形象工程"的大事。西方的服装设计大师认为："服装不能造出完人，但是第一印象的80%来自着装。"因此，千万不要掉以轻心。

第一节 仪容礼仪

仪容，通常是指人的外观、容貌。在人际交往中，每个人的仪容都会引起交往对象的特别关注，进而影响到对方对自己的整体评价。

个人礼仪对仪容的首要要求是仪容美。具体含义主要有三层：

首先，仪容自然美。指的是仪容先天条件好，天生丽质。尽管以貌取人不合情理，但先天美好的相貌，无疑会令人赏心悦目。

其次，仪容修饰美。指依照规范与个人条件，对仪容进行必要的修饰，扬长避短，设计、塑造出美好的个人形象。

最后，仪容内在美。指通过努力学习，不断提高个人的文化素养和思想道德水准，培养高雅的气质与美好的心灵，使自己秀外慧中、表里如一。

真正意义上的仪容美，应当是三者的高度统一。忽略其中任何一个方面，都会使仪容美失之于偏颇。

在这三者之中，仪容的内在美是美的最高境界；仪容的自然美是人们的普遍愿望；而仪容的修饰美则是仪容礼仪关注的重点。

要做到仪容修饰美，自然要注意修饰仪容。修饰仪容的基本规则是：美观、整洁、卫生、得体。

进行个人仪容修饰时，应当引起注意的通常有头发、面容、手臂、腿部、化妆五个方面。

一、头发的修饰

修饰头发，应注意的问题有三个方面：

（一）勤于梳洗

不论有无交际活动，平日都要对自己的头发勤于梳洗。对头发勤于梳洗，既有助于保养头发，又有助于消除异味。若是对头发懒于梳洗，弄得自己蓬头垢面，满头汗馊、油味，发屑随处可见，是很败坏个人形象的。

（二）长短适中

从社交礼仪和审美的角度看，一个人头发的长短受到若干因素的制约，不可一味地只讲自由与个性，而不讲规范。

影响头发长度的制约因素有：

1. 性别因素

人分男女，男女有别，在头发的长度上要有所体现。一般认为，女士可以留短发，但很少理寸发；男士头发可以稍长，但不宜长发披肩、梳辫挽髻。

2. 身高因素

头发的长度，在一定程度上与个人身高有关。以女士留长发为例，头发的长度就应与身高成正比。一个矮个的女士若长发过腰，会显得自己的个头更矮。

3. 年龄因素

人有长幼之分，头发的长短亦受此影响。飘逸披肩的秀发，应是少女的象征，七十岁的老太太就应该是偏短的发型。

4. 职业因素

职业对头发的长度影响很大。商界对头发的长度大都有明确的限制：女士头发不宜长过肩部，必要时应以盘发、束发作为变通；男士不宜留鬓角、发帘，发长最好不超过7厘米，即大致不触及衬衫领口。

（三）美发自然

美发不仅要美观大方，而且要自然，不宜雕琢痕迹过重，或是不合时宜。在通常情况下，美发有四种方式：

1. 烫发

即运用物理或化学手段，将头发做成适当形状。决定烫发之前，先看一下与本人发质、年龄、职业是否适合。

2. 染发

发色不理想，或是头发变白，即可使用染发剂使其变色。

3. 做发

即运用发乳、发胶、摩丝等美发用品,将头发塑造成一定形状,或对其进行护理。

4. 假发

头发有缺陷者,可选戴假发。

二、面容的修饰

有句俗话说,"健不健,看容面"。人的面容,是七情表演的"舞台"。修饰面容,首先要洗脸,使之干净清爽,无油污、无汗渍、无泪痕、无不洁之物。每天仅在早上起床后洗一次脸远远不够。午休后、用餐后、出汗后、劳动后、外出后,最好再洗一次脸。

修饰面容,具体到各个不同的部位,还有一些不尽相同的规定,需要具体情况具体对待。

1. 眼睛

保洁。主要指眼部分泌物的及时清除。若眼睛患有传染病,应自觉回避社交活动,省得让他人提心吊胆。

修眉。如感到自己的眉形不美观,可进行必要的修饰。但不提倡文眉,更不要剃去所有眉毛,刻意标新立异。

眼镜。眼镜应经常擦拭,保持清洁。

2. 耳朵

在洗澡、洗头、洗脸时,注意清洗耳朵。必要时,必须清除耳孔中不洁的分泌物,但不可在他人面前做。

耳毛过长时,应对其进行修剪。

3. 鼻子

平时应注意保持鼻腔清洁,不要让异物堵塞鼻孔,或是让鼻涕流淌。不要在别人面前吸鼻子、擤鼻涕、挖鼻孔。鼻毛过长时应及时进行修剪。

4. 嘴巴

牙齿洁白,口腔无味,是修饰上的基本要求。要做好这一点,一要每天早晚和饭后刷牙;二要经常用爽口液、牙签、洗牙等方式方法护理牙齿;三要在重要应酬之前忌烟、酒、葱、蒜、韭菜、腐乳之类气味刺鼻的东西。

咳嗽、清嗓、哈欠、喷嚏、吐痰等都是不雅举止,在社交场合应当避免出现。

胡须是男子的生理特点,若无特殊宗教信仰和民族习惯,最好不要蓄须,要经常剃须,保持脸部清爽。

三、手臂的修饰

修饰手臂可以分为手掌、肩臂与汗毛三个方面。

1. 手掌

在日常生活中,手是接触其他人、物体最多的部位,从卫生角度考虑,应当勤洗手。手指甲应经常修剪,不要留长指甲,如果指甲周围有死皮,应将其修剪掉。若皮肤粗糙、红肿、皲裂,应及时进行护理和治疗。若手掌长癣、生疮、发炎、破损,则不仅要治疗,还应避免接触他人。

2. 肩臂

修饰肩臂最重要的就是着装时肩臂的露与不露。在正式的政务、商务、学术、外交活动中,人们的手臂,尤其是肩部,不应当裸露在衣服之外,也就是说在这些场合不宜穿着半袖装或无袖装。非正式场合不限制。

3. 汗毛

因个人生理条件不同,有的人手臂上汗毛浓密,最好采用适当的方法进行脱毛。

在他人面前,尤其是在外人或异性面前,腋毛是不应为对方所见的,女士要特别注意这一点。在正式场合,一定不要穿着会令腋毛外露的服装。在非正式场合,若打算穿着暴露腋窝的服装,则务必先行脱去或剃去腋毛。

四、腿部的修饰

修饰腿部应当注意的三个问题,即脚部、腿部和汗毛。

1. 脚部

在正式场合是不允许不穿袜子的。平时应注意保持脚部的卫生,鞋子、袜子要勤洗勤换,脚要每天洗,袜子则应每日一换。趾甲要勤修剪。

2. 腿部

在正式场合,不允许男士暴露腿部,也就是说不允许男士穿短裤。女士可以穿长裤、裙子,但也不得穿短裤或是超短裙。在正式场合,女士的裙长应过膝部。

3. 汗毛

男士腿部汗毛大都较重,所以在正式场合要避免暴露。女士若腿部汗毛较多时,最好剃除,或者选择深色丝袜加以遮掩。

五、化妆

化妆是修饰仪容的一种方法,是指采用化妆品和一定技法进行修饰装扮,以使自己容貌变得靓丽。在人际交往中,进行适当的化妆是必要的,这既是自尊,也是对交往对象的尊重。在一般情况下,女士对化妆更加重视。男士也有必要进行适当的化妆。

(一) 化妆的原则

化妆应遵循以下三条原则。

1. 美化

化妆意在使人变得更加美丽,因此在化妆时要注意适度修饰。化妆不要寻求新奇,有意无意将自己丑化、怪异化。

2. 自然

化妆既要美化,又要自然。化妆的最高境界,是没有人工美化的痕迹,好似天然。

3. 协调

高水平的化妆强调的是整体效果,应努力使妆面与全身、场合、身份协调。

(二) 化妆的礼规

不当众进行化妆,化妆应避开众人,否则有卖弄或吸引异性之嫌。

化妆不能过浓、过重,香气四溢,令人窒息,这对他人会造成妨碍。

若妆面出现残缺,应及时避人补妆。

借用他人化妆品不卫生,故应避免。

(三) 女士如何化妆

在现代女性的生活中,化妆已经成为一项重要内容。化妆是礼仪的需要,掌握一些基本的化妆术,可以提高女性魅力,为女性的生活和工作增添光彩。

化妆的第一步是彻底清洁脸部,以清洁皮肤为目的。

上化妆水,以洁肤、润肤、紧肤和调理肌肤为目的。

擦润肤霜,滋润皮肤。

施粉底,使皮肤显得自然而有光泽,使化好的妆看起来细腻而有质感。施粉底时,要注意脸上的T形部位,即额头至鼻尖的区域。这一部位通常爱分泌油脂,容易脱妆,所以粉底要特别注意擦均匀。

扑脸粉,用以定妆,防止化妆脱落,并可抑制过度的油光。用大而松的粉扑取粉拍在脸上,多余的粉用干净的粉刷扫去。香粉要根据自身的肤色选择,白的皮肤可选浅色,皮肤黝黑的可选择麦色。

上腮红,可使脸部显得健康,脸型不够理想的也可以用腮红来调整。涂腮红时,应用粉刷沿颧骨向鬓边刷成狭长的一条。脸型不够理想者,在刷好腮红后,还应用较深的腮影来遮盖缺陷。如两腮较大者,可用深色腮影刷出满意的脸型,并将突出的两腮用腮影遮盖;颧骨过高者,可在颧骨四周涂深色腮影,腮边及两鬓可涂上浅色腮影。

眼部化妆,包括画眼线和涂眼影两部分。在日常生活的简单化妆中,可只画眼线,略去涂眼影这一步。眼线可使眼睛看上去大而有神。眼线的基本画法是:沿眼睛轮廓,上眼线全画实,下眼线则从大眼睑离眼端三分之一处画至眼尾,而不能把眼睛的四周涂成黑黑的一圈。

根据需要,可以在眼部涂上眼影,造成深邃动人的感觉。东方女子同西方女子相比,眼窝浅且多眼袋浮肿,因此不能用西方女子喜爱的蓝色、红色眼影,较适合的有珊瑚色、朱红色、橘色、灰色等。涂眼影要用眼影棒或粉刷轻轻沿45°方向涂在上眼皮上并向眼尾处抹匀,并可在眼头或眼尾处加以强调,以达到不同的效果。

画完眼线和眼影,可抹上睫毛膏,使睫毛显得长而密,眼睛明亮有神。

描眉,能够使眉毛更有形,从而衬托整个脸部。

勾画鼻侧影,作用在于修正鼻形,使鼻梁挺拔。

描唇,用唇线笔先描出唇形。如对唇形不满意,也要先用唇线笔画出理想的形状,再涂口红加以修正。为使涂上的口红不易脱落,可先涂一层口红,然后用面巾蘸去浮色,再涂一层无色上光唇油,就不会发生将口红印在餐具上的难看局面了。

第二节 仪表礼仪

仪表美归根结底是为了显示人体美,所以也是人外在美的组成部分。仪表装饰包括配饰和服装等,恰当的装饰可以扬美遮丑,而不得体的装饰却可能弄巧成拙。

服饰是一种文化,它反映着一个民族的文化水平和物质文明发展的程度。服饰具有极强的表现功能,在社交活动中,人们可以通过服饰来判断一个人的身份、地位、涵养;通过服饰可展示个体内心对美的追求、体现自我的审美感受;通过服饰可以增进一个人的仪表、气质。所以,服饰是人类的一种内在美和外在美的统一。要想塑造一个真正美的自我,首先就要掌握服饰打扮的礼仪规范,用和谐得体的穿着来展示自己的才华和美学修养,以获得更高的社交地位。

孔夫子说过:"见人不可以不饰。不饰无貌,无貌不敬,不敬无礼,无礼不立。"他所谓的"饰",应该指的就是服装。由此可见,学习服装礼仪,遵守服装礼仪,实乃人际交往取得成功的一个前提。

一、着装的原则

服饰打扮虽说由于每人的喜好不同,打扮方式不同,产生的效果也不同,因此也成就了五彩斑斓的服饰世界,但我们根据人们的审美观及审美心理还是有一些基本的原则可循。

(一)整洁原则

这是服饰打扮的一个最基本的原则。一个穿着整洁的人总能给人以积极向上的感觉,并且也表示出对交往对方的尊重和对社交活动的重视。整洁原则并不意味着时髦和高档,只要保持服饰的干净合体即可。

(二)个性原则

个性原则是社交场合树立个人形象的要求。不同的人由于年龄、性格、职业、文化素养等各方面的不同,自然就会形成各自不同的气质,因此穿着打扮要符合个人气质。要选择适合自己的服饰,这样,可以尽显个人风采。要使打扮富有个性,还要注意不要盲目赶时髦,因为最时髦的东西不一定美,也不要盲目模仿别人,一定从自己特点出发。

(三)和谐原则

所谓和谐是指协调得体,即选择服饰不仅要与自身体形相协调,还要与自己的年龄、肤色相匹配。服饰本是一种艺术,能掩盖体形的某些不足,我们要借助于服饰,塑造出美妙的身材。不论是高矮胖瘦,年轻的还是年长的,只要根据自己的特点,用心地去选择适合自己的服饰,总能体现出个人的神韵。

(四)着装的 TPO 原则

TPO 分别是 Time、Place、Occasion 三个英语单词的首字母,即着装的时间、地点和场合。一件漂亮的服饰不一定适合在所有的场合、时间、地点穿着。在着装时应考虑到这三方面的因素。

(1) 着装的时间原则:包含每天早、中、晚的变化,春、夏、秋、冬的变化。
(2) 着装的地点原则:服饰的穿着要与环境相适应。
(3) 着装的场合原则:服饰的穿着要与所处的场合气氛相协调。

TPO原则的三要素是相互贯通、相辅相成的。人们在社交活动与工作中，总是会处于一个特定的时间、地点和场合，因此在着装时，应综合考虑自己怎样打扮才合适。

二、色彩搭配

服饰美是款式美、质料美和色彩美三者完美统一的体现，形、质、色三者相互衬托、相互依存，构成了服饰美的统一整体。在生活中，色彩是最引人注目的，因为色彩对人的视觉刺激最敏感、最强烈，会给人留下很深的印象。

服饰色彩的搭配应遵循一般的美学常识。服装与服装、服装与饰物、饰物与饰物之间应色调和谐、层次分明。饰物只能起到"画龙点睛"的作用，而不应喧宾夺主。服饰色彩在统一的基础上应寻求变化，肤与服、服与饰、饰与饰之间在变化的基础上应寻求平衡。一般认为，衣服里料的颜色与表料的颜色，衣服中某一色与饰物的颜色均可进行呼应式搭配。

（一）服饰色彩搭配的方法

1. 同色搭配

即由色彩相近或相同，明度有层次变化的色彩相互搭配造成一种统一和谐的效果。如墨绿配浅绿、咖啡色配米色等。在同色搭配时，宜上淡下深、上明下暗，这样整体上就有一种稳重踏实之感。

2. 相似色搭配

色彩学把色环上大约90°以内的邻近色称为相似色。如蓝与绿、红与橙。相似色搭配时，两个色的明度、纯度要错开，如深一点的蓝色和浅一点的绿色配在一起比较合适。

3. 主色搭配

主色搭配是指选一种起主导作用的颜色，相配于其他颜色，造成一种相互映衬的效果。采用这种配色方法，应首先确定服饰的基调，其次选择与基调一致的主色，最后再选出适合的辅色。主色调搭配如果选色不当，容易造成混乱不堪，有损整体形象，因此使用的时候要慎重。

（二）色彩搭配的主要因素

在选择服饰色彩的时候，不仅要考虑色彩之间的相配，还要考虑与着装者的年龄、体形、肤色、性格、职业等相配。

1. 服色与年龄

不论年轻人还是年长者都有权利打扮自己，但是在打扮时要注意，不同年龄的人有不同的着装要求。年轻人的穿着可鲜艳、活泼和随意些，这样可以充分体现年轻人朝气蓬勃的青春美；而中老年人的着装则要注意庄重、雅致、含蓄，体现出成熟和端庄，充分表现出成熟之美。无论哪个年龄段的人，只要着装与年龄相协调，都可以显示出独特的韵味。

2. 服色与体形

人高矮胖瘦各不相同，不同的体形着装要有所区别。

高大的人在服饰选择与搭配上，以深色、单色为好，太亮太淡太花的色彩都有一种扩张感，使着装者显得更高大。

较矮的人，服饰的颜色稍淡、明快、柔和一些为好，上下色彩一致可以造成修长之感。

较胖的人在服饰颜色的选择上，以冷色调为好，暖色调会使人显胖。

偏瘦的人，服饰颜色以明亮、柔和为好，太深太暗的色彩会使人显得瘦弱。

3. 服色与肤色

肤色影响者服饰搭配的效果，也影响服饰的色彩。但反过来，服饰的色彩同样能作用于人的肤色。

一般认为肤色发黄或略黑、皮肤粗糙的人，在选择服饰色彩时应慎重。服饰色彩过深，会加深肤色偏黑的感觉，使肤色毫无生气；反之，也不宜用过浅的颜色，颜色过浅，会反衬出肤色的黝黑，同样会令人显得暗淡无光。这种肤色的人最适合选用的是与肤色对比不强的粉色系、蓝绿色系。最忌明亮的黄、橙、蓝、紫色或极暗的褐色、黑紫色、黑色等。

肤色略带灰黄，不宜选用米黄色、土黄色、灰色的服饰，否则会显得精神不振。

肤色发红，则应选择稍冷或浅色的服饰，但不宜选择浅绿色和蓝绿色，因为这种强烈的色彩对比会使肤色显得发紫。

4. 服色与性格

不同的性格需要由不同的色彩来表现，只有选择与性格相符的服色才会给人带来舒适与愉快的感觉。性格内向的人，一般喜欢选择较为沉着的颜色，如青、灰、蓝、黑等；性格外向的人，一般选择暖色或色彩纯度高的服饰为佳，如红、橙、黄、玫瑰红等。

5. 服色与职业

不同的职业有不同的着装要求，如法官的服色一般为黑色，以显示出庄重、威严；银行职员的服色一般选用深色，这会给客户以牢靠、可信的感觉。

三、男士西装的穿着礼仪

（一）西装分类与适用环境

西装有单件上装和套装之分，套装又分两件套和三件套。一般非正式场合如旅游、参观、一般性聚会等，可穿单件上装配以其他西裤，也可根据需要和爱好，配以牛仔裤等。在半正式场合，如一般性会见、访问、较高级的会议和白天举行的较为隆重的活动，应着套装，但也可视场合气氛选择格调较为轻松的色彩和图案，如花格呢、粗条纹、淡色的套装等。在正式场合，如宴会、正式会见、婚丧活动、大型记者招待会、正式典礼及特定的晚间社交活动，必须穿着颜色素雅的套装，以深色、单色最为适宜，花格五彩图案的西装不够严肃。

（二）西装纽扣样式的选择

西装的风格在纽扣样式上能得到很好体现。西装的纽扣除实用功能外，还有重要的装饰和造型作用。西装有单排纽和双排纽之分。单排纽又有单粒扣、双粒扣、三粒扣之别。在非正式场合，一般可不扣纽扣，以显示潇洒飘逸的风度；但在正式和半正式场合，要将实际纽扣，即单粒扣、双粒扣的第一粒、三粒扣的中间一粒扣上，而双粒扣的第二粒，三粒扣的第一、三粒都是样纽（也称游扣），不必扣上。双排纽有四粒扣和六粒扣之别，上面的两粒或四粒都是样纽，不必扣上。

（三）西裤穿着

西裤作为西装整体的另一个主体部分，要求与上装互相协调，以构成和谐的整体。西裤立裆的长度以皮带的鼻子正好通过胯骨上边为宜，裤腰大小以合扣后抵入一手掌为标准，裤长以裤脚接触脚背为宜。西裤穿着时,裤扣要扣好,拉锁要拉严。西裤的皮带一般在2.5~3厘米的宽度较为美观,皮带系好后留有皮带头的长度一般为12厘米左右,过长或过短都不合美学要求。

(四) 衬衫选配

社交场合穿西装,衬衫选择也是个重点,颇有讲究。一般来说,与西装配套的衬衫必须挺括整洁无皱褶,尤其是领口和袖口。在正式场合,无论是否与西装合穿,长袖衬衫的下摆必须塞在西裤里,袖口必须扣上不可翻起。不系领带时,衬衫领口可以敞开,如系领带,应着有座硬领的衬衫,合领,合领后以抵入一个手指为宜。衬衫袖子长度以长出西装袖口1~2.5厘米为合乎礼仪要求。夏季着短袖衬衫时,一般也应将下摆塞在裤内,但无座软领短袖衬衫例外。

(五) 领带的佩戴

佩戴不同的领带能给同一套西装带来神韵的变化。领带不仅是西装的重要装饰品,也是西装的有机组成部分。有人曾说:"领带是西装的灵魂。"领带的种类很多,大体分为一般型领带和变型领带两种。一般型领带有活结领带、方型领带、蝴蝶结领带等;变型领带有阿司阔领带、西部式领带、线环领带等。从领带面料分,有毛织、丝质、皮制和化纤几种。从花型上分,又有小花型、条纹花型、点子花型、图案花型、条纹图案结合花型、古香缎花型等。一般在正式或半正式场合,都应佩戴领带。领带的扎法(图4-1)也很有讲究,一般是扣好衬衣领后,将领带套在衣领外,然后将宽的一片稍稍压在领角下,抽拉另一端,领带就自然夹在衣领中间,而不必把领子翻立起来。系领带最重要的部位是领结,不同的系法可以得到不同大小和形状的领结。各人可视衬衫领子的角度选择自己所喜欢的领带系扎方法,通常领子角度较小的宜选用小领结的扎法,而领子角度较大的宜选用大领结的扎法。但不论哪种系扎方法,领带系好后,两端都应自然下垂,上面宽的一片必须略长于底下窄的一片,绝不能相反,当然上片也不宜长出过多,以致领带尖压住裤腰,甚至垂至裤腰之下而不雅。如有西装背心相配,领带必置背心之内,领带尖亦不可露于背心之外。领带的宽度不宜过窄,过窄会显得小气,宽度应与人的脸型及西装领、衬衫硬领的宽度相协调。

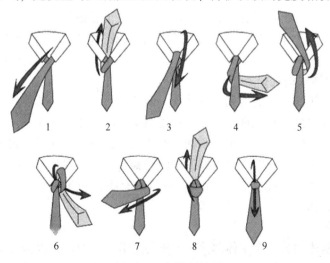

图4-1 领带的结法

(六）西装的手帕与衣袋

有些社交场合要用到西装手帕。西装手帕能起到画龙点睛、锦上添花的效果。装饰性的手帕一般是白色的,要熨烫平整,根据不同场合需要折叠成不同形状,分别抵于西装的上衣袋中。其中,隆起式是郊游、嬉戏场合常见的样式。方法是将手帕的边角掩入袋内,外露部分呈自然隆起状,无造作感,不露棱角。这样的风格在美国被称为"爱彼情调"。皱褶式大方自然,它是将手帕的底端沉入袋底,棱角毕露,好像触角窥青天,展示出无拘无束的姿态。花瓣式好似花瓣一样,方法是沿手帕边缘做规则折叠,四个尖角参差不齐,半露于衣袋之外,宛若芙蓉出水,格调高雅,这种样式用于礼仪场合颇为恰当。还有一种 TV 摺式,TV 摺的名称来源于西方电视快餐方盒的外形,它是将手帕接连对等折叠,平贴于袋内,边缘露出袋外约 1 厘米,这种样式多用于宽驳头的西装。此外,三角形、三尖形、双尖形的样式折叠方法较为简单,一般场合比较多见。

西装衣袋的整理同样重要。上衣两侧的两个衣袋只作为装饰用,不宜装东西,上衣胸部的衣袋是专装手帕之用。而票夹、笔记本、笔等物品可置上衣内侧衣袋。西裤的左右抵袋和后袋同样不宜放鼓囊之物,以求臀围合适流畅,裤型美观。

西装着装中核心的三部分是西装及衬衫、领带的正确选用和穿戴,这三者间的搭配和谐、整体协调会更使着装者风度翩翩、格外优雅而魅力彰显。按一般规律,深色西装配穿白色衬衫是最合适的选择。如是杂色西装,配以色调相同或近似的衬衫,效果也不差。但带条纹的西装配以方格的衬衫,效果可能就不太理想,条条块块给人以散乱的感觉;反之亦然。总之,人们的一般思路是衬衫和西装在色调上要成对比,西装颜色越深,衬衫越要明快。同时不能忘了领带的映衬作用。西装的色调稳重,领带的颜色不妨相对明快一些。而西装的色调朴实淡雅,领带则必须华丽而又明亮,否则看上去会模糊不清,尤其当衬衫的颜色不明快时更应选配鲜艳的领带。不过,不是绝对的,假如西装与领带的色调一致只要二者在颜色上有深浅变化,成为互补或二者成对比色,而这种对比又是整套西装中唯一的对比,也是有特殊效果的。这里还要提醒一点的是,西装和领带的花纹(比如是条纹型)不能重复;二者花纹不一样,也可以相配,但图案规格不宜太大,否则看起来过于奇巧。

(七）西装穿着注意事项

(1) 穿西装时不要穿白色袜子,尤其是深色西装,一定要搭配同色系的袜子。
(2) 西装袖口的商标一定要剪掉。
(3) 衬衫一定要干净,不要出现脏领口、脏袖口。
(4) 衬衫的袖口应略长于西装袖口。
(5) 忌衬衫放在西裤外。
(6) 西装一定要熨挺括,不能皱皱巴巴。
(7) 忌西装的衣、裤袋内鼓鼓囊囊。
(8) 不要在腰间别任何东西。
(9) 忌西裤过短,标准西裤长度为裤长盖住皮鞋。
(10) 穿西装的男士要展现绅士风度,有"站如松、坐如钟"之态。
(11) 如果系领带的话,领带尖应盖住皮带扣。
(12) 除非是在解领带,否则无论何时何地松开领带结都是很不礼貌的。

(13) 皮鞋一定要擦亮。

(14) 如果皮带和皮鞋不是同一质地的,就要在颜色上统一。

四、首饰佩戴的原则

(一) 数量规则

佩戴首饰的数量越少越好。如果没有合适的首饰可以什么都不戴,如果一定要同时佩戴几件首饰,一定不要超过三种。避免佩戴一件以上的同类型首饰,不包含手镯和耳环,不包括新娘。

(二) 质地规则

不同材质的首饰,适合在不同场合佩戴。通常在工作中和生活中不适合佩戴贵重的珠宝首饰,这种档次较高的首饰比较适合在正式的重要的社交场合佩戴。同时,在佩戴首饰时应力求全身首饰材质相同。如果是佩戴有镶嵌物的首饰,镶嵌的宝石应与其他镶嵌物上的宝石一致,而贵金属材质的托架也应尽量做到颜色质地的相同。这样能够让整体看起来更加和谐统一。

(三) 色彩规则

佩戴首饰应该保持全身的饰品同属一个色系。如果全身佩戴超过两件首饰,应该考虑保持色彩的相似。即使佩戴有镶嵌的首饰,也应该保持主色调的搭配一致。一定不可以将几种颜色鲜艳的首饰搭配在一起,这样很容易将自己装扮成一棵"圣诞树"。

(四) 体形规则

首饰的佩戴也根据自身的形体条件来搭配,佩戴首饰主要是起到修饰和协调形体的作用,应尽量做到扬长避短。因此,在佩戴首饰的时候,应该了解自身的优势和缺陷,尽量以佩戴饰品来弥补缺陷,也就是我们所说的避短。

(五) 身份规则

佩戴首饰应考虑首饰与身份的协调。主要是从年龄、性别、职业和工作氛围的角度来考虑,佩戴的饰品应该与这些因素相一致,而不能与整体风格偏离太多。

(六) 季节规则

佩戴首饰应根据不同的季节选择不同颜色和材质的首饰。通常来说,不同的季节所佩戴的首饰也不一样。比如,夏季更适合佩戴颜色清凉鲜艳的首饰;而冬季比较适合佩戴暖色调的首饰,如金色、橘黄色的等。

(七) 习俗规则

佩戴首饰应符合民族习俗。我国有很多民族,每一个民族佩戴首饰的习俗都不相同。因此,当你身处异族中,应该了解该民族佩戴首饰的习俗和寓意。

(八) 搭配规则

佩戴首饰应与服装相统一。佩戴首饰应注意与服装和整体形象的搭配,应该根据服装的风格、材质、颜色、样式,选择首饰的风格和材质,使首饰与服装相互映衬。

第三节 仪态礼仪

仪态也叫仪姿、姿态,泛指人们身体所呈现出的各种形态,包括举止动作、神态表情和相对静止的体态。人的面部表情、体态变化、行走站立、举手投足都可以表达思想感情。仪态是表现个人涵养的一面镜子,也是构成一个人外在美好的主要因素。不同的仪态显示人们不同的精神状态和文化教养,传递不同的信息,因此仪态又被称为体态语。

一、举止礼仪

(一) 站姿——挺直如松的站姿

正确的站姿会给人以挺拔俊秀、庄重大方、精力充沛、信心十足、积极向上的印象。站立时,竖看要有直立感,整个身体大体呈直线,横看要有开阔感,侧看要有垂直感,从耳朵到颈到脚踝应大体呈直线,给人一种挺、直、高的美感。男女站姿要形成不同的风格,男子要显得风度洒脱,挺拔向上。女子应显得庄重大方,亭亭玉立。

1. 肃立式站姿

头正、颈直、双目平视、面容平和自然,两肩放松、稍向下沉,躯干挺直;收腹、立腰、挺胸、提臀;双臂自然下垂于身体两侧,手指并拢自然弯曲,中指贴近裤缝;双膝并拢,两腿直立,脚跟靠紧,脚掌分开呈"V"字形,角度呈45°~60°。肃立适合于隆重集会,如升旗、庆典、剪彩等仪式。

2. 直立式站姿

(1) 男士:两脚尖平行分开,两脚尖之间距离不超过肩宽,以20厘米为宜,两手叠放在背后,双目平视,面带微笑。其余与肃立相同。

(2) 女士:两脚尖略展开或者右脚在前,将右脚跟置于左脚内侧;两手自然并拢,大拇指交叉,右手放在左手上,轻贴在腹前;身体直立,挺胸收腹,身体重心可放在两脚上,通过重心移动减轻疲劳。余同肃立。此种站姿适合于服务。

3. 持文件夹(或提公文包)站姿

(1) 男士提公文包站姿:身体立直,挺胸抬头,下颌微收,双目平视,两脚分开,一手提公文包,一手置于体侧。

(2) 女士持文件夹站姿:身体立直,挺胸抬头,下颌微收,吸腹收臀,两脚呈"V"字形或"丁"字形,手持文件夹。

4. 站姿禁忌

(1) 手插在衣袋里,无精打采或东倒西歪。

(2) 双手抱在胸前,两肩一高一低,腿不停地抖动。

(3) 倚物站立,特别是倚靠在墙上。

(4) 双手做小动作或叉腰。

(5) 弯腰驼背,低头。

(二) 坐姿——文雅端庄的坐姿

1. 基本要求

(1) 入座时要轻稳(左进)。椅面坐满三分之二,不要靠椅背(休息时可轻轻靠椅背)。

(2) 头正目平,上体自然挺直,双膝并拢,双肩放松,两臂弯曲,双手自然放在双腿上。

(3) 面带微笑。

(4) 离座要自然稳当（左出）。

2. 女士坐姿

(1) 正襟危坐式：双腿并拢，上身挺直，两脚尖并拢略向前伸，两手叠放在双腿上，略靠近大腿根部。入座时，若是着裙装，应用手将裙摆稍稍拢一下，然后坐下。

(2) 双脚内收式：双腿并拢，两条小腿向内侧屈回，双脚脚掌着地。

(3) 双腿斜放式：适合于坐在较低的沙发上。双腿并拢，双脚同时向右侧或左侧斜放，并且与地面形成45°左右的角（较低座位）。

(4) 双腿叠放式：上身挺直，坐正，特别要注意脚尖向下。

(5) 前伸后屈式：上身挺直，左腿前伸，右小腿屈回，用脚掌着地，大腿靠紧，两脚前后在一条线上。

(6) 双脚交叉式：双腿并拢，双脚在踝部交叉后略向侧面斜放。

3. 男士坐姿

(1) 正襟危坐式：上身挺直、坐正、小腿垂直于地面并略分开，双手分放在两膝上或椅子的扶手上。

(2) 双腿叠放式：右（左）小腿垂直于地面，左（右）腿在上重叠，左（右）小腿向里收，脚尖向下，双手放在扶手或腿上。

4. 坐姿禁忌

(1) 弯腰驼背，东倒西歪，前俯后仰。

(2) 双腿不停地抖动，甚至鞋跟离开脚跟在晃动。

(3) 坐姿与环境不符。如在求职面试、与领导或长辈谈话时，不能用叠放式。

(4) 脚尖相对，或双腿拉开成八字形，或将脚伸得很远。

(5) 坐姿懒散，如半躺式。

(6) 女士叉腿而坐。

（三）走姿

1. 基本要求

(1) 以端正的站姿为基础。

(2) 上身挺直，头正、挺胸、收腹、立腰、提臀，屈大腿带动小腿。

(3) 肩平，双臂前后自然摆动，摆幅为30°~35°为宜。

(4) 两脚内侧落地行走的线迹应是两条平行线，女士尽量缩小距离以示优雅。

(5) 步幅适中，前脚跟与后脚尖相距为一脚长。

(6) 速度适当。

2. 步态禁忌

(1) 摇头晃脑，弯腰驼背，歪肩晃膀，左顾右盼。

(2) 内八字和外八字步伐，脚蹭地面发出声响。

(3) 步幅过大，大甩手，扭腰摆臀。

（4）双手插在衣裤口袋里，手背在体后。

（5）步态与身份、年龄、场合不符。

（6）多人携手并肩而行。恋人勾肩搭背、搂抱而行。

（四）蹲姿

1. 基本要求

（1）下蹲时应使头、胸、膝关节在一个角度上，使蹲姿优美。

（2）应自然、得体、大方，两腿合力支撑身体，避免滑倒。

（3）女士蹲姿，要将腿靠紧，臀部向下。

2. 常用蹲姿

（1）高低式：下蹲时一只脚在前，一只脚在后，在前的脚全掌着地，小腿基本上垂直于地面，在后的脚前脚掌着地，脚跟提起。后膝应低于前膝，头和腰应保持一条直线，臀部向下。女性两腿应靠紧。

（2）交叉式：下蹲时右脚在前，左脚在后，右小腿垂直于地面，全脚掌着地。左膝由后面伸向右侧，左脚跟抬起，前脚掌着地。两腿靠紧，合力支撑身体。臀部向下，上身稍前倾。

3. 蹲姿禁忌

（1）直接弯腰而蹲。

（2）双腿叉开而蹲。

（3）下蹲时露内衣。

（4）蹲在椅子上。

（5）蹲着休息。

（6）正向人而蹲。

（五）写姿

伏案书写，上体稍前倾，眼睛与桌面距离33厘米，两臂屈扶桌面约一肩半宽，两腿并拢微屈稍分开，小腿垂直于地面。时间长时在不影响姿态美的前提下作适当调整。

二、表情

（一）眼神

眼神是对眼睛总体活动的一种统称。眼睛是人的心灵之窗，能够最明显、最自然、最准确地显示人的心理活动。在人类的五种感觉器官中，眼睛最为敏感，它通常占有人类总体感觉的70%左右，人87%的信息来自视觉。

眼语的构成一般涉及时间、角度、部位、方式等几个方面。

1. 时间

在人际交往中，注视对方时间的长短，往往十分重要。在交谈中，听的一方通常应多注视说的一方。

（1）表示友好。若对对方表示友好，则注视对方的时间应占全部相处时间的三分之一左右。

（2）表示重视。若对对方表示关注，比如听报告、请教问题时，则注视对方的时间应占全部相处时间的三分之二。

（3）表示轻视。若注视对方的时间不到全部相处时间的三分之一，往往意味着对其瞧不起或没有兴趣。

（4）表示敌意。若注视对方的时间超过全部相处时间的三分之二以上，往往表示可能对对方抱有敌意，或是为了寻衅滋事。

（5）表示兴趣。若注视对方的时间长于全部相处时间的三分之二以上，还有另一种情况，即对对方发生了兴趣。

2. 角度

在注视他人时，目光的角度，即目光发出的方向，是事关与交往对象亲疏远近的一大问题。注视他人的常规角度有：

（1）平视：即视线呈水平状态，也叫正视。一般适用于在普通场合与身份、地位平等的人进行交往。

（2）侧视：是一种平视的特殊情况，即位于交往对角一侧，面向对方，平视对方。一定要面向对方，否则为斜视对方，那是很失礼的。

（3）仰视：即主动居于低处，抬眼向上注视他人。它表示尊重、敬畏之意，适用于面对尊长时。

（4）俯视：即眼向下注视他人，一般用于身居高处时。它可对晚辈表示宽容、怜爱，也可对他人表示轻慢、歧视。

3. 部位

在人际交往中目光所及之处，就是注视的部位。注视他人的部位不同，不仅说明自己的态度不同，也说明双方关系有所不同。

在一般情况下，不宜注视对方头顶、大腿、脚部与手部，或是"目中无人"。对异性通常不应注视其肩部以下，尤其是不应注视其胸部、裆部、腿部。允许注视的常规部位有：

（1）双眼。注视对方双眼，表示自己聚精会神、一心一意、重视对方，但时间不宜过久，叫关注型注视。

（2）额头。注视对方额头，表示严肃、认真、公事公办，叫公务型注视，适用于极为正规的公务活动。

（3）眼部至唇部。注视这一区域，是社交场合常用的方式，因此也叫社交型注视。

（4）眼部至胸部。注视这一区域，表示亲近、友善，多用于关系密切的男女之间，故称亲密型注视。

（5）任意部位。对他人身上的某一部位随意一瞥，可表示注意，也可表示敌意，叫作随意型注视，多用于在公共场合注视陌生人，但最好慎用。通常，也叫瞥视。

4. 方式

注视他人，在社交场合可以有多种方式。其中最常见的有：

（1）直视：即直接注视交往对象，表示认真、尊重，适用于各种情况。若直视他人双眼，即为对视。对视表明自己大方、坦诚，或是关注对方。

（2）凝视：是直视的一种特殊情况，即全神贯注地注视，多用以表示专注、恭敬。

（3）盯视：即目不转睛长时间地凝视对方的某一部位，表示出神或挑衅，故不宜多用。

（4）虚视：是相对于凝视而言的一种直视，其特点是目光不聚于某处，眼神不集中，多表示胆怯、疑虑、走神、疲乏，或是失意、无聊。

（5）扫视：即视线移来移去，注视时上下左右反复打量，表示好奇、吃惊，亦不可多用，对异性禁用。

（6）睨视：即斜着眼睛注视，多表示怀疑、轻视，应忌用，尤其是与初识者交往时。

（7）眯视：即眯着眼睛注视，表示惊奇、看不清楚，模样不大好看，故也不宜采用。

（8）环视：即有节奏地注视不同的人或物，表示认真、重视，适用于同时与多人打交道，表示自己"一视同仁"。

（9）他视：即与某人交往时不注视对方，反而望着别处，表示胆怯、害羞、心虚、反感、心不在焉，是不宜采用的一种眼神。

（10）无视：即在人际交往中闭上双眼不看对方，又叫闭视，表示疲惫、反感、生气、无聊或者没有兴趣。它给人的感觉往往是不大友好，甚至会被理解为厌烦、拒绝。

（二）微笑

1. 微笑的基本方法

放松面部肌肉，然后使嘴角微微向上翘起，嘴唇略呈弧形。最后在不牵动鼻子、不发出笑声、不露出牙龈的前提下，轻轻一笑。

2. 微笑的基本要求

（1）发自内心。

（2）声情并茂。

（3）气质优雅。

（4）表现和谐。

3. 微笑的训练方法

（1）情绪记忆法：多回忆美好往事。

（2）他人诱导法：面对镜子，让他人讲笑话，以纠正笑姿。

（3）发声训练法：距离镜子约1米，深呼吸，接着慢慢吐气，并将嘴角向两侧牵动，然后，将嘴角往上颊面提高，发出"一"声。

第十二章

日常交往礼仪

本章导读

通过本章的学习，同学们能更多地了解日常生活、实践中最基本的交往礼仪，如称谓礼仪、介绍礼仪、会面礼仪，从而可以更加自觉地规范自己的行为，使自身的交际礼仪水平有所提高。

导入案例

（1）一天，有位斯里兰卡客人来到南京的一家宾馆准备住宿。前厅服务人员为了确认客人的身份，在办理相关手续及核对证件时花费了较多的时间。看到客人等得有些不耐烦了，前厅服务人员便用中文跟陪同客人的女士作解释，希望能够通过她使对方谅解。谈话中他习惯地用了"老外"这个词来称呼客人。谁料这位女士听到这个称呼，立刻沉下脸来，表示了极大的不满，原来这位女士不是别人，而是客人的妻子，她认为服务人员的称呼太不礼貌了。见此情形，这位服务人员随即作了赔礼道歉，但客人的心情已经大受影响，并且始终不能释怀，甚至连带着对这家宾馆产生了不良印象。

问题：前厅服务人员该如何称呼这位外国人较为得体？请结合案例谈一下称呼礼仪的重要性。

（2）某外国公司总经理史密斯先生在得知与新星贸易公司的合作很顺利时，便决定偕夫人一同前来中方公司做进一步考察和观光。小李陪同新星贸易公司的张经理前来迎接，在机场出口见面时，经介绍后张经理热情地与史密斯先生及夫人握手问好。

问题：1. 小李如何作自我介绍？

2. 小李为他人作介绍的顺序应该怎样？

3. 张经理与对方的握手顺序应该怎样？

第一节 称谓礼仪

人际交往，礼貌当先；与人交谈，称谓当先。使用称谓，应当谨慎，稍有差错，便贻笑于人。恰当地使用称谓，是社交活动中的一种基本礼貌。称谓要表现尊敬、亲切和文雅，使双方心灵沟通，感情融洽，缩短彼此的距离。正确地掌握和运用称谓，是人际交往中不可缺少的礼仪因素。

称谓礼仪是在对亲属、朋友、同志或其他有关人员称呼时所使用的一种规范性礼貌语，它能恰当地体现出当事人之间的关系。

一、称谓的类别

（一）姓名称谓

姓名，即一个人的姓氏和名字。姓名称谓是使用比较普遍的一种称呼形式。用法大致有以下几种情况：

1. 全姓名称谓

即直呼其姓和名。如："李大伟""刘建华"等。全姓名称谓有一种庄严感、严肃感，一般用于学校、部队或其他等郑重场合。一般地说，在人们的日常交往中，指名道姓地称呼对方是不礼貌的，甚至是粗鲁的。

2. 名字称谓

即省去姓氏，只呼其名字，如"大伟""建华"等，这样称呼显得既礼貌又亲切，运用场合比较广泛。

3. 姓氏加修饰称谓

即在姓之前加一修饰字。如"老李""小刘""大陈"等，这种称呼亲切、真挚。一般用于在一起工作、劳动和生活中相互比较熟悉的同志。

过去的人除了姓名之外还有字和号，这是相沿已久的一种古风。古时男子20岁取字，女子15岁取字，表示已经成人。平辈之间用字称呼既尊重又文雅，对于不甚相熟的对方，一般以号相称。

（二）亲属称谓

亲属称谓是对有亲缘关系的人的称呼，中国古人在亲属称谓上尤为讲究，主要有：

对亲属中的长辈、平辈决不称呼姓名、字号，而按与自己的关系称呼。如祖父、父亲、母亲、胞兄、胞妹等。

有姻缘关系的，前面加"姻"，如姻伯、姻兄、姻妹等。

称别人的亲属时，加"令"或"尊"。如尊翁、令堂、令郎、令爱（令媛）、令侄等。

对别人称自己的亲属时，前面加"家"，如家父、家母、家叔、家兄、家妹等。

对别人称自己的平辈、晚辈亲属，前面加"敝""舍"或"小"。如敝兄、敝弟，或舍弟、舍侄，小儿、小婿等。

对自己亲属谦称，可加"愚"，如愚伯、愚岳、愚兄、愚甥、愚侄等。

随着社会的进步，人与人的关系发生了巨大变化，原有的亲属、家庭观念也发生了很大的改变。在亲属称谓上已没有那么多讲究，只是在书面语言上偶用。现在我们在日常生活中，使用亲属称谓时，一般都是称自己与亲属的关系，十分简洁明了，如爸爸、妈妈、哥哥、弟弟、姐姐、妹妹等。

有姻缘关系的，在当面称呼时，也有了改变，如岳父——爸，岳母——妈，姻兄——哥，姻妹——妹等。

称别人的亲属时和对别人称自己的亲属时也不那么讲究了，如：您爹、您妈、我哥、我弟等。不过在书面语言上，文化修养高的人还是比较讲究的，不少人仍沿袭传统的称谓，显得高雅、礼貌。

（三）职务称谓

职务称谓就是用所担任的职务作称呼。这种称谓方式，古已有之，目的是不称呼其姓名、字号，以示尊敬、爱戴，如对杜甫，因他当过工部员外郎而被称"杜工部"，诸葛亮因是蜀汉丞相而被称为"诸葛丞相"。现在人们用职务称谓的现象已相当普遍，目的也是表示对对方的尊敬和礼貌。主要有三种形式：

（1）用职务呼，如"李局长""张科长""刘经理""赵院长""李书记"等。

（2）用专业技术职务称呼，如"李教授""张工程师""刘医师"。对工程师、总工程师还可称"×工""×总"等。

（3）职业尊称，即用其从事的职业作称谓，如"李老师""赵大夫""刘会计"，不少行业可以用"师傅"相称。

还可直接称呼对方的职业，例如：老师、教练、医生、会计、警官，等等。

（四）性别称谓

一般约定俗成地按性别的不同分别称呼为"小姐""女士""先生"。其中，"小姐""女士"二者的区别在于，未婚者称"小姐"，不明确婚否者则可称"女士"。

二、称谓的规范

一般情况下，同时与多人打招呼，应遵循先长后幼、先上后下、先近后远、先女后男、先疏后亲的原则。人际交往在使用称呼时，一定要避免失敬于人，应注意以下细节：

不因粗心大意、用心不专而使用错误的称呼。如念错对方的姓名；对对方的年纪、辈分、婚否以及与其他人的关系作出错误判断，产生误会。

不使用过时的称呼。如"老爷""大人"等。

不使用不通行的称呼。如"伙计""爱人""小鬼"等。

不使用不当的职业称呼。

不使用庸俗低级的称呼。如"死党""铁哥们儿"等。

不使用绰号作为称呼，不随便拿别人的姓名开玩笑。

对年长者称呼要恭敬，不可直呼其名。

三、国际称谓

（一）普通男女的称呼

一般情况下，对男子不管其婚否都称为"先生"（Mister）；对于女士，已婚的称"夫人"（Mistress），未婚的称"小姐"（Miss）；婚姻状况不明的，也可称为"Miss"。在外事交往中，为了表示对女性的尊重，也可将其称为"女士"（Madam）。

（二）官方人士的称呼

对高级官员，称为"阁下"，也可称职衔或"先生"；对有地位的女士可称为"夫人"，对有高级官衔的妇女，也可称"阁下"；对其他官员，可称职衔或"先生""女士"等。

（三）皇家贵族的称呼

对君主制或君主立宪制国家的国王、王后，可称为"陛下"；对王子、公主、亲王等可称为"殿下"；对有公、侯、伯、子、男等爵位的人士既可称其爵位，亦可称"阁下"，或称"先生"。

（四）技术人员的称呼

对医生、教授、法官、律师以及有博士等职称、学位的人士，可分别称为"医生""教授""法官""律师""博士"等，也可加上姓氏或"先生"。

（五）军人的称呼

一般称军衔，或军衔加"先生"，知道其姓名的可冠以姓与名。有的国家对将军、元帅等高级将领称"阁下"。

（六）服务人员的称呼

一般情况下称"服务员"，如果知道其姓名的可单独称呼其名字，但现在越来越多的国家称服务员为"先生""夫人""小姐"。

（七）教会人员的称呼

教会的神职人员，一般可称教会的职称或姓名加职称，也可以职称加"先生"，有时主教以上的神职人员也可称"阁下"。

（八）同志称呼

凡是与中国以同志相称的国家，对其各种人员均可称为"同志"，有职衔的可加职衔。

第二节　介绍礼仪

介绍是社交活动最常见，也是最重要的礼节之一，它是初次见面的陌生双方开始交往的起点。介绍在人与人之间起着桥梁与沟通作用，几句话就可以缩短人与人之间的距离，为进一步交往开个好头。

一、自我介绍

（一）自我介绍的时机

(1) 在聚会上与身边的人共处时；
(2) 他人请求自己作自我介绍时；
(3) 介绍陌生人组成的交际圈时；
(4) 求助的对象对自己不甚了解或一无所知时；
(5) 前往陌生单位进行业务联系时；
(6) 在旅途中与他人不期而遇而又有必要与人接触时；

（7）初次登门拜访不相识的人时；

（8）利用大众传媒向社会公众进行自我推介、自我宣传时；

（9）利用社交媒介如电话、传真、电子邮件等与其他不相识者进行联络时。

（二）自我介绍的场合

（1）社交场合遇见自己想要结识的人，又找不到适当的人介绍时；

（2）电话约见从未谋面的人时；

（3）演讲、发言前；

（4）求职应聘或参加竞选时。

（三）自我介绍的顺序

自我介绍的标准顺序是位低者先，就是地位低的人先作自我介绍。

一般的规则：主人和客人之间，主人先作自我介绍；长辈和晚辈之间，晚辈先作自我介绍；男士和女士之间，男士先作自我介绍；地位低的人和地位高的人之间，地位低的人先作自我介绍。

（四）自我介绍的方式

1. 应酬式

在某些公共场合和一般性的社交场合，如旅行途中、宴会厅里、舞场上、通电话时，都可以使用应酬式的自我介绍。

作应酬式的自我介绍时，对方是进行一般接触的交往对象，或者属于泛泛之交，或者早已熟悉，进行自我介绍只不过是为了确定身份或打招呼而已，所以，此种自我介绍要简洁精练，一般只介绍自己姓名就可以。例如："您好，我叫周琼。""我是陆曼。"

2. 工作式

工作式的自我介绍，主要适用于工作和公务交往之中，它是以工作单位、职务作为自我介绍的重点。工作式自我介绍有三要素：

本人姓名＋供职单位及部门＋担任的职务或从事的具体工作，缺一不可，除非确信对方已经熟知。

例如，面试作自我介绍时，应当一口报出姓名，有姓无名，或有名无姓，都会显得不够得体。供职的单位及部门，最好也全部报出；有时，个体的工作部门也可以暂不报出。担任职务的，最好报出职务；职务较低或无职务的，则可以报出所从事的具体工作。

3. 交流式

有时在社交活动中，我们希望某个人认识自己、了解自己并与自己建立联系时，就可以用交流式自我介绍与对方进行初步交流和进一步沟通。

交流式自我介绍比较随意，可以包括自己的姓名＋工作＋籍贯＋学历＋兴趣，以及与交往对象的某些熟人关系，可以不着痕迹地面面俱到，也可以有所隐瞒，造成某种神秘感，激发对方与你进行进一步沟通的兴趣。如："我叫萧江，在北京吉普有限公司工作，我是清华大学汽车工程系90级的，我想咱们是校友，对吗？"

4. 礼仪式

在一些正规而隆重的场合，比如讲座、报告、演出、庆典、仪式等场合，要运用礼仪式的自我介绍，以示对对方的友好和敬意。

礼仪式的自我介绍包括姓名＋单位＋职务＋敬语。

在社交中，我们要根据具体情况采用不同的自我介绍方式，以达到一定的目的和效果。同时，还要注意掌握相应的语气、语速，以适应当时的情境，并且做到实事求是、真实可信、不过分谦虚和贬低自己，也不自吹自擂、夸大其词。这样才能为日后进一步交往打下良好的基础。

（五）自我介绍的态度

（1）要自然，友善，亲切，随和，落落大方，笑容自然；

（2）自信，坦然，正视对方双眼，眼神不可飘忽不定；

（3）表达真实情感，不冷漠；

（4）语气自然，语速正常，吐字清晰，说普通话；

（5）自我评价掌握分寸，不用"很""非常"等极端词；

（6）控制自我介绍的时间长度，时间要短，一般为半分钟以内。

二、介绍他人

（一）介绍人

（1）女主人；

（2）公关礼宾人员：办公室主任、秘书；

（3）熟悉双方情况者；

（4）社交活动中的尊者；

（5）应被介绍一方或双方要求者（介绍前，先了解双方是否有相识的愿望）。

（二）介绍顺序

应遵循"尊者优先知情"的规则

为来宾与主人相互介绍时，先将主人介绍给来宾。

为长辈、晚辈相互介绍时，先将晚辈介绍给长辈。

为男、女相互介绍时，先将男士介绍给女士。

为已婚、未婚者相互介绍时，先将未婚者介绍给已婚者。

为同事、朋友与家人相互介绍时先将家人介绍给同事、朋友。

为社交场合中先到、后到者相互介绍时，先将后到者介绍给先到者。

为上级、下级相互介绍时，先将下级介绍给上级。

（三）介绍的方式

1. 标准式

标准式适用于正式场合，以介绍双方的姓名、单位、职务为主。例如："我来给两位介绍一下，这位是大洋集团公关部主任李莉，这位是星海公司总经理周颖。"

2. 简介式

简介式适用于一般社交场合，通常只介绍双方姓名，甚至可以只介绍姓氏，然后由被介绍双方自己交谈。例如："我来介绍一下，这位是小鹿，这位是老何，你们彼此认识一下吧。"

3. 强调式

强调式适用于各种交际场合，除了介绍双方姓名外，往往还会刻意强调一下其中某位与介绍人的特殊关系，以引起另一名被介绍者的重视。

4. 引荐式

引荐式适用于普通的社交场合。介绍人只需把被介绍的双方引导到一起就可以，不需要表达任何具有实质性的内容。

（四）介绍人的神态与手势

介绍人在为他人作介绍时，态度要热情友好，语言要清晰明快。在介绍一方时，应微笑着用自己的视线把另一方的注意力吸引过来。手的正确姿势应掌心向上，胳膊略向外伸，指向被介绍者，但介绍人不能用手拍被介绍人的肩、胳膊和背部，更不能用食指或拇指指向被介绍的任何一方。

（五）被介绍者的礼仪

（1）除年长者和年纪偏大些的妇女外，一般应起立；

（2）面带微笑，注视对方，注意聆听，点头示意；

（3）介绍完毕后，应依照合乎礼节的方式相互握手，彼此问候。

三、集体介绍

集体介绍是介绍他人的一种特殊情况，是指被介绍的一方或者双方不止一人的情况。集体介绍也是要讲礼仪的。

（一）集体介绍的时机

在进行集体介绍的时候，时机的把握是首要因素。下面几种情况需要进行集体介绍：

（1）正式大型宴会主持人一方与来宾均不止一人时；

（2）大型公务活动参加者不止一方，各方也不止一人时；

（3）参加会议者不止一人时；

（4）涉外交往活动的宾主双方皆不止一人时；

（5）演讲、报告、比赛参加者不止一人时；

（6）会见、会谈各方参加者不止一人时；

（7）规模较大的社交聚会有多方参加，各方均有多人时；

（8）参观访问的来宾不止一人时。

（二）集体介绍的顺序

进行集体介绍的顺序，可参照介绍他人的顺序，也可酌情处理。但应注意，越是正式、大型的交际活动，越要注意介绍的顺序。

（1）单向介绍：在演讲、报告、比赛、会议、会见时，往往只需要将主角介绍给广大参加者。

（2）笼统介绍：若一方人数较多，可采取笼统的方式进行介绍，例如，"这是我的家人"，"这是我同学"。

（3）双向介绍：

当被介绍的双方地位、身份大致相似时，应遵循"少数服从多数"的原则，先介绍人数较少的一方。

如果被介绍的双方地位、身份存在差异，地位高的一方者虽然人数较少或只有一人，也应将其放在最后介绍。

（4）多方的介绍：若被介绍的不止两方，被介绍的各方的顺序可以：

按座次顺序；

按抵达时间的先后；

按其负责人身份高低；

按单位名称的英文字母顺序；

按单位的规模；

按距介绍人的远近。

（三）集体介绍的注意事项

（1）首次介绍时要准确使用全称，不要使用易生歧义的简称。

（2）在介绍的时候不要开玩笑，要很正规。

第三节　会面礼仪

一、握手

握手是交际的一种礼仪。握手的力量、姿势与时间长短往往能够表达出不同的礼遇与态度，显露自己的个性，给人留下不同的印象，也可通过握手了解对方的个性，从而赢得交际的主动。美国著名盲聋女作家海伦·凯勒曾写道，手能拒人于千里之外，也可充满阳光，让你感到很温暖。事实也确实如此，因为握手是一种语言，是一种无声的动作语言。

握手在许多国家已成为一种平常的礼节。通常与人初次见面，熟人久别重逢，告辞或送行均可以握手表示自己的善意，这是最常见的一种见面礼、告别礼。有时在一些特殊场合，如向人表示祝贺、感谢或慰问时，双方交谈中出现了令人满意的共同点时，或双方原先的矛盾出现了某种良好的转机或彻底和解时，习惯上也以握手为礼。

握手是在相见、离别、恭喜或致谢时相互表示情谊、致意的一种礼仪，双方往往是先打招呼，后握手致意。

（一）握手的顺序——尊者原则

1. 男女之间握手

男士要等女士先伸出手后再伸手。如果女士不伸手或无握手之意，男士可向女士点头致意或微微鞠躬致意。男女初次见面，女方可以不和男士握手，只点头致意即可。

2. 宾客之间握手

主人应向客人先伸出手。接待宾客，当客人抵达时，不论对方是男士还是女士，女主人都应该主动先伸出手。如果主人为男士，尽管对方是女宾，也可先伸出手，以表示对客人的热情欢迎。在客人告辞时，应由客人先伸出手来与主人相握，在此表示的是"再见"之意。

3. 长幼之间握手

年幼者一般要等年长者先伸手。和长辈及年长的人握手，不论男女，都要起立趋前握手，并要脱下手套，以示尊敬。

4. 上下级之间握手

下级要等上级先伸出手。但涉及主宾关系时，可不考虑上下级关系，做主人的应先伸出手。

5. 一个人与多人握手

若是一个人需要与多人握手，则握手时的顺序由尊而卑，即先年长者后年幼者，先长辈后晚辈，先老师后学生，先女士后男士，先已婚者后未婚者，先上级后下级，先职位、身份高者后职位、身份低者。

（二）握手的方式

1. 握手姿势

身体以标准站姿站立，上身略前倾；右手手臂前伸，肘关节略屈；拇指张开，四指并拢。

2. 握手神态

与人握手时神态应专注、热情、友好、自然，面含微笑，目视对方双眼，并口道问候。握手时切勿显得敷衍了事，漫不经心，傲慢冷淡。如果迟迟不握他人早已伸出的手，或是一边握手一边东张西望，目中无人，甚至忙于跟其他人打招呼，都是极不礼貌的。

3. 握手的力度

握手时用力应适度，不轻不重，恰到好处。

如果手指轻轻一碰，刚刚触及就离开，或是懒懒地慢慢地相握，缺少应有的力度，会给人勉强应付、不得已而为之之感。

一般来说，手握得紧是表示热情，男人之间可以握得较紧，甚至另一只手也加上，握住对方的手大幅度上下摆动，或者在手相握时，左手又握住对方胳膊肘、小臂甚至肩膀，以表示热烈。但是要注意，既不能握得太使劲，使人感到疼痛，也不能过于柔弱，不像个男子汉。对女性或陌生人，轻握是很不礼貌的，尤其是男性与女性握手应热情、大方、用力适度。

4. 握手时间

通常是握紧后打过招呼即松开。但如亲密朋友意外相遇、敬慕已久而初次见面、至爱亲朋依依惜别、衷心感谢难以表达，握手时间就可长一点，甚至紧握不放，话语不休。在公共场合，如列队迎接外宾，握手的时间一般较短。

握手的时间应根据与对方的亲密程度而定。

（三）握手的禁忌

（1）不要用左手握手，尤其是在与阿拉伯人、印度人打交道时要牢记这一点，因为在他们看来左手是不洁的。

（2）不要在握手时争先恐后，应当按照顺序进行。

(3) 不要戴着手套、墨镜、帽子握手,在社交场合女士的晚礼服手套除外。

(4) 与基督徒握手时,要避免与另外两人相握的手形成交叉,这种形状类似十字架,在基督徒眼中是很不吉利的。

(5) 不要在握手时将另外一只手插在口袋里。

(6) 不要在握手时另外一只手拿着香烟、报刊、公文包、行李等东西。

二、其他常见会面礼仪

1. 拥抱礼

两人正面对时,各自举起右臂,将右手搭在对方的左臂后面;左臂下垂,左手扶住对方的右后腰。

首先向左侧拥抱,然后向右侧拥抱,最后再次向左侧拥抱,礼毕。

拥抱时,还可以用右手掌拍打对方左臂的后侧,以示亲热。

2. 合十礼

把两个手掌在胸前对合,掌尖和鼻尖齐高,手掌向外倾斜,头略低,兼含敬意和谢意的双重意义。

3. 鞠躬礼

基本姿势:身体成标准站姿;手放在腹前。

角度:20°~30°。

表情:自然,符合场景。

眼神:视对方或视地面。

4. 拱手礼

一般以左手抱握在右拳上,双臂屈肘拱手至胸前,自上而下或自内而外有节奏地晃动两三下。

5. 点头礼

这是同级或平辈间的礼节,如在路上行走时相遇,可以在行进中点头示意。若在路上遇见上级或长者,必须立正行鞠躬礼,但上级对下级或长者对晚辈的答礼,可以在行进中进行,或伸右手示意。

三、名片

在人际交往中,名片能介绍自己很快与对方熟悉。名片是一种经过设计、能表示自己身份、便于交往和开展工作的卡片,名片不仅可以用作自我介绍,而且还可用作祝贺、答谢、拜访、慰问、赠礼附言、备忘、访客留话等。

(一) 名片的内容与分类

名片的基本内容一般有姓名、工作单位、职务、职称、通信地址等,也有的把爱好、特长等情况写在上面,写的内容由需要而定。一般情况下,名片可分两类。

1. 交际类名片

除基本内容之外,还可以印上组织的徽标,或在中文下面注上英文,或在背面用英文写，便于与外国人交往。

2. 公关类名片

公关类名片可在正面介绍自己，背面介绍组织或经营范围。公关类名片有广告效应，可使组织获得更大的社会效益和经济效益。

（二）名片的制作

1. 名片的材料

名片不适宜用名贵的材料制作，有人甚至专门制作黄金名片、白金名片、白银名片送礼，不应提倡。

制作名片也不适合用太过奇异的材料，如木材名片、塑料名片、真皮名片、光纤电子名片等。

一般的名片最好就是使用卡片纸，如果出于环保的考虑，用再生纸甚至用打印纸也可以。

2. 名片的尺寸

名片尺寸不要太大或太小，一般国内标准尺寸为5.5×9（厘米），国际上使用的名片尺寸规格略大些，为6×10（厘米）。一般公务、商务及社会交往，不要制作折叠式或书本式名片。

3. 名片的颜色

一般来讲，名片上的要素要控制在三种颜色以内，包括图案、公司、徽记等。

名片的底色一般为白色或淡灰色、淡蓝色、淡黄色，不适宜用太深的底色。

名片上的文字一般为黑色或深蓝、深绿色。

4. 名片的字体

一般情况下，名片的字体采用铅印或打印字体，不论你的字有多漂亮，都不要用个人手写体制作名片。

不要涂改名片上的文字，特别是电话号码。

不要在名片上印制格言警句之类的文字。

不要在名片上印自己的照片。

不要在名片上印两种以上字体。

5. 名片的内容

（1）社交名片内容。社交名片亦称私用名片，指在工作之余，以私人身份在社交场合进行交际时使用的名片。社交名片的基本内容包括两个部分：一是本人姓名，姓名之后无须注明任何公务性头衔；二是联络方式，以较小字体印在名片右下方。

社交名片只用于社交场合，通常与公务无关，因此一般不印有工作单位及行政职务，以示公私有别。

如果本人不喜欢被外界打扰，可根据具体情况对自己的联络方式的内容有所删减，必要时可以不印任何联络方式，而仅留姓名一项内容。

（2）工作名片内容。工作名片的内容一般为工作单位、本人称呼、联络方式三项。

工作单位：写明所在单位及部门的全称。但一张名片上所列的单位或部门不宜多于两个，如果确实有两个以上的供职单位和部门，或同时承担着不同的社会职务，应分别印制不同的名片，并根据交往对象分发不同的名片。工作单位一般印于名片的左上方位置。

本人称呼：包括本人姓名、行政职务、技术职务、学术头衔等。但后面两项，尤其学术头衔往往可有可无。名片上所列的行政职务一般不宜多于两个，且应与名片上的工作单位及部门相对应。本人称呼一般印于名片正中央位置。

联络方式：通常为单位地址、邮政编码、办公电话、电子信箱等，家庭住址、住宅电话则不宜列出。至于传真号码、手机号码、互联网地址等内容应根据具体情况决定是否列出。单位的联络方式同样应与名片上的工作单位及部门相对应。联络方式一般印于名片的右下方位置。

（三）名片的携带

保证数量：日常出门及参加社交活动携带的名片一定要数量充足，确保够用。所带名片要分门别类，如有多种名片可根据不同交往对象使用不同名片。

完好无损：名片要保持干净平整，切不可出现折痕、污损、涂改的情况。

放置到位：名片应统一置于名片夹、公文包或上衣口袋中，在办公室时还可放于名片架或办公桌内，切不可随便放在钱包、裤袋中。放置名片的位置要固定，以免需要名片时东找西寻，显得毫无准备。

（四）名片的递送

1. 把握时机

发送名片要掌握适宜时机，只有在确有必要时发送名片，才会令名片发挥作用。切勿太早发送名片，尤其是对初次见面的完全陌生的人和偶然认识的人。

发送名片一般应选择初次见面或分别时，参加同业会议交换名片通常在会议开始时，有时在结束时。

不要在用餐、看演出、跳舞时发送名片，也不要在大庭广众之下向多位陌生人发送名片。

2. 讲究顺序

两人之间的顺序：男士先女士后，晚辈先长辈后，下级先上级后，主人先客人后。

多人之间的顺序：向多人递送名片，切勿跳跃式递送。熟悉对方人员的职务时，按照职位高低递送；如果不熟悉对方人员职务，按照由近而远的原则递送。如在吃饭、宴会时或在会议室内，对方人员围桌而坐时，应该按照顺时针方向依次递送。

3. 动作规范

递上名片前，应当先向接受名片者打个招呼，令对方有所准备。

递送名片时应该起身站立、走上前或身体适度前倾，注意不要将名片举得高于胸部。

用双手或右手拿住名片的上角递送，切勿以手指夹着名片，也不能用左手拿名片给人。

要将名片正面对着对方，如对方为外宾应该将名片印有外文的一面对着对方。

递送名片时，还应顺便说些客气话，如"请多多指教""多谢关照""常联系"等。

（五）名片的接受

1. 态度谦和

接受他人名片时，不论有多忙，都要暂停手中的事情，起身站立相迎，面带微笑注视对方。

接名片时，要双手接捧或以右手接过，并向对方表示感谢，绝对不能冷若冰霜、态度傲慢。

2. 认真阅读

接过对方名片后，至少要用一分钟时间认真浏览一遍。这既是表示对对方的尊重，也可以了解对方的身份。在默读名片的过程中，如遇有显示对方荣誉的职务、头衔时不妨轻读出声，以示尊重和敬佩。

若对方名片上的内容有所不明，可当场请教对方。

3. 有来有往

接受了他人的名片后要即刻递上自己的名片。没有名片、名片用完了或者忘了带名片时，应向对方作出合理解释并致以歉意，切莫毫无反应。

4. 精心收藏

接到他人名片后，切勿将其随意丢放，应该妥善收好。一般将对方名片放入自己的名片包里，再放到公文包、办公桌或上衣口袋中，且应与本人名片分开放置。

名片的日后整理也非常重要，要养成及时整理名片的习惯，按照姓名、国籍、性别、单位、交往类别等输入电脑。

（六）名片的索取

1. 直接索取法

一般来说，这种方法在比较熟悉的朋友间才适用。

因工作变动、久未联系、电话变更等原因而需更新对方联络资料的情况，可以直接向对方索要新的名片。

2. 礼貌互换法

即以名片换名片，这一方法适用于大多数交际场合。如果想讨要自己感兴趣的某位人士的名片，最好的方式是将自己的名片递上。即便双方不是特别熟悉，一般情况下，出于礼貌对方都会乐意与你互换名片。

如果担心对方不回送，可在递上名片时明言此意："能否有幸与您交换一下名片？"

3. 谦恭索取法

跟名人、长辈或地位比较高的人讨要名片时，可以以一种委婉、含蓄、客气的语气，向对方表明自己的尊敬之意，同时给对方以暗示。

第十三章

社会交际礼仪

本章导读

通过本章的学习，了解有关正式社交场合的礼仪规范，例如宴请礼仪、通联礼仪等。学习这些礼仪常识，可以帮助我们增强自信心，增进文明交往。

导入案例

李刚忽然接到同学张鑫磊的电话，问他什么时候来参加自己的生日聚会，这时李刚才想起自己答应过今晚参加张鑫磊的生日聚会，于是匆匆忙忙赶到聚会地点。到达后，他发现来的人很多，有一些相识的同学，但也有很多不认识的人。李刚一整天在外奔波，衣服穿得很随便，加之连日来事情很多，满脸疲惫，走进聚会大厅时，看到别人都衣着光鲜、神采飞扬，不觉心里有点不快。张鑫磊过来招呼李刚，李刚勉强表达了祝福，便坐在一旁喝了几杯啤酒，也不与人寒暄，坐了一会便借故离开了。

【分析】赴宴时，要注意赴宴礼仪。在接受他人邀请后，如因故不能出席，应电话表示歉意或当面致歉。作为宾客，应略早到达为好，且应在参加前做好仪容准备工作。席间应与主人和同桌宾客亲切交谈。告辞时间不宜过早。李刚在劳累时不应该勉强出席，他匆忙参加聚会且衣着随意，显示出他对聚会的不重视。在聚会中，面无笑容且提前离开，都显示出他的不礼貌。

第一节 宴请礼仪

宴会是一种比较重要的交际方式。一般情况下，举办宴会和参加宴会都是以交际为目的。因此，无论请客还是被请，无论举办或参加何种宴会，都应该遵循宴会礼仪。

一、赴宴前准备

不同地方的宴会有不同的礼仪规范。越正式、越高级的宴会,礼仪规范越严格。要做到宴会合乎规范、宾主同乐,就必须对各种宴会、聚会的礼仪有一定了解。

(一) 应邀讲礼仪

接到赴宴邀请,应尽早答复。无论能否出席,都应及时答复,以便主人作安排。在接受邀请之后,不要随意变动。万一遇到不得已的特殊情况不能出席,尤其是主宾,应尽早向主人解释、道歉,甚至亲自登门表示歉意。应邀出席一项活动之前,要核实宴请的主人、活动举办的时间地点、是否邀请配偶,以及主人对着装的要求。

(二) 修饰打扮

出席宴会前,应适当打扮,使自己看起来精神饱满、容光焕发。女士要化妆,男士要梳理头发并剃须,衣着要整洁、大方、美观,仪容、仪表要符合宴会的要求。国外宴会非常讲究服饰,往往在请柬上注明着装要求。在我国,虽然没有具体要求,但应邀者也应讲究着装,精神饱满地赴宴,这将给宴会增添隆重、热烈的气氛。

(三) 备礼

可按宴请的性质和当地的习惯以及主客双方的关系,准备赠送的花篮或花束。参加家庭宴会,可给女主人准备一束鲜花。赠花时,要注意对方的禁忌。也可准备小礼品,在宴会开始前送给主人。礼品价值不一定很高,但要有意义。

二、宴会上重礼仪

(一) 准时出席是最基本的礼貌

出席宴会抵达时间的迟早、逗留时间的长短,在一定程度上反映了对主人的尊重与否。过早、过迟、逗留时间过短,不仅是对主人的失礼,也有损自己的形象。

一般来说,出席宴会要根据各地习惯,正点或提前或晚于约定时间的两三分钟到达。身份高者可略晚些到达,一般客人宜略早些到达。万一有特殊情况不能准时到达,应及时通知主人并致歉。一般情况下,宴会开始后5~10分钟到达是允许的,但最多不能超过30分钟,否则将会冲淡宾客的兴致,影响宴会的气氛。

(二) 向主人表示谢意和问候、赠礼

抵达宴会地点,先到衣帽间脱下大衣和帽子,然后前往主人迎宾处,主动向主人问好,并对在场的其他人微笑点头致意。如是节庆活动,应表示祝贺。同时,将事先备好的礼物双手赠送给主人。

(三) 礼貌入座显风范

入座应听从主人安排,不可随意乱坐。进入宴会厅之前,先了解自己的座位。入座时注意桌上座位卡上是否写着自己的名字,不要坐错座位。如邻座是年长者或妇女,应主动协助他们先坐下。入座时用手把椅子拉后一些,切忌用脚把椅子推开。坐姿要端正,双腿并拢,两脚平放在地上,不宜将大腿交叠,手不可放在邻座的椅背上或把手搁在桌上。宴会开始之前,可与邻座交谈,不要摆弄碗筷、左顾右盼。

(四) 文明进餐讲礼仪

致祝酒词完毕,经主人招呼后,即可开始进餐。

就餐时应有愉快的表情，心事重重、漫不经心的样子，是对主人和其他宾客的不礼貌。即使菜不对口味，也应吃上一些，而不能皱眉拒绝，否则是对主人的不尊重。

用餐要文明，席间不要吸烟，尤其是在有女士的情况下。喝酒要有节制，不要失态。

席间，当众解开纽扣、脱下衣服是不礼貌的。

用餐过程中，一般不可随便离席。如果咳嗽、吐痰，或需要将口中食物吐出来，应暂时离席，否则是不礼貌的。

离席时动作要轻，不要惊扰他人，更不要把座椅、餐具等碰倒。

（五）交谈祝酒礼相随

无论是作为主人或宾客，都应与同桌的人交谈，特别是左右邻座，不要只同熟人说话。邻座如不相识，可先作自我介绍。

进餐时要注意讲话分寸，要谈一些大家感兴趣的事情，不可夸夸其谈，最好不谈工作、政治和健康问题。在与女性谈话时，一般不询问年龄、婚否等问题，也不要议论女士的胖瘦、身形等。与陌生的男士交谈时，不要直接询问对方的经历、工资、家庭财产、衣饰价格等私人生活方面的问题。

主人向客人敬酒时，客人应起立回敬。

当主人给客人斟酒时，有酒量的也要谦让一下，不要饮酒过量，导致酒后失态；不善饮酒的可向主人说明，或喝一小口，表示对主人的敬意。

无论主人还是客人，都不应强劝别人喝酒。

饮酒以及喝其他饮料时，要把嘴抹干净，以免食物残渣留在杯沿，十分不雅。斟酒时，倒八分满，要慢饮细酌，不要"咕嘟咕嘟"往下灌。

宴会上相互敬酒表示友好，能活跃气氛，但切忌喝酒过量。喝酒过量容易失言，甚至失态，因此必须控制在本人酒量的三分之一以内。

（六）告辞致谢礼不忘

主人宣布宴会结束后，客人才能离席。客人应向主人道谢、告别，感谢主人的热情款待，如"谢谢您的款待""您真是太好客了""菜肴丰盛极了"，并要与其他认识的客人道别。如果有事要提前离席，应向主人及同桌的客人致歉。有时在出席私人宴请活动之后，往往致便函或名片以表示感谢。

三、用餐时讲礼节

餐桌上举止文明是一种自律懂礼的个人素养体现。

（一）就餐的一般要求

1. 就座和离席

席上如有长者，应等长者坐定后再入座。如有女士，应等到女士入座后，男士再入座。用餐后，应等主人离席后，宾客再离席。坐姿要端正，与餐桌的距离要适当。离席时，应帮助旁边的长者或女士挪开座椅。

2. 注意餐巾的正确用法

当主人示意可以用餐后，将餐巾打开或对折平摊在自己的腿上，切勿把餐巾别在腰带上，或挂在领口上。

用餐过程中如需离开，要将餐巾放在椅子上，用餐完毕才可将餐巾放在桌面上。

餐巾的基本用途是保洁，主要防止弄脏衣服，兼作擦嘴及手上的油渍。切忌用餐巾擦拭餐具、皮鞋、眼镜，擦鼻涕，抹汗。

（二）餐桌上的一般礼仪

入座后不可眼睛直盯着盘中菜肴，显出迫不及待的样子，或用手玩弄餐具等。用餐要待主人示意，不能别人还未动手，自己已经吃上了。

取菜时，不要一次过多。盘中食物吃完后，如不够可以再取。如由服务员分菜，需添加时，待服务员送上时再取。如果是本人不能吃或不爱吃的菜肴，当服务员上菜或主人夹菜时，不要拒绝，可取少量放在盘内，并表示谢意，勿显露出难堪的表情。

就餐要温文尔雅、从容安静，要小口进食，细嚼慢咽，闭嘴咀嚼，不要发出"吧嗒吧嗒"的咀嚼声。

如果汤、菜太热，不要用嘴去吹，应等稍凉后再吃；喝汤时，不要发出"咕噜咕噜"的声音。

口内有食物，应避免说话。自己手上持刀叉，或他人在咀嚼食物时，均应避免跟人说话或敬酒。

喝酒宜随意，敬酒以礼到为止，切忌对酒、猜拳、吆喝。

鱼刺、骨头轻轻吐在自己面前的小盘里，不能吐在桌子上。小的鱼刺可用手接住，放在小盘内。

切忌用手指剔牙，用牙签剔牙应以手或餐巾遮掩；用餐完毕，餐具务必摆放整齐，餐巾应折叠好，放在桌上。

不要两眼盯着菜只顾吃，要照顾到别的客人，谦让一下；送食物入口时，两肘应向内收，不要向两旁张开，以免碰及邻座。

取菜舀汤应使用公筷公匙。如欲取用摆在同桌其他客人面前的调味品，应请邻座客人帮忙传递，不可伸手去取。

切忌一边嚼食物，一边与人说话；手势、动作幅度不宜过大，更不能用餐具指点别人；使用餐具动作要轻，不要相互碰撞。

不要做伸腰、打哈欠等动作，要控制打饱嗝。

若要咳嗽、打喷嚏，将头转向一边，用手帕捂住口鼻；不能对着餐桌打电话，要离开餐桌。

自己的餐具掉在地上，可向服务员再要一副。

不小心把酒溅到别人身上，应表示歉意，并递上手帕或餐巾。

失手打翻酒杯等，应向注意到的人婉言致歉，如"看我真不小心""看我笨手笨脚的"，不要大声嚷嚷，也不要没完没了地自责。

如果吃到不清洁的食物或食物中有异物，应轻轻吐出，放入盘子中。如果发现盘中菜肴有异物，不要大惊小怪，应轻声告知服务员更换。

四、中餐就餐礼仪

（一）就餐座次

在中国的就餐礼仪中，"坐在哪里"非常重要。主座一定是邀请人，即埋单的人。主座是指距离门口最远的正中央位置。主座对面的是邀请人的助理的座位。主宾和副主宾分别坐在邀请人的右侧和左侧，位居第三位、第四位的客人分别坐在助理的右侧和左侧。让客人和邀请人对面而坐，或者客人坐在主座上都是失礼。

宴会一般都事先安排好桌次和座次，以方便参加宴会的人就位，也体现出对客人的尊重。

通常，桌次地位的高低以距主桌的远近而定，按照近为主、远为次，右为主、左为次的原则安排。

（二）夹菜的讲究

一道菜上桌后，通常应等主人或长者动手后再去取食；应先用公筷把菜肴夹到自己的盘中，再用自己的筷子食用。

夹菜时，要等到菜转到自己面前时再动筷，不可抢在邻座前面。

夹菜一次不宜过多，不要刚夹了一道菜，紧跟着又夹另一道菜；也不要把夹起的菜放回盘中，又夹另一道菜。

夹菜时偶尔掉在桌上，切不可将其放回菜盘内，

遇邻座夹菜要避让。

对外宾不要反复劝菜，也不要为其夹菜，因为外国人一般没有这个习惯。

（三）敬酒的礼仪

在饮酒时，通常要讲一些祝愿、祝福的话，甚至主人和主宾还要发表一篇专门的祝酒词。祝酒词内容越短越好。

敬酒可以随时在饮酒过程中进行。要是致正式祝酒词，一般在宾主入座后、用餐前进行；也可以在吃过主菜后、甜品上桌前进行。

提议干杯时，应起身站立，右手端起酒杯，或者用右手拿酒杯，左手托杯底，面带微笑，目视祝酒对象，同时讲祝酒的话。

有人提议干杯后，要手拿酒杯起身站立，即使是滴酒不沾，也要拿起杯子做做样子。将酒杯举到眼睛高度，喝完后，还要手拿酒杯与提议者对视一下，然后坐下。

干杯前，可以和对方碰一下酒杯，碰杯的时候，应该让自己的酒杯口低于对方的酒杯，表示对对方的尊敬。也可以用酒杯杯底轻碰桌面，表示和对方碰杯。

一般情况下，敬酒应以年龄大小、职位高低、宾主身份为先后顺序。和不熟悉的人在一起喝酒，要先打听一下对方身份或是留意别人对他的称呼，以免出现尴尬。

如果由于某些原因不适合饮酒，可以委托亲友、部下、晚辈代喝或者以饮料、茶水代替。作为敬酒人，应充分体谅对方，在对方请人代酒或用饮料代替时，不要非让对方喝酒，也不应该好奇地追问对方不喝酒的原因。

（四）优雅地享用

吃中餐大家围坐在一张桌边，最能表现出热闹的气氛。

菜端到桌上后，不要使劲夹自己喜欢吃的菜，要考虑到别人。别人夹菜时，不能从旁边用自己的筷子夹菜，或者转动转盘。夹菜后，自己的小菜盘要放到一旁，以免妨碍转盘转动。只有注意到这些细节，才能共同享受美味佳肴带来的愉快。

五、自助餐礼仪

自助餐是一种不分桌次、位次，由主人准备各种食品，由客人自行取用的进餐方式。

吃自助餐要排队取菜，轮到自己取菜时，应拿公用的餐具将食物放入自己的盘子里，然后迅速离去。

要循序取菜。取菜时的顺序应当是：冷菜、汤、热菜、点心、甜品和水果。因此在取菜前，最好在全场转上一圈，了解一下情况，然后再去取菜。

要量力而行，切勿取过多的食物吃不了，导致食物浪费。

自助餐上的食物禁止打包带走。

如果是无座位的自助餐，用餐结束之后，应将餐具送至指定位置。如果是就座用餐，可以将餐具留在餐桌上，由服务员负责收拾，但应将餐具稍加整理，不要弄得杯盘狼藉。

第二节　通联礼仪

通联礼仪，就是在人际交往中进行通信联络时所应当遵守的行为规范。遵守通联礼仪，是维持良好的人际关系的重要前提。

通联礼仪的基本原则是"保持联络"。

一、电话

一个人的"电话形象"，由打电话的语言、内容、态度、表情、举止，以及时间感等所构成。它被视为人的形象的重要部分之一。

（一）拨打电话

1. 通话时间

拨打电话应在对方方便的时间，或是双方约定的时间。

除非有事，不要在他人的休息时间打电话。例如，每日早上7点之前、晚上10点之后，以及午休时间、节假日等；在对方用餐时打电话，也不合适。

打公务电话，尽量在工作时间进行，不要在他人的私人时间，尤其是休假期间去麻烦对方。

2. 通话长度

通话以短为佳，宁短勿长。在电话礼仪里，有所谓的"3分钟原则"。发话人应当自觉地将每次通话的长度控制在3分钟以内。

因此要做到：

（1）事先准备。每次通话之前，发话人应准备好通话内容，必要的话可列一张"清单"。

（2）简明扼要。在通话时，问候完毕，即应开宗明义、直奔主题，一定要少讲空话、废话，要长话短说。

（3）适可而止。发话人应自觉控制通话长度，要讲的话讲完了，即应终止通话。由通话双方中地位较高的一方终止通话，是电话礼仪之一。地位较低者要注意长话短说、适可而止。

3. 体谅对方

通话中除了要自觉控制通话长度外，还应注意受话人的反应。例如先询问一下对方，现在通话是否方便。

倘若通话时间较长，亦应先征求一下对方意见，并在结束时略表歉意。

在节假日，对方用餐、睡觉时，或其工作、开会时，万不得已打电话，要讲清楚原因，并要说一声"对不起"。

在他人上班时间，原则上不要为了私事给对方打电话。

4. 表现文明

（1）语言文明：

第一，问候语。在通话之初，首先应向受话人恭恭敬敬地问一声"你好"。

第二，介绍语。在问候对方后，要自报家门，以便对方明确来电系何人。有三种模式：其一，报出本人的全名；其二，报出本人所在的单位；其三，报出本人所在的单位和全名；其四，报出本人所在单位、全名和职务。其中第一种模式主要用于私人交往，后三种模式适用于公务交往。最后一种模式最正规。

第三，道别语。终止通话前，应说一声"再见"。

（2）态度文明：

对于受话人，不要厉声呵斥。

电话若需要总机接转，勿忘对总机的话务员问上一声好。碰上要找的人不在，需要接电话的人找人或代为转告留言时，态度同样要文明。

通话突然中断，依礼需由发话人立即再拨，并说明通话中断系线路故障所致。

若拨错了电话号码，应对接听者表示歉意。

（3）举止文明：

在打电话时，不要把脚架在桌子上，或边打电话边吃东西。

通话声音不要过高，以对方能听清为好。

（二）接听电话

1. 本人受话

在电话铃响以后，应在铃响三次左右接听。拿起电话后，应自报家门，并首先向发话人问好。在通话中，应聚精会神。通话终止时，要向发话人说"再见"。接到误拨进来的电话，要耐心向对方说明，如有可能，还应向对方提供帮助，或者为其代转留言。

2. 代接电话

代接电话时，不要充当"包打听"，不要向发话人询问对方与其所找之人的关系。当发话人请求转达时，应视情决定同意还是拒绝。同意转达，应对转达内容记录准确，包括对方姓名、单位、是否回电话、电话号码等；拒绝转达，应说明原因，态度要婉转。

二、移动通信

现在人们使用手机较多。手机要及时交费，防止欠费停机，而使他人与自己的联络中断。改换了手机号码后，应及时通知有关人员，以保证彼此联络顺畅。在约定的联络时间内不要关机。

不要在公共场所旁若无人地打手机，尤其是在要求"保持安静"的公共场所，要避免拨打和接听手机，如音乐厅、美术馆、影剧院、会场、课堂、病房、歌舞厅以及餐厅、酒吧等。必要时，应关机，或将手机调成静音状态。

不要在驾驶汽车的时候使用手机通话，不要在油库、加油站等处使用手机，不要在飞机飞行期间启用手机。

三、网络

在互联网上与人交往联络，同样也有一套不成文的礼仪，即网络礼仪。

（一）撰写电子邮件

在电子邮件的"主题"栏，要写明标题，以让接收者一目了然，避免被当作垃圾邮件删除。邮件内容要简洁，用语要礼貌，应遵照普通信件或公文所用的格式和规则。

如果邮件有"附件"，一定要在邮件内容里提醒对方。

应当定期打开收件箱查看邮件，以免遗漏或耽误重要邮件的阅读和回复。一般应在收到邮件后当天予以回复。如果涉及较难处理的问题，要先告诉对方你已收到邮件，处理后会及时给予正式回复。

要定期整理收件箱，对于有价值的邮件予以保存，对已无价值的公务邮件和垃圾邮件要及时删除。

（二）网上即时通信

使用QQ、微信、BBS等与人交流时，用语要文明规范，不得使用攻击性、侮辱性的语言。网络有自身独特的语言符号系统，如缩略语BTW表示"顺便说一句"，FYI表示"仅供参考"，OTOH表示"另一方面"，IMHO表示"据我愚见"等。对于网络语言和表情符号，应当谨慎使用，以免因对方不理解而导致交流障碍。

网上交流要防止泄露商业机密、国家机密，不要随便在网上留下单位电话、个人联系方式、个人消息，以免被骚扰。使用网络要遵守有关法律法规。

第五部分
书法欣赏

第十四章

大学生学习书法的意义

第一节 当代大学生的书写现状

一、实例

接过招聘人员拿来的个人信息表，应届大学毕业生小朱开始填写相关信息。当填到求职意向时她犯难了："'编辑'的'辑'字是什么偏旁？自己学的是汉语言文学，却连'辑'字都不会写。"她不停地嘀咕。后来，她灵机一动，从口袋里掏出手机，用智能拼音输入法找到了"编辑"这个词，总算躲过了这次尴尬。

方便、快捷、高效是诸多大学生首选电脑打字的三大原因，但随之而来的负效应也在影响着他们。

"电脑打字纯属机械性操作，久了就会忘记字形，提笔忘字对我来说是常有的事。"大一女生王玲玲说。

"用搜狗输入法时，拼音打错了同样会显示出字词。常用词它会放在第一个，你找都不用找。"喜欢上网聊天、写博客的小王就是图电脑打字方便。

但这种机械性的操作，不仅使人逐渐对字形生疏，也让人愈发不肯动脑子。据调查，在90位被访大学生中，只有38.9%的大学生经常手写汉字，其中女生占62.8%。"随手写些文章，记录一天的行程安排。""摘抄自己喜欢的句子，偶尔写小感想。""很多情况下，我更喜欢在纸上简单记点东西。"……女生们道出了自己经常手写汉字的原因。

据调查，喜欢写字的人喜欢的是那种"感觉"。大三学生刘小野就是其中一位，他说："手写看上去会比较亲切，从字里可以看出一个人的性格，很有意思。"

"手写比较能够传递情感吧！字漂亮的话也是一种才华。电脑就太过死板了，没感情。"大一男生杨沙杰说。

很多大学生向老师抱怨说自己的字越写越差，都已接近"甲骨文"了。的确，时下用笔写字这项人人都会的基本技能，在许多受访者眼里变成了一门"不是每个人都能享受的艺术"——只有那些书法爱好者才会用笔写字。那么，用笔写字会不会被电脑打字取代呢？现今，我们有无必要提倡人们多练字、多用笔写字呢？

二、当代大学生的学书现状分析

首先，不良的书写习惯难以纠正。

长期以来，钢笔字被认为没有太多的规矩可言，似乎可以随意发挥。于是，不少同学多年来的不良书写习惯和姿势已经定型，到大学期间再纠正实在勉为其难。比如，好多学生，尤其是一些女生的书写形式了拘谨的小家子气，往往很难使其开张，由此形成的心理定式让那些书法大家和教授也感到难以挽救。

其次，钢笔字在选择字帖上有一定的局限性。

钢笔书法不像毛笔书法，有权威性的基础字帖。这些年来，钢笔字帖的出版如雨后春笋，令人应接不暇，但鱼龙混杂，好坏差别很大。即使是优秀的范本，也可能因为人们在心理上还不习惯，不善于去评定哪种可以供初学者使用。现在很多人用的是司马东和司马彦的字帖，其实他们的字并不符合实用性标准，也不符合钢笔字的基础理论。（王正良、沈鸿根、顾仲安的不错。）

最后，加强鉴赏能力，培养正确的审美观刻不容缓。

在以"龙飞凤舞"为美的认识前提下，笔画写得杂乱而无序、造作而不自然，当然审美意识也就极为肤浅。相当大一部分同学的楷书基础极差，起码的线条笔画分辨不清。他们认为楷书不美，太慢、太板，而草书才是美的，写得快，线条无拘无束。他们只盯一个无拘无束，却忽略了"草书出了格，神仙认不得"的道理。这样没有规律地写草书，其效果恰恰是适得其反，反而练不好字了。

当然，钢笔字应偏向流利畅快。如果过多地追求顿挫、回转就失去钢笔字本身的特色了。现在许多钢笔字帖过于追求毛笔韵味，甚至用毛笔技法写钢笔字。这样写出的不再是钢笔字的线条，而是一个面（面积的面），特别是横画、捺画，要达到这种效果，需要有跟写毛笔字相近的速度才能达到，技巧纯熟的老师、书法家达到这一效果尚不轻松，更何况一个初学书法的学生呢；而且从实用性看，刻意这样做还有矫揉造作的弊端。

但无论怎样，为改正上述不足，练字时注意书写的姿势及书写方法、掌握正确的运笔要领也是很有必要的。

第二节　当代大学生学习书法的意义

调查结果显示，70%的大学生认为练字是非常有必要的，更有必要在社会上提倡人们"手写"。例如大一学生顾挺一直都有练字的习惯，这种习惯从初中一直延续到大学，他认为："字写得好差，其实代表着一个人的素质和形象，写得太差了就拿不出手，给人的第一印象也不好。"

"我们专业还开设了一门书法课，不过一星期也就一节课。"学汽车服务工程的大三女生方婷说，"我们很希望社会多创设环境，让我们可以多用手写字，有时间和有压力去多练字，毕竟现在能写一手好字的人真是太少了。"

"书法是中华民族的宝贵遗产，没有人会写漂亮字了，我们的文化怎么传承啊！"学财务管理专业的鲍承潮说。

"电脑打字虽然必要，但用笔写字随时随地可进行，而且也是人交往与交流的基本手段，打字不可能取代写字的。"习惯用电脑打字的交工学院的蒋巧娟认为。

"手写时，人会开动脑筋思考，思维逻辑也会更加清晰，这些优点是电脑打字所没有的。"经管学院的冯晓晓同学这样补充说。

综上所述，想写一手好字是许多大学生的众多目标之一。写一手好字，既能体现出大学生较高的文化修养，也是对中国传统文化的继承与发扬。同时，养成良好的学习书法的习惯，还能够陶冶当代大学生的情操，有益于身心的全面发展。

第十五章

钢笔楷书、行书书写技巧

第一节 书写姿势及执笔方法、运笔要领

一、书写姿势

（一）坐的姿势

(1) 头正：头不得左右歪斜。
(2) 身直：上身要坐端正。
(3) 胸舒：胸部与桌沿保持一拳的距离。
(4) 臂平：两臂自然平放在桌面上。
(5) 足安：两脚自然平放在地面，以与肩等宽为宜。

（二）握笔的姿势

右手执笔，拇指、食指、中指分别从三个方向握住笔杆的下端，离笔尖一寸①左右，笔杆的上部斜靠在食指的根部。笔杆与纸面约呈45°角。

二、运笔要领

(1) 运笔的步骤：硬笔书法也讲究起笔、行笔、收笔三个步骤。
(2) 运笔的力度与速度：硬笔书法在运笔时也要讲求力度与速度的配合。一般在按笔时力度重，行笔相对要慢；而在提笔时力度轻，行笔相对要快。
(3) 运笔要一气呵成：硬笔书法笔画的起、行、收是在一瞬间完成的连续性很强的动作，它不允许在行笔途中有丝毫的犹豫。
(4) 运笔要平稳起伏、过渡自然，要讲究变化。硬笔书法运笔的变化应该是相对平稳

---

① 1寸＝3.333厘米。

的，其过渡也应该是自然的，突然的变化和突然的起伏都会造成病笔。

第二节　书法学习方法概述

一、选帖的学问

初学者常常为选帖而苦恼，选帖其实也是门学问。要选一本适合自己学习的好范本，一般应从两个方面去考虑：

一是帖本身是否有水平。在现在出版的字帖中，临摹的范本硬笔应选取你最喜欢的一种现代名家楷书字帖，毛笔以古代书法家的作品为好。

二是这本帖适合不适合学。选的字帖的质量高，并不等于过了选帖这一关。形形色色的流派风貌，也使学习者犹豫不决。是学颜、学欧、学赵、学苏，还是学北碑、学南帖？各家都可学，又不能都学，这确实是个矛盾。遇到这种情况，首先要考虑自己的喜好。有喜欢劲挺的，有喜欢秀媚的，有喜欢雄浑的，取各人所需，方得其宜。明明自己喜欢褚遂良的秀逸风格，却硬去赶颜书雄强的时髦，这是跟自己过不去。只有每天面对着自己喜爱的字帖，才会有兴趣去临习研究，特别是在初学尚未能理智地控制自己学习情绪时，兴趣是个绝对重要的因素，它能帮助你树立长期作战的信心。

二、基本的练字方法

学习书法，不管是硬笔还是毛笔，其基本方法是一致的。一般来说，都要求从学帖开始，等到字帖学会用熟，再脱帖自成一家，正所谓"入帖""出帖"，从形似到神似的过程。

字帖买好了，对于它的使用就成了最关键的了。要写好字，正确地使用字帖是很重要的一环。常用的字帖练习方法有：摹帖、临帖、背帖、用帖和读帖等。下面分别给予简单介绍。

（1）摹帖：第一种方法是用透明的白纸蒙在帖本上勾画其轮廓，钢笔可以直接描出原字，毛笔则先描画出字的外形后再运笔写成；第二种方法是在原字上直接运笔，体会原字书写的技巧和方法。

（2）临帖：这是初学者最主要的学习方法，即将临本放在一边，边看边写。要点之一是要有较强的观察力，先看好原字的结构形体、运笔顺序、笔画形态后，再动手书写。要点之二是在观察的基础上做到"意在笔先"，心中对整个字有个完整的印象，然后自信地运笔写成。要正确地掌握好笔法，对于每一个笔画，都要一气呵成，临帖忌看一笔写一笔。开始不太像也没关系，逐渐地提高，直到与原字形似为止。当然要达到上述要求是需要一个较长过程的。

（3）背帖：提倡每次练后要及时地重复练习。这既是防止写字回生的办法，也是心理学上防止遗忘的方法。对初学者来说，背帖是提高写字水平不可缺少的环节。当临帖达到比较熟练的程度时，可以不看帖本，凭记忆去写。背临主要讲究"神似"的效果。好处是不受时间、地点、场所等的限制，随时随地都能进行。古人常有画沙、画地、画桌、画被，甚至空画的方式。

(4) 用帖：跟背帖有共通之处，即将写熟学会的字运用到自己的日常书写中，真正做到学以致用。

读帖：这是对字帖的揣摩、研究。其内容包括对笔法、墨法、结体、章法和风格、神韵等诸多方面的研究。它是对临帖的重要补充。因为对我们每个人来说，都不可能遍临前人的字帖，而仅能选择一部分进行临习，大量地都是靠"读帖"去汲取营养。

综合练习：

1. 一般来说，学习书法的基本方法有哪些？
2. 选帖应注意些什么？
3. 临帖、背帖和读帖各有什么好处？

三、硬笔书法的特点

（一）钢笔楷书

楷书是汉字的主要书体。楷，是楷模，就是标准字体。钢笔楷书具有以下特点：

(1) 讲究用笔。钢笔楷书有提顿、藏露、方圆、快慢等用笔方法。不同的用笔方法产生不同形态、质感的线条，不同的线条需要不同的用笔方法去体现。钢笔楷书字形较小，线条粗细变化不大，如果书写时用笔稍不注意，笔画就达不到要求，笔画就会出现软弱无力、僵硬死板等毛病。因此，必须经过严格训练才能掌握用笔方法。

(2) 笔画分明。钢笔楷书的每一个笔画的起笔和收笔都要交代清楚，工整规范，干净利落，不能潦草、粘连。但是笔画与笔画之间又要有内在的呼应关系，使笔画既起收有序、笔笔分明、坚实有力，又停而不断、直而不僵、弯而不弱、流畅自然。

(3) 结构方整。钢笔楷书在结构上强调笔画和部首均衡分布、重心平稳、比例适当、字形端正、合乎规范。字与字排列在一起时要大小匀称、行款整齐。虽然也有形态上的参差变化，但从总体上看仍是整齐工整的。

（二）钢笔行书

钢笔行书与钢笔楷书相比，具有以下特点：

(1) 减省点画。为了书写简便，行书对楷书的某些部位作了简化，或减省点画，或并合线条。如"话"字的"言字旁"，原楷书繁写为七画，写行书就只有两画，省去了五画；"然"字的四点水，由四点变为一横，省去了三画；"近"字的游水，由一点三弯折加一平捺，简化为一竖横折，也省掉若干弯曲波捺；"佛"字中间原是变形的"弓"字，现用横折弯钩代替，一下子省去了两弯。减省点画，在字的部首偏旁方面用得最多。

(2) 笔势流动。

一是增加钩挑与牵丝：写楷书要求点画分明，一笔一画地写，写行书则可点画连起来，在点画之间增加钩挑与牵丝。钩挑是在没有钩挑的点画上，顺势写出短钩，如"古"字的横画，"好"字的撇画；牵丝是在前后不相连的点画之间顺势用细细的牵丝相连，如"丝"字中间的点画，"心"字的中右两点。行书的点画之间有了钩挑与牵丝，便显得笔势流动、意态活泼。但需要注意的是钩挑与牵丝不能太多，否则用笔就显得不干净，造型也不美观了。

二是改变书写笔顺：行书的书写笔顺，采取的是草书笔顺，同原有的楷书笔顺不同。如

"秋""有""戎""半"四个字，前为楷书笔顺，后为草书笔顺。在写行书时，改变书写笔顺一定要因地制宜、因势利导，而且要合乎草书的规范。

（3）用笔灵活。行书用笔比楷书灵活，同样的点画写法不大受约束。如"戈"字，横画写好后，既可以直接从右侧翻笔上去写戈钩，也可以从右侧上去绕个小圈再写戈钩；"也"字的浮鹅钩，由上翻笔向下也行，由下直接写下也行。

（4）体态多变。行书是介乎楷书与草书之间的一种字体，其活动范围广，表现力丰富，往往一个字有几种写法。体态多变是行书的长处，是楷书和草书所望尘莫及的。

知识拓展：

临帖的过程大致可分为三个阶段。第一阶段：对照原帖，一笔不漏地临写。这个阶段的要求，是能熟练地掌握基本笔法和间架结构特点，能较为准确地背临范本中的字。第二阶段：一面持之以恒地临写原帖，一面以学到的用笔和结构方法，练习书写自己感兴趣的诗文。这个阶段的要求，是能全文或部分背临原帖，并能做到形神兼备，能在习作中显示所临字帖的特点。第三阶段：一面不断地进行创作练习，一面根据自己的兴趣，学习新的字帖，广泛涉猎历代楷书和行书资料，并研究楷书与行书之间的关系。这个阶段的要求，是能创作较为成熟的硬笔书法作品，并初步形成个人风格。坚持这个阶段的练习并实现这个目标，是成功的关键。在整个临帖过程中，有两件事情始终不可缺少。一是对所学字帖要经常地、反复地观察、分析、揣摩；二是广泛阅读、欣赏文学艺术各门类的优秀作品，广泛接触社会，深入生活．提高审美能力，加强道德修养，这就是人们常说的"字外功"。

四、硬笔书法工具的选用

（1）钢笔：钢笔的种类和型号很多。根据钢笔笔尖的金属成分不同，可分为金笔、铱金笔两种。金笔的笔尖含金量高，笔尖较软，弹性较小，书写时笔尖流畅，手感舒适。但金笔的价格昂贵，且笔尖软，不好掌握，初学者不宜使用。铱金笔的笔尖含金量少，笔尖较硬，弹性好，经久耐用，而且物美价廉，是初学写字比较适合的工具。挑选钢笔时要看笔尖是否圆滑和流畅，这可通过试笔检验，即将新笔蘸上墨水在纸上写些笔画及阿拉伯数字8，如笔尖不拉纸，出水均匀，那么笔尖就是圆滑、流畅的，合乎使用要求。钢笔的笔尖有粗细之分，练字应使用笔尖稍粗一些的钢笔。如果需要写字形较小的钢笔字，可挑选笔杆上注有"特细"字样的钢笔。钢笔要注意保养。写字时，应在纸下垫一些稿纸，以增强笔尖的弹性，减少摩擦。笔尖不要在金属等硬质材料上书写，以防损坏笔尖。钢笔每一个月左右应清洗一次，保持墨水下水流畅。钢笔如长期不用，应洗净保存。

（2）墨水：墨水的常用颜色有红、黑和蓝黑三种。红墨水一般用来批改作业，使用范围较小。蓝黑墨水颜色深沉庄重，不易褪色，书写流畅，是人们学习和工作中书写使用较为普遍的一种墨水。黑墨水以碳素墨水最为理想，黑墨水有一定浓度，有光泽，写在纸上黑白分明，十分醒目，用来写钢笔字或书写钢笔书法作品效果最好。墨水要使用同一牌号、同一颜色的，不能混用，否则，会引起化学反应，产生沉淀，不利于书写。每次书写完之后，应及时套上笔帽，否则，笔尖上的墨水会被晾干，下次书写时下水就不畅。如果要换一种墨水使用，应先将笔洗净晾干，再灌注新的墨水。

（3）纸张：钢笔字书写用纸一般以不洇不滑、略有涩感的为好。书写钢笔字一般以70

克或 80 克书写纸、绘图纸、复印纸等为佳，可根据自己的条件选择使用。练习楷书字体时，最好在打好格子的纸上书写，以便把字的大小写得相仿，增强练字的效果。

第三节　钢笔楷书书写方法

一、钢笔楷书笔画书写要领

（一）点

点画在一个字中就如同人的眼睛一样重要，是一个字的精神体现。点画有右点、左点、竖点、长点，写点关键要有行笔过程，万不可笔尖一着纸就收笔。

右点：轻下笔，由轻到重向右下行笔，稍按后即收笔，不能重描，一次成画。

笔画	起笔	行笔	收笔	字	例		
丶	丶	丶	丶	主	义	六	文

左点：写法基本同右点，但行笔方向往下略向左偏一些，收笔时要顿笔。

笔画	起笔	行笔	收笔	字	例		
丿	丿	丿	丿	小	怕	安	农

竖点：实际上是右点的变形，当点在字头居中出现时，人们习惯将点的收笔处与下面笔画连接起来，因此，这种点看起来就比较直。

笔画	起笔	行笔	收笔	字	例		
丨	丶	丶	丨	京	定	空	室

长点：是在右点的基础上变长，行笔应慢一些。

笔画	起笔	行笔	收笔	字	例		
丶	丶	一	一	以	头	不	食

（二）横

横画要写平稳，因为横在一个字中起平衡作用，横不平，则字不稳。横有长横、短横的写法。由于人的视觉的错觉，横画不能写成水平，而应写成左低右高，收笔时稍按一下笔，使笔画变重些，这样看起来才显得平稳。所以，人们常说的"横平竖直"中的"横平"，不是指水平书写，而是要求看上去平稳的意思。

长横：下笔稍重，行笔向右较轻，收笔略向右按一下，整个笔画呈左低右高、向下俯视的形态。

笔画	起笔	行笔	收笔	字		例	
一	、	一	一	上	下	五	土

短横：写法是轻下笔，由轻到重向右行笔，大约写到长横的一半时停笔即收。笔画稍向右上仰。

笔画	起笔	行笔	收笔	字		例	
一	、	一	一	三	二	王	

（三）竖

竖画要写垂直，因为竖画在一个字中往往起着关键的支撑作用，竖不垂直，则字不正。竖有垂露、悬针和短竖之分。

垂露竖：写法是下笔稍重，行笔垂直向下较轻，收笔稍重。

笔画	起笔	行笔	收笔	字		例	
丨	、	丨	丨	个	川	书	开

悬针竖：写法同垂露，只是收笔时由重到轻，出锋收笔，笔画出尖。

笔画	起笔	行笔	收笔	字		例	
丨	、	丨	丨	十	平	丰	半

短竖：写法同垂露，只是笔画较短，短竖要写得短粗有力。

笔画	起笔	行笔	收笔	字		例	
丨	、	丨	丨	口	旧	土	士

（四）撇

撇画在一个字中很有装饰性，如能写得自然舒展，会增加字的美感，有时还与捺画相对称起着平衡和稳定重心的作用。撇有斜撇、竖撇、短撇之分。

斜撇：下笔稍重，由重到轻向左下行笔，收笔时出尖。

笔画	起笔	行笔	收笔	字		例	
丿	丶	丿	丿	人	八	入	友

竖撇：下笔稍重，由重到轻向下行笔，行至撇的长度的三分之二处，向左下撇出，收笔时出尖。

笔画	起笔	行笔	收笔	字		例	
丿	丶	丨	丿	月	用	舟	风

短撇：写法同斜撇，只是笔画较短。短撇在字头出现时，笔画形态较平，如"干""反""禾""后""丢"等字。短撇在字的左上部位出现时，笔画形态较斜，如"生""禾""失""朱"等字。

笔画	起笔	行笔	收笔	字		例	
丿	丶	丿	丿	生	禾	失	朱

（五）捺

捺画粗细分明，书写难度较大。捺有斜捺和平捺之分。

斜捺：写法是轻落笔，向右下由轻到重行笔，行至捺脚处重按笔，然后向右水平方向由重到轻提笔拖出，收笔要出尖。

笔画	起笔	行笔	收笔	字		例	
⺀	丶	⺀	⺀	大	夫	火	木

平捺：写法同斜捺，但下笔时先要写一小短横，然后再向右下（略平）方向行笔。

笔画	起笔	行笔	收笔	字		例	
㇏	丶	㇏	㇏	之	边	达	近

（六）提

斜提：写法是下笔较重，由重到轻向右上行笔，收笔要出尖。提画在不同的字中角度和长短略有不同，书写时应注意区别。

笔画	起笔	行笔	收笔	字 例			
╱	╲	╱	╱	江	地	级	虫

竖提：下笔写竖，到适当处略顿笔向右上写斜提，一笔写成，提的收笔处出尖。

笔画	起笔	行笔	收笔	字 例			
ㄴ	｜	｜	ㄴ	长	民	良	衣

（七）钩

竖钩：下笔写竖，到起钩处，稍停向左上勾出，出尖收笔，钩的尖角约为45°，出钩的部分要短一些。

笔画	起笔	行笔	收笔	字 例			
亅	丶	｜	亅	小	水	寸	示

弧弯钩：下笔稍轻，由轻到重向右下弧弯行笔，到起钩处略顿笔向左上勾出，收笔要出尖。书写时下笔处和起钩处上下应在一条垂直线上。

笔画	起笔	行笔	收笔	字 例			
）	丶	)	)	了	子	手	象

戈钩：下笔稍重，向右下弧直行笔，到起钩处向上勾出，收笔要出尖。写戈钩关键是要保持一定的弧度，太直、太弯都会影响整个字的美感。

笔画	起笔	行笔	收笔	字 例			
乀	丶	乀	乀	民	氏	成	我

卧钩：下笔稍轻，先向右下（笔画由轻到重），再圆转向右水平方向行笔，到起钩处向左上勾出，钩要出尖，但不宜过大。

笔画	起笔	行笔	收笔	字		例	
㇃	丶	㇄	㇄	心	必	志	思

竖弯：下笔写短竖，再圆转向右水平方向写短横，收笔稍重。

笔画	起笔	行笔	收笔	字		例	
㇄	丶	㇄	㇄	四	酉	西	尊

竖弯钩：在竖弯的基础上，收笔时向上方勾出，笔画比竖弯要长一些。

笔画	起笔	行笔	收笔	字		例	
㇉	㇉	㇉	㇉	儿	元	见	也

横钩：下笔向右写横，行笔至起钩处顿笔向左下轻快勾出。

笔画	起笔	行笔	收笔	字		例	
㇇	一	一	一	皮	欠	买	卖

（八）折

横折：下笔从左到右写横，到折处稍顿笔再折笔向下写竖。注意横要平，竖要直，折要一笔写成，中间不可间断。折处不能写成"尖角"，也不能顿笔过大，形成"两个角"。

笔画	起笔	行笔	收笔	字		例	
㇆	一	一	㇆	日	只	回	田

横折钩：下笔写短横，略顿笔后折向下，有时稍稍向左倾斜一点，到起钩处略顿笔后向左上方勾出，一笔写成。

笔画	起笔	行笔	收笔	字		例	
㇉	一	㇉	㇉	习	司	句	匀

(九) 其他笔画

横撇：下笔写短横，略顿笔后向左下写撇。注意横要稍向右上斜一点，撇要出尖，一笔写成。

笔画	起笔	行笔	收笔	字		例	
フ	一	一	フ	又	水	永	承

撇折：下笔写短撇，出尖顿笔后折向右上写提，注意折处要顿笔，收笔出尖。

笔画	起笔	行笔	收笔	字		例	
ㄥ	丶	ノ	ㄥ	去	云	参	私

撇点：下笔写撇，不出尖顿笔后折向右下写长点，收笔较重。注意上部和下部长点的角度要恰当。

笔画	起笔	行笔	收笔	字		例	
く	く	ノ	く	女	始	如	好

横折弯钩：下笔写横，顿笔折向下写竖，尔后圆转向右写横，到起钩处略顿笔向上勾出。注意弯处要圆转，下面的横要平，钩要小，要出尖。

笔画	起笔	行笔	收笔	字		例	
乙	一	ㇹ	乙	九	几	凡	旭

竖折：下笔写竖（有长、短之分），顿笔后向右写横，收笔较重。注意竖要直，横要平，一笔写成。

笔画	起笔	行笔	收笔	字		例	
ㄴ	丨	丨	ㄴ	山	凶	画	区

竖折折钩：下笔写短竖，顿笔折向右写横，再顿笔折向左下写竖钩。注意竖钩既不能太直，也不能太斜，钩要小，要出尖。

横折提：下笔写短横，顿笔折向下写竖，再顿笔向右上写斜提。注意提要短一些、斜一些，要出尖。

笔画	起笔	行笔	收笔	字		例	
弓	丶	ㄴ	弓	弓	马	鸟	引

笔画	起笔	行笔	收笔	字		例	
乙	一	丁	乙	说	语	词	诗

横折折撇：下笔写短横，略顿笔折向左下写短撇，不出尖，不要太长，再折向右写一小短横，最后向下撇出，要出尖。

笔画	起笔	行笔	收笔	字		例	
廴	一	乙	廴	及	延	廷	建

横撇弯钩：下笔写短横，转折处略顿笔后写短撇，接着笔尖不离纸写小弯钩，钩的方向往左上。

笔画	起笔	行笔	收笔	字		例	
阝	一	弓	阝	除	院	都	那

横折折折钩：下笔写短横，右边稍高些，略顿笔折向左下写短撇，不出尖，不要太长，再折向右写短横，再折向左下写弯钩。注意最后的弯钩要稍有弧度。

笔画	起笔	行笔	收笔	字		例	
㇈	一	弓	㇈	乃	奶	仍	扔

横折弯：下笔写短横，略顿笔折向下写短竖，再圆转向右写短横，收笔较重。

笔画	起笔	行笔	收笔	字		例	
乙	一	乙	乙	铅	船	设	没

竖折撇：下笔写斜竖，略顿笔折向右写短横，再顿笔向左下撇出，要出尖。

笔画	起笔	行笔	收笔	字		例	
ㄣ	㇂	ㄥ	ㄣ	专	传	砖	转

从上面介绍的基本笔画的书写方法可以看出，汉字笔画书写的运笔规律、一般是：横、竖、撇的起笔较重，点、捺的起笔较轻；转折处要略顿笔，稍重、稍慢；提和钩，开始要略顿笔、稍重，尔后逐渐转为轻快，收笔出尖；所有笔画都是一笔写成，不能重描。这些笔画在组成汉字时，有的形状会略有变化，因此在书写时，要注意多观察，把笔画形状写准确。

二、常用部首及例字

汉字可分为独体字（无偏旁部首）和合体字（有偏旁部首）两种，合体字占绝大多数。

对于偏旁部首，一方面应注意它的写法及结构组合安排，另一方面还要考虑同其他部分相互搭配的位置组合。如能掌握偏旁部首和相互间的组合方法，就能把汉字写得又快又好。这里仅举一部分实例，其他的偏旁部首建议对照字帖多加练习。

（1）单人旁：书写简单，但要求写得平稳有力，略微瘦长。

（2）双人旁：关键是双撇的起笔在一直线上。上撇短，下撇长。

（3）提手旁：是个瘦长形偏旁，要求写得挺直有力，平稳自然。

（4）右耳字：瘦长，写时要平稳挺直，自然均匀。

（5）左耳旁：第一折横斜、折角小，第二折有弧度，像两足沿山而下。

（6）日字旁：要写成竖长方形结构，要求写得紧凑有力，端正平稳。

（7）目字旁：同日字旁形状，但比日字旁稍长，要求端正平稳，布白均匀。

（8）月字旁：字体细长，第二笔起笔为露锋。要前二段均等，后一段略长。挺而有力。

（9）牛字旁：撇和横连接要小而紧，竖应挺直有力，从短横中间穿过，并要适当长些，最后的平挑要平而尖锐，比上横略长。

（10）车字旁：先写短横要稍斜，撇折可适当向左倾斜，垂露竖要挺直有力。

（11）王字旁：三横可略斜，中间空白要均匀，整体要写得坚实整齐，平衡端庄。

（12）虫字旁：口字要写得下部略收，竖一定要强劲有力。整体要求写得稳重有力，紧凑合理。

（13）女字旁：下笔作顿写撇折，折角切忌小，宜大。撇折不宜长，要短而有力。

（14）米字旁：此笔画中的竖画为垂露竖，挺直有力，要足够长。整个偏旁要写得挺拔平稳，呼应对称。

（15）反犬旁：是一个弯曲的长方形结构，弧度不可过大。

（16）子字旁：由横撇、弯钩和长挑组成，是长方形偏旁，横撇相连要矮小紧凑，切忌过长，弯钩要稍直略有弯曲。整个偏旁要写得平衡矫健，坚定有力。

（17）弓字旁：写时要注意下面折钩应稍长，出钩有力。整体要求宜瘦不宜肥，平稳有力。

（18）走之旁：这是一个较难书写的一个偏旁，要求写得自然流畅，曲折有致，并能呈载托之势。

（19）又字旁：要求写得矮小紧凑，在和右边配合时要偏上，齐上不齐下。

（20）立字旁：此偏旁笔画集中，要求写得紧凑有力，在和右边配合时也要齐上不齐下。最后斜挑要快速提锋，尖锐有力。

（21）石字旁：下面的"口"应小而紧凑，不能大而扁。

（22）矢字旁：斜长形结构，要求写得平稳有力，写时略偏上部。

（23）足字旁：写时"口"字上斜，下边的提画外让。

（24）火字旁：作为左旁，竖撇更竖一些，末笔捺画变点画。

（25）两点水：上点稍斜，下点写时要重按快提、尖锐有力，并上下呼应，活泼成趣。

（26）三点水：成一条弧形，第二点画较平，外让，第三点画与第一点画的收笔在一直线上。

（27）反文旁：是一个向四周舒展的长方形偏旁。撇画舒展大方，捺画比斜捺更长更伸展。

（28）小耳旁：写横折钩时要向里收，钩以含蓄为好，竖为悬针竖，坚挺有力。

（29）斤字旁：整字要平稳舒展，自然大方。

（30）歹字旁：上撇短，下撇折长，整体矮小轻快。

（31）白勺旁：要个较紧凑的偏旁，要求写得平稳坚实。

（32）舌字旁：是中间宽上下窄的长形。要将笔画右边控制在一条垂线上。

（33）工字旁：笔画少，在和右边部分搭配时，要写得矮小紧凑并重心平稳。

（34）马字旁：上窄下宽，竖折同横折组成一个平行四边形，要写得平稳雄健。

思考与练习：对照个人字帖，每天坚持练习一张楷书字。

第四节　钢笔行书书写方法

一、钢笔行书的基本点画写法

钢笔行书的点画写法，尽管来自毛笔行书，但用笔远比毛笔行书简单，它不强调逆锋起笔、中锋行笔、回锋收笔的法则。

（一）点

（1）带钩点：是由点带出钩挑，如"不"字，目的是牵引下一字。写法是先顺势写长点，用笔要由轻而重、由左而右，勾时再用力顿一下，然后迅速向左下勾出。带钩点要有一定的弯势，不能生硬僵直；线条要刚劲流利，不能软弱迟疑。

（2）带下点：是指上下两点一笔带下，如"淤"（于）字。写法是落笔写上点，用力顿一下，再提笔写下点，最后再用力顿一下，迅速勾出。上点略侧，下点稍平，上下点之间，用一细细的牵丝相连。使上下连贯、粗细分明，有形态、有动势。

（3）带右点：是由左点带出右点，如"以"字。写法是用笔轻落重按写左点，然后提笔写右点，略顿一下用力向右上趯出，钩要短小。写带右点时，左点要大，右点要小，如两点差不多大，就缺少变化。

（4）合二点：是指左右两点相呼相应，如"六"字。写法是轻落重按写左点，然后用力向右上勾出，再顺着勾势写右点，最后用力向左下撇出。合二点虽然中间没有牵丝相连，但要一气呵成，左点与右点之间应左高右低，遥相呼应。

（二）横

（1）下钩横：是指横画下面带钩，如"然"字。"然"字下面本来是四点，现改写为一横画，是采用了草书写法。写法是落笔略顿，再向右写横，至末端用力折笔向左下勾出。

（2）上挑横：是指横画上面带挑，如"古"字。写法是在写好一横后，再用力一顿翻笔上挑而出。上挑横与下钩横不同处是末端收笔的方向不一样，前者上挑，后者下勾；上挑是为了顺势写上画，下勾是为了开启下笔。

（三）竖

（1）悬针竖：是指竖画下面尖尖的如针倒悬，如"半"字。写法是落笔略顿，接着由上而下、由重而轻写竖画。悬针竖要如针垂直端悬，不能东斜西倒。

（2）垂露竖：是指竖画下面不失如露水倒垂，如"申"字。写法是落笔略顿，接着由上而下写竖画，至末端再略顿一下，回锋收笔。垂露竖的两端用笔重而中间用笔轻，两端书写速度慢而中间书写速度快，竖中带挺呈曲势，如人挺立，显得精神饱满。

（3）曲钩竖：是指竖画下端带曲钩，如"抑"字。写法是写好一竖后，末端收笔时顺势向左下迅速勾出。曲钩竖的竖中略带曲势，并非一味地端直。

（4）仰钩竖：是指竖画下端带仰钩，如"隆"字。写法是落笔写竖画，至末端再用力向右上勾出。仰钩竖与曲钩竖的差别是前者仰钩向上、由左而右，后者曲钩向下、由右而左；前者是承上笔，后者是启下画。

（四）撇

（1）回锋撇：是指撇画下端回锋向上，如"化"字。写法是落笔稍重，随着向左下写撇，至撇尾再回锋向上收笔。因为撇尾回锋收笔，并非出锋收笔，所以撇尾不失而圆。

（2）挑脚撇：是指撇画下端挑脚向上，如"今"字。写法与回锋撇同，只是收笔时挑脚而出呈钩状。一般说，回锋撇往往是撇后写竖，笔势角度小，挑脚撇往往是撇后写捺，笔势角度大。

（3）斜撇斜：撇是楷书写法，撇端尖尖的，如"余"字。写法是落笔稍重，然后逐渐提笔向左下撇出，撇时要轻灵不要迟疑，而且力要送到撇尖。

（4）平撇：平撇在字头，短小而平，如"重"字。写法是落笔重，略顿，随后提笔迅速撇出。平撇的形态有点像鸟喙，短小尖锐。

二、钢笔行书的用笔

钢笔行书的用笔与毛笔行书的用笔相同，只是书写更加便捷，其特点是：起笔如楷，运笔如草，点画应接，笔断气连，主笔沉着，连笔轻细。

（1）落笔、行笔、收笔：钢笔行书的每一笔点画，在书写中都有落笔、行笔、收笔三个过程。所谓落笔，就是开始书写点画时的起笔；所谓行笔，就是书写点画的中间运笔；所谓收笔，就是书写点画结束时的用笔。如横画，左为落笔，中为行笔，右为收笔。如竖画，上为落笔，中为行笔，下为收笔。如撇和捺，头为落笔，中为行笔，尾为收笔。落笔有轻有重，行笔有快有慢，收笔有回有露。

（2）提笔、按笔：钢笔行书的用笔也很讲究提按，如无提按，点画就没有粗细变化和轻重的节奏。所谓提笔，就是笔从纸面提起；所谓按笔，就是笔在纸上按下。提笔要轻，笔迹要细；按笔要重，笔迹要粗。如"毛"字的短撇和"领"字的斜撇，右上粗，左下细，都是先按后提；如"拉"字的平挑和"钢"字的斜挑，左下粗，右上细，也是先按后提。提笔与按笔，在用笔上总是结合着使用的。

（3）翻笔、折笔：翻笔一般向上取逆势，如"几"字的浮鹅钩、"十"字的上挑横，都是用翻笔写成；折笔一般向下取顺势，如"口"字的横竖折、"山"字的竖横折，都是用折笔写成。不论翻笔还是折笔，都要求用笔慢而有力。

（4）连写笔：连写笔就是点画连写不断，中间用牵丝相连。如"乎"字的平两点、"易"字的两撇、"冬"字的下两点、"思"字的心字点，都是用连写笔写成。用连写笔写出来的字，意态活泼，带有动态。

（5）侧笔：侧笔就是侧锋落笔的简称。侧笔主要是取字的姿态，笔致比较方折，显得很刚劲。如"五"字的长横、"广"字的侧点、"志"字的中竖、"个"字的斜撇，都是侧笔写成。侧笔的用笔是偏倒一方，竖画横落笔，横画直落笔。

（6）顿笔：顿笔与按笔相似，但用笔要更重而有力。一般顿笔用在点画收笔的勾挑上，如同踢球，先把脚提起，再用力把球踢出去。如"民""家""木""元"等字的钩挑，都是顿笔写成。

（7）回锋、露锋：钢笔的用笔不像毛笔那样要强调回锋，但有的点画如不回锋，也写不好，这时还是要回锋。回锋一般是指在原笔迹上来回，如"之"字的平捺、"走"字的反捺的起笔部分。露锋是锋尖落笔或出锋收笔，使锋尖露出。锋尖落笔如"之"字的侧点、"井"字的上横；出锋收笔如"井"字的右竖、"天"字的撇捺。出锋是锋芒毕露，显得很有精神。露锋时落笔要轻．收笔要快。

（8）撇出、挑出：用笔撇锋而出叫撇出，如"会"字的斜撇、"月"字的竖撇。用笔挑修而出叫挑出，如"红"字的挑画、"孙"字的挑画。撇出是自上而下，挑出是自下而上，用笔都是由重而轻提笔出锋。撇出或挑出，用笔都要干脆、迅速、有力。

（9）勾出：用笔勾锋而出叫勾出。勾出可以由下而上，如"周"字的竖钩；也可以由上而下，如"空"字的横钩。在行书中，有的点画的勾出，是为了书写流利而一笔带出来的，如"却"字的右竖、"大"字的反捺。凡勾出处，必须先顿笔一下，然后提笔勾出。

（10）顺势：顺着笔势而书写成画叫顺势。如果点画相连，那么顺势的用笔则成了连写笔，如"春"字的三横、"火"字的点捺；如果点画相断，那么顺势的用笔则成了另起笔，如"上"字的横与竖、"下"字的竖与点。由于顺势用笔，行书才获得生命，点画之间递相映带，有情有态，神完气足，显得特别空灵流动。

三、钢笔行书的偏旁部首写法

汉字的偏旁部首是汉字的重要组成部分，写好偏旁部首有利于写好汉字。行书的偏旁部首来自楷书，但书写更为简便。

（1）单人旁：落笔稍重，向左下行笔，随后回锋翻笔，再顺势落笔写竖，先轻后重，最后回锋向右上趯出。如"任"字。

（2）三点水：落笔轻，露锋尖，触纸后用力顿一下，然后勾出，接着顺势落笔写竖钩，勾时用力向右上踢出。如"沈"字。

（3）左耳旁：落笔写短横，顺势用笔而下写弧，再顿笔勾出，接着写竖钩，竖钩要挺劲，带有一定的弯势。如"陈"字。

（4）右耳旁：落笔由轻而重写横出折，再顺势写弯钩，然后翻笔而上写竖画，竖如悬针，上粗下细。一般来说，左耳收，右耳放；左耳流利，右耳工整；左耳竖有钩，右耳竖无钩；左耳占地小，右耳占地大。如"都"字。

（5）竖心旁：落笔写短竖，再折笔写短横，然后翻笔向左上，顺势写长竖。有时横竖之间有牵丝相连，并形成一个针鼻孔似的小圈，就更显得玲珑剔透，生动活泼。如"情"字。

（6）爿字旁：侧锋落笔，略顿，随即高于写竖画，要挺拔有力，至竖末用力向左上勾出，然后顺势写上点，顿一下提笔写下点，再用力向右上挑出。竖与点之间用勾挑相呼，点与点之间用牵丝相连。如"壮"字。

（7）提手旁：落笔写横，再翻笔写竖钩，然后顺势写出挑。横画略向右上斜，竖钩挺拔带弧势，挑画由左下而右上，线条由粗而细，点画分明有力。如"推"字。

（8）宝盖头：轻落笔重按笔写点，然后勾出，顺势写左竖点，再连着折笔写横，末了折笔用力向左下勾出。整个宝盖头点画呼应，成上包下之势，字头宽敞，能包括或容纳下面部分。如"宣"字。

（9）土字旁：写"土"字旁时横上挑与竖提相连，提时要踢出，与下一笔相呼应。

（10）直刀旁：落笔斜写左短竖，再折笔向右上勾挑，然后顺势写右竖。行书中的右竖，不妨写得比楷书长些；竖尾一般提笔直接抽出，也可以向左下勾出。如"到"字。

（11）双人旁：落笔先写短撇，回锋折笔写长撇，再回锋向上写竖画，然后顿笔勾出。整个双人旁要一笔写成，虽然用笔有提有按，但笔尖始终没有离开纸面。如"徐"字。

（12）反犬旁：侧锋落笔，随即向右下撇出，顺势另起笔写竖钩，再落笔写撇折挑。反犬旁可以写成楷书似的钩挑，也可以回锋收笔无钩挑；有钩挑的势必从左上落笔写撇或撇挑，无钩挑的势必从右上落笔写撇或撇挑，用笔的笔势不同，因此字的体态也不同。如"独"字。

（13）王字旁：落笔写上横，随即折笔写竖画，再转笔向右上顺势写中横，然后折笔向左下写下横。王字旁的三横，要求长短角度有变化，一般来说，上画较短略向右仰，中横略长比较平正，下横最长由左下向右上挑出。三横有变化又和谐，这样安排就饶有兴味。如"理"字。

（14）广字旁：先写上面侧点，接着提笔就势写横，再折笔写撇。广字旁的字是半包围结构的字，往往由左上包右下，因此要注意空间。如"店"字。

其他一些偏旁部首，可参考具体的行书字帖中的偏旁部首的练习方法进行练习。

四、钢笔行书的结构分析及快写原则

（一）重心平稳，协调均衡

由于行书改变了楷书端庄、方整的结构，而以流动感较强的欹斜笔画和笔画间的连断面出现形态上的种种变化，在书写过程中便产生了动态美，但无论怎么变化，都必须做到每个字的重心平稳、协调均衡。

（二）笔画呼应、连带

行书间的呼应顾盼、连带融合最为普遍，有实连和虚连两种，实连有细的"牵丝"进行相互沟通；虚连则无明显的"牵丝"衔接，但笔画笔断意连，或左顾右盼，或有呼有应，含蓄生动而自然。

（三）笔画省略和简化

行书笔画要求简洁明快，有些笔画类同或重复或次要，因而常对一些楷书的笔画做适当的省略和简化。

（四）改变笔顺

可以根据运笔的方便和连带的自如以及笔画的流畅，灵活地改变笔顺，使笔画更为明快，结构更为紧凑。

（五）疏密有致

笔画多者要密而匀，少者应为疏而稳，疏可以使字显得空灵洒脱，密能使字严谨、劲健。

（六）参差错落

相同的点画组合在一起时切不可写成头尾平齐，平直相似，而应写成长短有别、高低错落，在变化中求得整体协调、统一和谐。

（七）向背兼顾

有些汉字的笔画或部分之间有一种相互内聚对接之意，称相向。这类字应注意不要让其过于紧缩或拘谨，要利用其中的笔画伸展向外开放，显其洒脱一面。

有些汉字笔画或部分之间呈现一种背向关系，称相背。处理这类结构的字，主要依靠点画之间的呼应、顾盼或笔断意连来使两部分形成整体，避免分离。

（八）布局谋篇时要因字随意

汉字有大有小、有长有短，布局谋篇时要大者任其大，小者任其小，高、矮、宽、窄各尽其态，收放随形，但不能毫无根据地随意增减笔画或改变结构。

综合练习

1. 钢笔行书的基本特点是什么？
2. 钢笔行书的点画和偏旁部首都有哪些？
3. 对照字帖，每天练习一张钢笔行书作品。

第五节　毛笔书法

一、毛笔的书写姿势及执笔方法

根据字的大小，一般有坐着写、站着写和蹲着写三类，即所谓的"坐势""立势"和"蹲势"。初学写字，应特别打好坐势的基础。

坐势：端坐桌前，腰背自然伸直，上身可略向前倾，与肩同宽，左臂弯曲，手自然放置桌上，起到一定的支撑作用。手也可压在纸上，起到稳定纸的作用。右手执笔，笔不必正对头的中间部分，可偏向头的右侧，以能看到笔尖运动为宜。坐势书写又有枕腕、悬腕、悬臂等区别。枕腕，即右手执笔时手腕不离开桌面，或把左手垫在右手手腕的下面，多用于写小楷。悬腕，即右手执笔时手腕悬空，运笔较为灵活，适合写一寸左右的各种字体。悬臂，即右手执笔时，手臂悬空，活动范围大，适合写两寸以上的各种字体。采用坐势书写时，一般适合写两寸以内的较小的字，如小楷、晋人行书、唐人楷书等。

立势：身体站立不倚靠桌子，上身前倾，双脚分开，与肩同宽，左手手掌平放在桌面上，左臂可直可屈，以能自然支撑桌面为宜，右手悬臂执笔。采用此种姿势适合写两寸以上的字。

蹲势：蹲在地上，两脚分开，略比肩窄，左手按纸，右手悬臂执笔，一般是在大的厅堂空地上写，便于把握通篇章法，这种姿势适合写巨幅长篇（写巨幅作品时脚可踩在作品上面）。

正确执笔是正确用笔的前提，是写好字的一个重要环节，因此，它被历代书法家和书法理论家所重视。只要我们翻开古今书法理论典籍，关于执笔方法的探讨比比皆是。如握管法、单钩法、双钩法、握管法、撮管法、捻管法、拨镫四字法、回腕法，等等。这些方法各有短长，各具特点。

一个初学者应该选用什么样的执笔方法呢？当这个问题出现在我们面前的时候，我们翻阅古今有关执笔的诸多论述，从中发现唐太宗李世民的"指实掌虚"说与唐代韩方明的"虚掌实指"说是最富于智慧的。他们可谓不谋而合，一同看到了问题的关键。指实，是强调五指执管，把笔执稳。掌虚，是掌心空虚，以便于指腕灵活运动。执笔的要领说到底就是稳与活二字。与这种理论相呼应的最为普遍的是五字执笔法。当代有关书法基础的教科书，都认为这种方法是正确的执笔方法。当代书法家沈尹默先生对五字执笔法极为推重，他在《书法论丛·书法论》中说："书家对于执笔法向来有种种不同的主张，我只承认其中之一种是对的，因为它是合理的，那就是由二王传下来的，经唐朝陆希声所阐明的：擫（yè）、押、钩、格、抵五字法。"沈先生的观点是否多少有些绝对，我们暂且不论，但我们却从中看到了五字执笔法的影响力是广泛而巨大的。

擫，是用手指按的意思，是指用拇指指肚前端在笔管左侧按住笔管；押，通"压"，是从上而下用力的意思，是指食指第一节在笔管右侧从上而下用力与拇指相对夹住笔管；钩，是弯曲、钩住的意思,是指中指弯曲如钩,用第一节指肚前端钩住笔管前面;格,是抗拒的意思,是指无名指用甲肉相连之处从后向前推挡笔管;抵,是推、抵抗的意思,是指小指紧靠无名指辅助它向前推挡笔管。

我们明白了指实掌虚的作用之后,为了学好书法,还要了解与其密切相关的知识——执笔的位置与执笔的松紧等。我们可以将笔管分为上中下三个部分,执笔靠下,笔的活动范围小,运笔就稳健。执笔靠上,笔的活动范围大,运笔就灵活。那么执笔时究竟靠近那个部位好呢?这要根据所写字体风格及字的大小来确定。一般来说以字体来区分,写篆书、隶书和楷书,执笔宜略低,低可稳健;写行书或草书,执笔可略高,高可灵动。以书法风格来区分,工稳严谨的风格,执笔宜低,豪放洒脱的风格执笔宜高。以字的大小来区分,写小字执笔宜低,写大字执笔宜高。

关于执笔的松与紧的问题,很久以来民间盛传王献之学书的故事。相传他小的时候,一天正在练字,他的父亲王羲之悄悄地来到他的身后,突然抽他的毛笔,竟然没有抽掉,于是,王羲之高兴地说:这个孩子将来会有大名气。这则故事是唐代著名的书法理论家张怀瓘在他的书论著作《书断》中记载留传下来的,只是个传说而已。然而,后来的人们多依据它来说明执笔以紧为好,实际这是一种误传。一味强调执笔紧是失于偏颇的。执笔紧,易于稳健;执笔松,便于灵活。但是执笔过紧则不能灵活运笔,使点画受到制约。执笔过松,则会失去对笔的控制,使点画难以成形。因此,执笔的松紧要依据所写字体、风格及字型的大小来决定,应以松紧适度为宜,这个度就是在写一种字时能执笔稳健,又挥洒自如。

二、笔法

要想写出漂亮的毛笔字,必须掌握好用笔。一幅好的书法作品多用中锋运笔,兼用侧锋。楷书的每一个点画都分起笔、行笔和收笔三部分。根据"中锋运笔"的原则,下笔前笔毫应圆润、饱满、尖挺、垂直。在笔画中应尽量使锋尖垂直于纸面,收笔时笔锋离开纸面,尽量使笔毫恢复下笔前的形状。

收笔是指一个笔画结束后笔毫离开纸面,它分出锋收笔和回锋收笔两种。回锋收笔采用藏锋笔法,逆着行笔方向收笔,把笔锋回归笔画内,横画、垂露竖画、点画用此法收笔;出锋收笔采用露锋笔法,收笔时笔锋沿行笔方向,渐行渐提,直到完全离开纸面,撇画、捺画、挑画、钩画、悬针竖画用此法收笔。

运笔的方式已经谈过了,接下来就是要发挥它的要领,落笔时如何做各种笔画,表现各异书风,其间变化多端,还有像落笔与起笔之方式、行笔之轻重缓急、笔画或字之间的连与断,以及转折之方式、笔锋之运用等,皆需注意。但多虽多,还是有一定的法度可寻,以下概略分类叙述。

(一)起笔及其方法

起笔,又称落笔、下笔、发笔,是一笔一画的开端,是点画定格、承前启后的关键环节,其用笔方法主要有逆入、折入,间或亦用顺入的方法。起笔是指毛笔锋尖接触纸面,分逆锋起笔、折锋起笔和顺锋起笔三种。逆锋起笔采用藏锋笔法,沿笔画运行相反方向起笔,把笔锋藏于笔画之中；顺锋起笔采用露锋笔法，顺笔画运行方向起笔，使笔锋显露于外。

（1）逆入：逆入就是逆锋起笔，即采用与行笔的相反方向（欲右先左，欲下先上）遣锋发笔。逆入的用笔方法与不同的笔法结合，往往可以写出势态迥异的笔画来。如与转笔结合，可写出圆头如篆之笔画，表现出沉实浑劲、含蓄端庄的势态；如果与顿笔、折笔结合，则可写出方头笔画，劲健有力，意态昭然。一个笔画的书写都有以下几个步骤：起笔、行笔、收笔。横画也不例外，由于起笔的方式不同，又有圆笔和方笔之分。

在楷书里面，点、横、竖、撇、捺的基本样态多用逆锋。逆锋在实际书写的过程中，通常表现为两种"逆法"，一是虚逆，一是实逆。所谓虚逆，就是笔锋在空中作逆锋动作，笔锋在逆的过程中并不着纸，也就是空中取逆势。所谓实逆，是指笔锋轻轻入纸，向点画的反方向运行极短的一段，然后再调锋运笔。

（2）折入：折入，就是折锋起笔，即起笔与行笔的毫锋运动方向成一定角度，有一个毫锋转向的环节；可写出棱角、出锋芒的方头笔画，显得精神闪耀、形态毕露，也称为"露锋入笔"。

（3）顺入：就是顺着行笔方向顺锋入笔，笔画利落流畅，起行浑然一体，神态自然成趣。

（二）收笔及其方法

收笔，也叫杀笔，是笔画书写将要完成时，笔毫离开纸面前的动作。一般说来，收笔有两种方法，即藏锋收笔与露锋收笔。

（1）藏锋收笔：藏锋收笔是指收笔时笔锋朝笔画的反方向回收，将笔锋藏于点画之内，所以又叫回锋收笔。如写横画时，往右写到尽头后稍提，接着向右下顿笔，然后向左回锋收笔，让笔锋藏在线条之内；再如写垂露竖，书写到收笔时笔锋稍向左复向右下稍顿后，再向内回收。

（2）露锋收笔：露锋收笔，即在收笔时将笔毫收拢，把笔逐渐提起以离开纸面，使笔锋外露，其笔画末端呈锥状，如写悬针竖、撇、捺、钩、挑等笔画都要用露锋收笔才能达到效果。露锋收笔忌飘浮无力、一掠滑过，应将力量贯注于毫端至笔画末端。

三、毛笔楷书的基本笔画

楷书的笔画主要有点、横、竖、撇、捺、折、钩、挑八种。

（一）点法

点，是形态上最小的笔画，但它却包括起笔、行笔、收笔三个完整的过程。点的形态很多，最为常见的有方圆、长短之别，藏锋、露锋之异，左倾、右侧之殊，等等。古人非常重视点，"倘一点失所，犹美人之眇一目"，可见写好一个点画的重要。任何一个笔画均可看作点的延伸。在历代楷书法帖中，它们往往因其所处的位置的不同和书家风格的各异而呈现许多细微差别，这里择要介绍点画的几种基本形态及变化。

（1）方点及其用笔：用笔通常是逆锋入笔——折锋顿笔——回锋收笔。如此便写成逆入方点。如果以折锋入笔——顿笔右下——回锋收笔，便写成折入方点。

（2）圆点及其用笔：圆点是不显棱角、不露锋芒、含蓄浑劲的点画。其用笔方法是：顺入（或逆入）——转中带顿——回锋收笔。

圆点是运用圆转的笔法写出的点画，笔锋沿着弧形绞动，呈一半圆状。

①逆锋起笔，锋尖向左上角轻轻落下；
②转锋向下，铺毫沿弧形行笔；
③行到最下端后，绞转笔锋呈圆形向左上蓄力上行；
④回锋填满腰部凹处收笔。

（3）竖点及其用笔：方点采取竖势称为竖点，与侧点相较，有站立的体态。其用笔方法是：逆入——折锋——顿笔下行——回锋收笔。欧阳询、柳公权楷书中的宝盖头上点多写成竖点。

竖点用于宝盖头或字的上方起首点，处于居中位置，有利于稳定两侧；相伴的横钩，横画向右侧稍作夸张，显得奇态横生，竖点由于纵向拉长，穿过横钩，利在填补宝盖头之空虚，使字之整体严谨端庄、厚实雄健，阳刚之气跃然纸上。

（4）撇点及其用笔：向左下方收笔稍出锋芒的点，称为撇点。其用笔方法是：逆入（或折入）——顿笔右下——回锋内收稍许即出锋收笔。唐代楷书诸家在字中都用撇点，如欧体字三点水之首点。

（二）横法

横画是汉字中使用最多的笔画，在字中起着骨架、横梁的作用。横不能写成水平状，应该呈左低右高微微向上倾斜之势，书写时要求流畅而不浮滑、圆润而不单薄。

一般写法是逆锋起笔，中锋运笔，顿笔回锋收笔。

（三）竖法

竖画与横画一样为字的骨架笔画，如同支柱，起支撑作用，亦称为"铁柱"。竖画要有稳定之感。竖又分为两种：悬针竖和垂露竖。

悬针竖如同一悬挂起来的针。写法为：向左上方逆锋起笔，向右转笔呈点状，稍驻，调整笔锋回到中线上，向下铺毫行到三分之二处渐行渐提至末端，尾端行笔渐快，但不能飘。

垂露竖外形如同棒下悬一露珠，如一竖立的横画，写法也近似，只是收笔为回锋收笔，填满空缺。

（四）撇法

撇画是一种活泼的笔画，一般多出现在字的左侧。撇画行笔轻快、出锋劲健，如清风拂过，轻盈如燕，给字以朝气。其基本写法为：逆锋起笔，转锋向右，稍顿成点状，铺毫缓缓下行，渐行渐提渐快，末端加速下行。

（五）捺法

捺画是隶书的波磔（zhe）演化而来，也是楷书八种笔画中最难写的一种。它有粗细变化、弧度变化、起伏变化，所以难写，练习时尤其要注意其要领。其基本写法为：逆锋起笔，向右上转锋后，蓄力下行，向右下方斜势按出，渐行渐按，行至捺画的最低点，驻笔调整笔锋后蓄力向前，就势向前沿水平方向提笔出锋，使得撇脚呈一雁尾状。收笔要稍快，但不能一滑而过。

（六）钩法

钩画是附属笔画，它是由别的笔画与钩组合而成的。钩可视为人的足尖，当人用力踢出时，必须先立稳足跟，全力倾注于脚尖，方可猝然踢出。基本写法为：行笔至作钩处，笔锋稍提，作向左转锋之势，就势向左上转锋，呈点状，稍驻，调整笔锋蓄力快速向左上角斜势勾出。

（七）挑法

挑画又称提画，与撇画的形状相似、方向相反，写法与撇相近。写法为：逆锋起笔，转笔向右下顿，笔锋归中；稍驻，蓄力上挑，渐行渐提，出锋迅速有力。

（八）折法

(1) 横折竖写法为：中锋右行，向右上提笔，顿笔，提笔换锋，顿笔，中锋下行。
(2) 竖折横写法为：中锋下行，提笔自左向右收笔，顿笔折锋，向右中锋行笔。

四、毛笔字结体原则与类型

写毛笔字如同打家具，打家具先要将木料按一定的比例尺寸大小锯好、刨光，再打磨光滑，然后再将其拼搭成各式各样的家具。写毛笔字也同样如此，先要练运笔，待运笔过关了，笔画写精到了，再练习结构。家具的式样五花八门，毛笔楷书的风格也千变万化，但不管怎么变，它们之间总有共同的特点，这些共性就是楷书结构基本法则规律，简称为楷书结构法。

（一）重心平稳

如颜体"國"（国）字、柳体"闡"（闸）字，它们的左右两边都有直立的竖画支撑。如果将两边的竖画写歪了，就像房子的柱子已歪，重心偏移，房屋就非倒塌不可。所以起支撑作用的竖画（重心）要直立。但"國"和"闡"的竖画都不是笔直的，而是有一定弧度的，这叫向背之势。从重心的角度看，向背之势不仅不减力，反而使其产生了受力的弹劲，似乎有了动感，重心更稳。

再如柳体"舆"（舆）字、颜体"與"（与）字，它们都有一对支撑的脚（重心），就像古代的钟鼎器皿，虽然上部很大很重，但两只斜撑的脚对称，十分沉稳。

平稳，是指字中起到支撑作用的笔画与该字的重力线相吻合，符合力学平衡的原理。上面谈到的字两边的竖画固然重要，但竖画也并不是非直不可。如颜体"中"字，两边的短竖都是斜的，但很平稳。因为"中"字起支撑作用的是中竖而不是两边的短竖，如果将短竖也写正了，反显得呆板。但中竖不能歪，若写歪了必倒无疑，因此凡是有中竖的字，中竖不能歪。此外，中竖的位置也十分重要，要在字的重心支撑点上。如"率"字，像杂技演员额上顶着一根棍子，棍子上架着几层酒杯，看似危险，实则对称均衡，千钧之力落于一点。

有些字虽然没有中竖，但仍然要注意重心平稳。如"母"字，如果将它的横竖画都摆平正了，这个字非倒不可，而柳公权将"母"字的重心点却落在了竖钩上，十分平稳。无论多么奇险的字,只要找到这个字的支撑点,重心找准了就能险中求稳。

(二) 布白均匀

我们在白纸上用毛笔写下黑色的笔画,由于黑色具有吸光而不反光的特性,所以我们看到的每个毛笔汉字,实际上是被黑线切割成形状各异、大小不同的许多白色块面与黑色的反差效果。黑的笔画与白的块面是相依为命的,没有黑就没有白,没有白也没有黑。因而古人有"计白当黑"之说。书家常谈的"布白均匀",就是指毛笔汉字里的白色块面的布置要均匀和谐,也就是书写时的黑色笔画要将白色块面切割均匀。布白均匀是组字的基本法则规律。"田""昌""四""世"四字的白色块面,即使用工具量也大致均匀整齐。

(三) 突出主笔

主笔突出了,字的整体内部就有主次、有管领、有节奏。楷书"三"字下横最长就是由隶书的波磔演变而来的。一般情况下,主笔在一个字里往往起到举足轻重的作用。

(1) 横竖作主笔:横竖均可作主笔。横画作主笔时,比一般横画长,能起到平稳重心的作用。如颜体"下"字的上横、"十"字的中横、"直"字的下横都是主笔。古人将上、中、下横画作主笔的分别称为"天覆""中腰""地载"。其作用就像走钢丝的杂技演员要手持平衡杆一样,比徒手要平稳得多。主笔横画除了起笔、收笔均须强调外,还要有粗细及弧度的变化,而次笔则直来直往,毫不显眼。如"直"字,若将次笔横画也像主笔一样强调,"且"中有限三横挤在一起已喘不过气来,再争做主笔,每画尾部都加以强调,势必布白不匀。一个字的主笔可能不止一个,竖画也能作主笔。如"下""十""直"三字,除了横画是主笔外,竖画也是主笔,起到支撑的作用。故古人有"字之立体在竖画"之说。如,颜体"册"字是个异体字,起支撑作用的中竖以及边上两竖较粗,都是主笔。中间的两短竖细。这种主次分明的结构,也符合建筑原理,柱子和外墙厚重,内中的隔墙较薄,既牢固又合理。柳体的"佛"字也有多个竖画,长短粗细不同,主次分明,各司其职。

(2) 撇捺作主笔:除了横竖能作主笔外,撇捺也能作主笔。如颜体的"夫""史"两字的撇捺都起到支撑的作用,由于它们的支点分开且力量均衡,故十分平稳。又如,柳体"金"字的撇捺像屋顶一样起着覆盖的作用,既要大些,还要粗重些,否则"风一刮就跑了"。再如,柳体"途"字的横捺,很像一条船的载重作用,所以很粗重。途字上有"余"字,独体"余"字的撇捺是主笔,此处变成了撇与长点的次笔,将主角让给了下面的横捺。如果上面的"余"字捺不让作次笔,上下两个捺(雁尾),就违背了"雁不双飞"的原则。"雁不双飞"是隶书的书写原则,隶书的波挑很美,但每个字只能有一个波挑。楷书延续了隶书的这一特点,古人称其为"回互留放"。一个字的所有笔画都要相互管领,相互依附,服从全局,凝聚在一起,这就叫"八面拱心"。

(3) 点钩作主笔:点是楷书笔画中最小的笔画,但有时照样可以作主笔。如颜体"兵"字的下部两点、"令"字的下点,均为主笔。"兵"字两点,呈掎角之势,力量匀称,支持着整个字。"令"字的撇捺固然是主笔,因此粗重而且上覆下,但它们的所有力量全压在竖点上,所以此点特粗壮,比捺还重,可见此点在"令"字中是第一主笔。另外,竖钩和横钩、心钩也能作主笔。如颜体"外"字的竖钩与"憲"(宪)字的宝盖与心钩均为主笔。

"外"字左面的"夕"与右面的捺全依附在竖钩上,它是全字的支撑,而且右捺的粗重与主"夕"相均衡,所以仍然很平稳。"宪"字的宝盖横钩是上覆下,下部的心钩是下承上,一为天覆、一为地载均为主笔。但相比较而言,两者之间仍有主次,因宝盖仍在心钩的负载之中,所以心钩比宝盖粗重,它是全字的主笔。

(四) 参差起伏

参差起伏是指左、中、右结构的字横向之间的变化艺术追求,是横向的曲线美。"参差",意为高矮、长短、大小不一致。艺术忌讳重复与雷同。

(五) 包围结构

包围结构是指字的周边有围框或局部围框箍住。全围住的称全包围结构,局部围住的称半包围结构。半包围结构又分上包下、下包上、左包右、右包左四种。

（1）上包下:"上包下"指上有框而底部不封口。如"同"（颜体）、"内"（柳体）是上包下结构。写时框内所包的"一口"及"人"须往上提,不可下坠。这种写法,犹如吊单杠做引体向上运动,静中有动。此乃古人所云"潜虚半腹"。

（2）下包上:"下包上"指下有框上面开口。如"幽"字（柳体）是下包上结构,"山"中的两个"幺"要往下靠,就像盘中物品,不可能凌空悬起。

（3）左包右:"左包右"指上、左、下三方有框,右边开口。如"匡"字（颜体）、"區"（区）字（柳体）均是左包右结构。左包右结构的字写时下横要长些,托住上面,上横往往不封口,让所包的左上往外露一点头,透一点气。如"區"字若将外框封死,"三口"与封口处的布白就不匀了。而柳公权把此字上横写得很短,将不匀部分敞开,让其融入字外,这样字内的布白反而均匀了。

（4）右包左:"右包左"指上、右部封死而左、下部开口。右包左的字在书写时,右上的横折竖钩不把内中的笔画全包住,而是让中间部分的笔画左侧露出一点来,并注意将竖钩略往中间靠一些,使全字重心平稳。

（5）全包围:"全包围"指四周均被框围住。如"國"（国）字是全包围结构。如果我们在同样大小的格子里写一个"國"字和一个"靈"（灵）字,就会觉得"國"字比"靈"字大。古人可能发现了全包围结构的字视觉效果大,于是仿宋体全包围的字的边框笔画收小一廓,与其他字排在一起后视觉效果便一致了。因此,我们在书写全包围结构的字时,应该有意识地将其略写小一点,使其与其他字相协调。

五、毛笔行书与草书简介

(一) 毛笔行书

行书是楷书的快写,相传始于汉末。它不及楷书的工整,也没有草书的草率。代表作最著名的是东晋书法家王羲之的《兰亭序》,前人以"龙跳天门,虎卧凤阁"形容其字雄强俊秀,赞誉为"天下第一行书"。唐代颜真卿所书《祭侄稿》,写得劲挺奔放,古人评之为"天下第二行书"。行书中带有楷书或接近楷书的称为"行楷",带有草书或接近草书的则称为"行草"。行楷中著名的代表作品是唐代李邕的《麓山寺碑》,畅达而腴润。还有如宋代苏轼、黄庭坚、米芾、蔡襄，元代的赵孟𫖯、鲜于枢、康里巎巎，明代的祝允明、文徵明、董其昌、王铎，清代的何绍基等，都擅长行书或行草，有不少作品传世。草书是按一定规律将字的点画连写，结构简省，偏旁假借，并不是随心所欲地乱写，它的艺术欣赏价值超过实用价值。一般分章草和今草两种。章草是隶书简易急就快写的书体，字字独立不连写，笔画带有隶书的笔意。东汉的史游《急就章》是著名的代表作品。今草是楷书的急就快速写法，点画飞动、上下字之间笔画痕迹往往牵连相通。今草的著名代表作品是晋代王羲之的《十七帖》、唐代孙过庭的《书谱》等。唐代的张旭和怀素两人将今草写得更加放纵，飞腾奔宕，数字相连，笔势连绵回绕，字形变化繁多、夸张浪漫、难以辨认，成为"狂草"（亦称"连绵书"）。狂草的代表作品是张旭的《古诗四帖》和怀素的《自叙帖》等。

（二）毛笔草书

狂草的成就，是唐代书法高峰的另一方面的表现。代表人物是张旭和怀素。

张旭，字伯高，唐开元天宝年间（713—756）吴郡（今江苏苏州）人，官至金吾长史，故世人又称张长史。张旭平生嗜酒，性情放达不羁，往往酒醉后一边呼叫一边狂走，乘兴而挥毫。画史上记载，他曾经用头发濡墨书写大字，当时人们叫他"张颠"。

怀素（737—?），字藏真，俗姓钱，潭州（今湖南长沙）人，幼年便出家当了和尚。他比张旭晚二十多年，曾受张旭和颜真卿的影响，幼年学书，十分刻苦。"笔冢墨池"的成语典故就是由他所得。他的书法热情奔放、豪迈恣肆，如"飞鸟出林，惊蛇入草"。当时的诗人李白、钱起等都有赞美他书法的诗篇。韩愈在一首诗中写道："何处一屏风，分明怀素踪。虽多尘色染，犹见墨痕浓。怪石奔秋涧，寒藤挂古松。若教临水畔，字字恐成龙。"把他的字与张旭的字相比较，可以看出后者笔画偏肥前者偏瘦，所以，怀素在《自叙帖》中有"奔蛇走虺势八座""寒猿饮水撼枯藤"的诗句，以"奔蛇"和"枯藤"作比，甚为贴切。

在中国古代书论中，不论是对篆、隶、行、楷，还是对草书的论述，大多是以自然景观或某些现象作比，加以形容和描述，读者要靠一种生活感受、生活经验去领悟，才能欣赏和理解。书法实在是一种很玄奥的艺术，尤其狂草，书写者往往是充满激情，处在一种亢奋的状态下完成的，读者从墨迹中隐隐地感受到某种情绪。这其实正是一种表现主义艺术的特点。狂草产生于唐代，当时的绘画基本上属于工笔重彩的表现形式，范山模水，描眉涂目，都须凭借理性在较长时间里才能完成。即使如吴道子那种带有表现主义成分的画法，也终归要受到物形的限制，并不是能够完全放开来的。在这种情况下，书法中出现了狂草，则可以借用来比较充分地表现情感或情绪，这恐怕是表现主义书法产生的主要缘由。在张旭和怀素以后，历代都有草书大家出现，如宋代黄庭坚，明代祝允明、徐渭、王铎，清代傅山，现代林散之等。每一书家在继承前人的同时，又融进了自己的个性。

第十六章

书法艺术欣赏

第一节　怎样欣赏书法作品

一、书法是一门特殊的造型艺术

书法艺术之形，即笔势字势和章法的表现技巧，属于客观存在的，不同的书体有不同的形象，即因体而异，又因人而异，可以说千姿百态不可尽述。依书法而言，不管形体变化如何，引起人们发现和注意的都是"形"的作用，所以对书法艺术有"视觉艺术"之说。但发现和注意只不过是对事物观察的第一过程，即感性认识；如果作品的字势，章法、用笔的诱惑力，能使观赏者品味和遐想，那必然是通过视觉而后引起理性思维，理性思维是第二过程，即理性认识。理性思维不似感性认识那么简单，所以说视觉不可能孤立地去认识事物的内部联系，实际是受理性思维的支配认识现象。在认识事物过程中，视觉只是理性思维的合作器官。我们知道，对事物观察得越久，进行的研究必然就越深，也就是理性思维越趋于深刻化。对书法艺术当然也是如此。尽管书法艺术有其特殊性，但毕竟不是超尘或超世纪的未来之物，认识书法艺术只有有条件的具体合作，没有无条件的抽象统一。书法艺术不是玄学，也不是临场作戏的杂技表演，为了深刻了解书法艺术形象和神韵的关系，就应该对其认识方法进行科学的分析。

书法艺术中的神韵，并不是玄虚，没必要自圆其说。对高水平作品的无穷意趣，虽然评书者以夸张的比喻加以形容，但事实并非凭空扑影，在欣赏这种作品时，即使有经验的鉴赏家，也有时发现不到神韵之所在。但通过时间积累，突然触发灵机，最后还是能认识到的，这就是书法艺术的特点之一。例如宋代大鉴赏家米芾初见颜真卿的书法就批评为"丑札恶怪之祖"；明代董其昌对赵雪松的书法也不以为然。时隔多年以后他们终于发现颜、赵书法的可贵之处。又如近代潘伯英欣赏唐代欧阳询的二帖墨迹，经过几年后最终才发现《梦奠帖》水平高于《卜商读书帖》。所以说，对高水平的书法作品绝不是一眼或一时能穷尽其味的。

书法的"形"和"神"是相互依存的，离开"形"就无法解释"神"，"形"属于技巧范畴，"神"属于理性的潜在意识，是有之无之的精微之象，没有具体的表现形式。强调"形"的客观存在是为了认识和发现形外之形、字外之意，这就是由感性认识到理性认识的方法论。

中国书法是依据汉字发展起来的一种独特艺术，虽然有时不受汉字的固定结构所制约，但又凭借汉字的形态和字义所衬托。即作者自撰诗文把感性寄托于文笔之内，通过书写又发泄于笔墨之间，以至出现形、神为一体的艺术之作，它既有具体的表现形式，又有不可捉摸的无形之意。其一是属于物质性的，其二是属于精神性的。

观察书法的外象形式，不是单纯为了欣赏形体的表现手段，而是要分清"书法艺术"和"写字"这两种即有共同属性，又有不尽相同含义的基本问题。对作品的欣赏是通过感性认识过渡到理性认识去深刻地研究，理解作者的内心世界和条件（包括学识、性格、人品和气节多方面的因素）。了解他们在不同的条件下和环境中借助于诗词歌赋和文章发泄于笔墨之中的感情（喜怒哀乐），似无意和有情地将其书法造诣寄情或渗透于笔墨点画之中，跃然于片纸之上，因此才有"神韵"可言。当然，这里所指的"神"是蕴藏、含蓄、若隐若现、似有似无的朦胧之意，不存在具体形象。即便是进行精辟的观察，也只能是得出一般的结果，但特殊的意趣和来源仍然是模糊的。真正意识到神韵的妙境，只能对作者当时的情况和各种条件加以了解，才能得出完善的结论。

我们已经知道了神韵是作者主观世界反映到笔墨中的感情，而不是主观愿望的产物。因为它不受法度所约束，而又依法度之规矩任其自然发挥，或引于章法，或含于点画；正如老子所言："惚兮恍兮，其中有象；恍兮惚兮，其中有物；窈兮冥兮，其中有精；其精甚真，其中有信。"所以说，书法艺术的神韵，就是这种无状之状、无物之物，蕴藏着意象万千的精微之意，并不是以某种概念所能概括，更不是能由纯视觉而观察其理的。因为结体与用笔纯属技巧性的一面，笔意才是书法中的一种性质，两者关系虽然密不可分，但从艺术的本质去研究，却不能混为一谈。艺术最基本的本质属性一些人认为是"抽象"，实际书法艺术的本质是汉字，没有汉字就没有书法艺术。离开本质谈艺术，就是当前一些人所谓的"抽象艺术"论。如果以科学的抽象方法研究书法艺术本质中的某一属性，还是未尝不可的。这只能是一种思想方法，但不能和艺术强拉硬凑。因为抽象只是一个概念，不存在任何形体，和思维一样，只不过是认识事物的方法不尽相同。所以，书法艺术既不能称为"抽象艺术"，也不能称为"思维艺术"，只能称为"书法艺术"。

其次，书法艺术的神韵和趣味也有根本的区别。神韵是有其意而无其形的思维活动的一种象征，不是技巧可为之。趣味是形象的表现手段，能够以直观感在点画结体中发现。这种变化产生于有意和无意用笔之中，其中有意为之较多，无意为之较少。就以近些年的"创新"作品而论，类似前者有意为之的作品不在少数，确有一些趣味性的表现。因为作品出于工心构思，给人的认识总带有一种造作感，缺乏自然气息。甚至为了工于求新，不依用笔的基本法则就故自作态，颠倒用笔规律，横躺竖抹，犹如作画一样，或把字画成烂七八糟，殊不知这种求新意识古人早已有之。明代书风就是为了追求"个人风格"，结果有成就者却无一人。清代由于馆阁体盛行，书法艺术也没有什么大的发展，有的求新之士也类似明代的情况，实际却无建树，金农就是其中的典型之一。以法而求变革的只有郑板桥及何绍基、邓石如三人。虽然造诣不是很高，但各自创出的代表风格还是可贵的。

不可否认，字态变异也是探求新意的一种方法，但如果只从变态中下功夫，最后只能是不堪入目的字形有异而已。

书家的主观世界由于客观自然物的反映受到启发，而悟用笔之妙，是悟理会意而通笔法，自然意趣含于其中，精理通法是书法艺术的重要基础。只有如此，才能在作品中出现被形容为"笔走龙蛇，行云流水，镂金素月，云鹤游天"的佳作。所以，没有深厚的功力，就不可能有神形兼备的作品。高水平书手虽据其法度，最主要的还是自由发挥，无意而生妙笔，这就是人们所说的"工而不板"。"板"一指造作，二指工艺手段。意到笔不到，功亏所致也；笔到意不到，神不足所致也；二者兼备方可形神并茂。

宋代米芾自云："书家得一笔而不易，唯我独得四笔。"米芾确实是用笔高手，似无法而有法，似无章而成章，他的"集古"，实是集诸家之长，取其精华，他的"狂怪"，才是继往开来的创作精神。

笔法所悟，因事而异，因物而得。如怀素夜闻江流之声，张旭观公孙大娘舞"剑器"，各悟用笔之奥，这都是书家通过自然界的形、声、象、意的反映融于笔法之中，也是于有意或无意之间的心灵反射悟到的奥理。书法艺术的可贵之处，就是书家的灵感善于发现并借助客观的万象之理。

高水平的书家，也不是他们的作品都是精作，大多数只能代表他们的原有水平。这是由于书法艺术的法度所限。怀素在《自叙帖》中曾有"狂来轻世界，醉里得真如"之句。这是摆脱法缚的见解，意思是书家作书应自我为之，不要一动笔就考虑到法度，醉酒以后便不顾一切了，只有在这种心理状态失去平衡的情况下，才能任其发挥，其书可入化境。当然这需有相当扎实的基本功才能实现，否则即使烂醉如泥也是徒劳的。

诸如上述由客观事物存在的形、声、象、意融于书家用笔之中的现象便是"气韵"，一些客观事物和不同背景影响到书家的情绪，从而借助于笔墨中的发泄，流露于点画之中，或隐或现的精微之意便是"神韵"。

例如号称"天下第一行书"王羲之所书《兰亭序》（原真迹虽然不存，以唐代冯承素摹本为准足见端倪），唐代颜真卿所书《祭侄文稿》和《争座位帖》，宋代苏轼书《寒食帖》，都是因不同情绪自然摆脱法缚，以深厚的功力和精神凝结的"神品"。

中国书法是东方艺术之精华，其特点是以汉字为依据，利用独特的工具和材料创造出来的以形传意、以意传神的艺术，不是再现形式，而是凭借自身的字义和书写方法蕴藏着无穷变化的形体美和精神美。它和西方的描实绘形的再现艺术完全不同。西方的所谓"抽象美术"，只是想象中的空话，实际还是呈现于客观存在的形和象，只是形象的形态表现手段不同而已。而中国书法则是包罗万象、蕴藉天成、言之无尽、意象无穷、变化莫测的独特艺术。

二、怎样欣赏书法作品

"欣赏"虽是个普通的词语,但应着眼于多方面的条件综合运用,不能凭借视觉感,因为"视觉"人人有之,但不能说人人都懂得书法。因为中国书法艺术是欲穷其趣,其趣无尽,欲求其意,其意无穷,神而复隐,隐而复现的艺术,所以,"欣赏"应具备的条件就不那么简单,起码应有一定程度的研究本科渊源的知识和文学修养、历史知识,以及金石绘画、诗词歌赋等知识。用普通的话说,就是不读哪家书,不识哪家字,所以"欣赏"就应以学识深浅而论其差别了。

对于一般的作品(不是指普通的书手)只能从结字、点画、行气、章法的变化中欣赏观察其趣味性,当然也包括偶然用笔的特殊部位。这是因为在一些作品中也往往出现奇妙之笔。所谓画龙点睛就是这个意思,一条龙画的水平一般,但画眼睛时技法突出,就能产生传神的效果。

外因通过内而起作用,内因通过外而起变化,这是事物的普遍规律。书法中的外因和内因的相互作用不是一般性,而是特殊性,也可以称之为偶然性。这种偶然性由于主观和客观的情况各异,所以书家作品的气韵也各有千秋。有时偶然机遇与书家的主观世界也不是能够完全融合。机遇出佳作并不是绝对的,只有乘"性"信手而书才可出现,这种"性"有兴奋也有悲伤,有悠闲也有郁闷,只有作者的理性高潮和外因条件融合时才能实现。

《兰亭序》富高雅潇洒之韵,《祭侄文稿》寓悲愤刚直之势,《寒食帖》含压抑发泄之情,诸如这些不同的书法笔意,只要能了解作者当时的背景,再仔细观赏和研究就不难发现其中的神韵。否则,多么高明的鉴赏家也不能发现其神韵之所在。

"神韵"或寄情于复杂的情绪变换之中,或发泄于七情六欲之外,在不可尽言的精神变化中产生无所用意的特殊效果。喜怒哀乐,若动若静,虚实灵空,若还若往,其意犹如鱼龙变化、雾结烟愁等不可尽言的微妙之趣,只有这些才是偶然机遇中的"神品",而这种作品确实是少之又少。

重视用笔,是为了提高书艺,清代刘熙载曾云:"学书者始由不工求工,继而由工而不工,则工之极也。"这就是说,学书者开始必须在继承传统技法的基础上下功夫,掌握用笔的要领,而后再去追求高水平。他又说:"人法双忘,是真菩萨。"其意是达到工之极的时候,就应力求挣脱法缚,作书时既不考虑法度又把自身的一切思路置之度外,这才是真正悟到用笔之妙。如张旭醉后作书,"醒而自视,以为神,不可复得",就是由于他醉酒后的心理失调,进入了"人法双忘"的空间,并不是神人之助,而是作者的精神所致。其实并不是只有醉酒才能如此,人的情绪变化、精神的起伏、客观的奇景佳境、物之变幻等都有可能导致摆脱"法缚",进入"人法双忘"的境界。

论书有云:"书为心声。"这句话只有一部分道理,因为反映书家精神世界的前提是应具备的学识等各方面的修养。所以我们不能把任何作品都看成有"心声",只有书入化境方有心声可言。书家主观条件和客观根据一旦遇到相互影响时,必然在他们的作品中流露出不同的情感，这种变化就是主观和客观相互依赖、相互交织而形成的"形"与"神"的辩证关系。

中国书法艺术最难能可贵的追求是："心中无法实有法，道说无极源有极。""无所用意，人法双忘"是构思所求，也不是永不可得，而是来之倏然，去之亦然，无法强求。

总之，中国书法艺术是一种血脉流于点画之中，结体和谐而劲健于形，神韵凝于章法之内的统一体，既不是精心构思的工匠艺术，也不是以习气而成的庸俗形式，更不是以抽象的认识能够穷尽其理的。

第二节　毛笔书法作品欣赏

一、颜柳欧赵四大家部分毛笔作品欣赏

（一）颜真卿作品《多宝塔》（部分）

（二）柳公权作品《玄秘塔》（部分）

（三）欧阳询作品《黄帝经》（部分）

(四) 赵孟頫作品《千字文》(部分)

虚堂习听 祸因恶积 福缘善庆 尺璧非宝 寸阴是竞 资父事君 曰严与敬 孝当竭力 忠则尽命 临深履薄 夙兴温凊 似兰斯馨 如松之盛 川流不息 渊澄取映 容止若思 言辞安定 笃初诚美 慎终宜令 荣业所基 籍甚无竟 学优登仕 摄职从政 存以甘棠 去而益咏 乐殊贵贱 礼别尊卑 上和下睦 夫唱妇随 外受傅训

二、当代毛笔书法作品欣赏

琴韵书藏 春花秋月 家和业盛 景泰时绥

岁次戊子新正于滁田英章于北京

故人西辞黄鹤楼，烟花三月下扬州。
孤帆远影碧空尽，惟见长江天际流。

右录李白诗
岁古庚寅年初冬

滚滚长江东逝水，浪花淘尽英雄。是非成败转头空。青山依旧在，几度夕阳红。
白发渔樵江渚上，惯看秋月春风。一壶浊酒喜相逢。古今多少事，都付笑谈中。

杨慎词临江仙

北国风光，千里冰封，万里雪飘。望长城内外，惟余莽莽；大河上下，顿失滔滔。山舞银蛇，原驰蜡象，欲与天公试比高。须晴日，看红装素裹，分外妖娆。
江山如此多娇，引无数英雄竞折腰。惜秦皇汉武，略输文采；唐宗宋祖，稍逊风骚。一代天骄，成吉思汗，只识弯弓射大雕。俱往矣，数风流人物，还看今朝。

毛泽东沁园春·雪

第三节　钢笔书法作品欣赏

獨立寒秋湘江北去橘子洲頭看萬
山紅遍層林盡染漫江碧透百舸爭
流鷹擊長空魚翔淺底萬類霜天競
自由悵寥廓問蒼茫大地誰主沉浮
攜來百侶曾游憶往昔崢嶸歲月稠
恰同學少年風華正茂書生意氣揮
斥方遒指點江山激揚文字糞土當
年萬戶侯曾記否到中流擊水浪遏
飛舟

毛主席詩詞一首　沁園春　丁亥年初冬　韓英寫於博文

唐诗三首

秦时明月汉时关，万里长征人未还。但使龙城飞将在，不教胡马度阴山。故人西辞黄鹤楼，烟花三月下扬州。孤帆远影碧空尽，惟见长江天际流。月落乌啼霜满天，江枫渔火对愁眠。姑苏城外寒山寺，夜半钟声到客船。

唐诗三首 零六年夏月秦连柏书

古诗二首

日照香炉生紫烟，遥看瀑布挂前川。飞流直下三千尺，疑是银河落九天。爆竹声中一岁除，春风送暖入屠苏。千门万户曈曈日，总把新桃换旧符。

浣溪沙　　　晏殊

一曲新词酒一杯。去年天气旧亭台。夕阳西下几时迴？无可奈何花落去,似曾相识燕归来。小园香径独徘徊。

蝶恋花　　　晏殊

槛菊愁烟兰泣露。罗幕轻寒,燕子双飞去。明月不谙离恨苦,斜光到晓穿朱户。　昨夜西风凋碧树。独上高楼,望尽天涯路。欲寄彩笺兼尺素,山长水阔知何处!

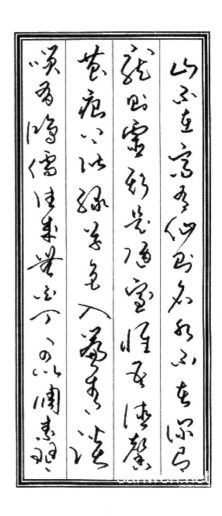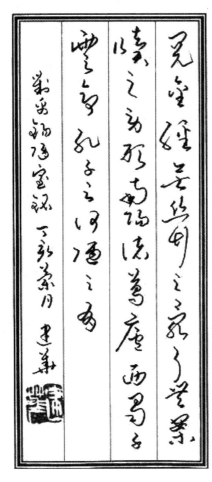

附：书法欣赏网址

由于篇幅有限，各个时期的硬笔和毛笔书法作品就不在本书刊载了，特向大家推荐一些不错的书法网址。

中国书法网：http://www.freehead.com/

中国书法艺术网：http://www.china-shufa.com/

中国书法家网：http://www.china-shufajia.com/html/index.html

参 考 文 献

[1] 汪国真. 汪国真精品集［M］. 西宁：青海人民出版社，2003.
[2] 孔凡飞. 大学语文［M］. 北京：中国石化出版社，2006.
[3] 徐中玉. 大学语文［M］. 上海：华东师范大学出版社，2007.
[4] 何小红. 高职实用语文［M］. 天津：天津大学出版社，2009.
[5] 杨文丰. 现代经济文书写作［M］. 北京：中国人民大学出版社，2009.
[6] 李振辉. 应用文写作［M］. 北京：清华大学出版社，2005.
[7] 徐艳. 应用文写作［M］. 北京：北京理工大学出版社，2008.
[8] 郭沫若. 李白与杜甫［M］. 北京：人民文学出版社，1972.
[9] 于非. 中国古代文学史（二卷本）［M］. 北京：高等教育出版社，2006.
[10] 高亨. 诗经今注［M］. 上海：上海古籍出版社，1980.
[11] 袁梅. 诗经译注［M］. 济南：齐鲁书社，1982.
[12] 詹福瑞. 20世纪李白研究述略［J］. 河北大学学报（哲学社会科学版），1999，24（2）.
[13] 刘大杰. 中国文学发展史［M］. 上海：上海古籍出版社，1982.
[14] 符赛超，等. 宋词［M］. 北京：中国戏剧出版社，2003.
[15] 北京师联教育科学研究所. 古典诗歌基本解读·宋词观止［M］. 北京：人民武警出版社，2002.
[16] 梁披云. 中国书法大辞典［M］. 香港：香港书谱出版社，1984.
[17] 王镇远. 中国书法理论史［M］. 上海：上海古籍出版社，2009.
[18] 张书鹏. 书法基础教程（第二版）［M］. 北京：北京出版社，2016.
[19] 裘锡圭. 文字学概要［M］. 北京：商务印书馆，1988.
[20] 华人德. 中国书法史·两汉卷［M］. 南京：江苏教育出版社，2009.
[21] 刘涛. 中国书法史·魏晋南北朝卷［M］. 南京：江苏教育出版社，2009.
[22] 朱关田. 中国书法史·隋唐五代卷［M］. 南京：江苏教育出版社，2009.
[23] 曹宝麟. 中国书法史·宋辽金卷［M］. 南京：江苏教育出版社，2009.
[24] 黄惇. 中国书法史·元明卷［M］. 南京：江苏教育出版社，2009.
[25] 刘恒. 中国书法史·清代卷［M］. 南京：江苏教育出版社，2009.